RÉPONSES AUX BESOINS DE LA PERSONNE

Bac professionnel
Services aux personnes et aux territoires

RÉPONSES AUX BESOINS DE LA PERSONNE

Bac professionnel
Services aux personnes et aux territoires

Marie-Claude Boulicot
Monique Da Silva
Lydie Decorde
Isabelle Leroux
Benoît Bosc

Coordinations disciplinaires
Martine Bouquay, inspectrice en ESF
Denis Utard, inspecteur en TIM

Coordination générale
Martine Bouquay

educagri éditions

Dans la même collection

- *Environnement, alimentation, santé – module MG4 Biologie-écologie* (1re et Terminale bac pro toutes filières), 2012
- *Besoins de la personne* (*Seconde* pro SAPAT), 2012
- *Réalités et dynamiques des territoires ruraux* (bac pro SAPAT), 2012

Édition : Laetitia Perrier

Conception graphique de l'ouvrage, couverture : Brigitte Mignotte

PAO : Françoise Prévost

Coordination infographie : Dominique Azan

Infographie : Dominique Azan, Claire Ganzer et Évy Gonçalves-Lecler

Photographie de couverture : yanlev - fotolia.com

ISBN : 978-2-84444-871-2

Educagri éditions
BP 87999 — 21079 DIJON Cedex
Tél. 03 80 77 26 32/03 80 77 26 33
Fax 03 80 77 26 34
www.editions.educagri.fr
editions@educagri.fr

INTRODUCTION

Le futur professionnel, technicien de niveau 4, titulaire du bac professionnel «Services Aux Personnes et Aux Territoires» peut :

- accompagner une personne dans les actes de la vie quotidienne de la petite enfance à la fin de vie ;
- organiser le travail d'une équipe qui intervient auprès de la personne.

L'Économie Sociale et Familiale au travers des modules MP1, MP3, MP4, MP5 est la discipline principale qui permet d'amener les jeunes à un degré d'autonomie professionnelle. Elle ne peut cependant pas répondre aux besoins des personnes sans le concours des autres disciplines.

Elle vise la pluri-compétence dans les activités professionnelles d'aides au confort de la personne et, en fonction du contexte de l'emploi, dans l'organisation du travail d'une équipe au service de la personne ou d'un groupe de personnes.

Elle s'appuie sur les capacités transversales de respect des règles d'hygiène, de maîtrise des risques, d'ergonomie, d'économie des gestes et d'éthique professionnelle, règles fondamentales dans l'aide et l'accompagnement des personnes.

Les activités proposées dans ce manuel sont très souvent rencontrées par les jeunes dans les périodes de formation en milieu professionnel. Elles contribuent à éclairer les différentes épreuves professionnelles du bac professionnel SAPAT.

Les auteurs ont recueilli avec beaucoup de professionnalisme, des textes et supports de connaissances, banque de données pédagogiques permettant de répondre aux objectifs des différents modules de formation de ce nouveau bac pro SAPAT. Qu'ils soient remerciés pour leur investissement et leur engagement concomitant de la mise en place de cette formation dans leurs établissements.

Ce manuel facilitera le travail des enseignants et apportera aux jeunes des références de qualité.

Que chacun y puise des idées, des supports et les fasse fructifier.

Martine Bouquay, inspectrice ESF

Sommaire

TROISIÈME PARTIE

L'organisation des interventions d'aides auprès des personnes

Comment utiliser ce manuel ?

Un nuage de mots ouvre chacune des trois parties de ce manuel. Une façon actuelle et évocatrice d'illustrer les thèmes que vont découvrir, au fil de ces pages, les élèves qui se destinent à la formation Services aux personnes et aux territoires (SAPAT).
Chaque partie de ce manuel est constituée de chapitres qui abordent des thématiques clairement identifiées en ouverture de page.
Les enseignants et les formateurs peuvent, suivant leurs besoins, utiliser l'un ou l'autre des chapitres qui constituent en soi un support pédagogique autonome.

Tous les thèmes abordés suivent une logique commune, qui se retrouve dans la structuration des doubles pages de chaque chapitre :

- texte d'introduction/présentation du chapitre sur la première double page ;
- thème abordé et problématique ;
- mots clés ;
- documents variés (textes, cartes, photos, schémas...) ;
- questions et activités ;
- synthèse, élargissement et bibliographie sur la dernière double page du chapitre.

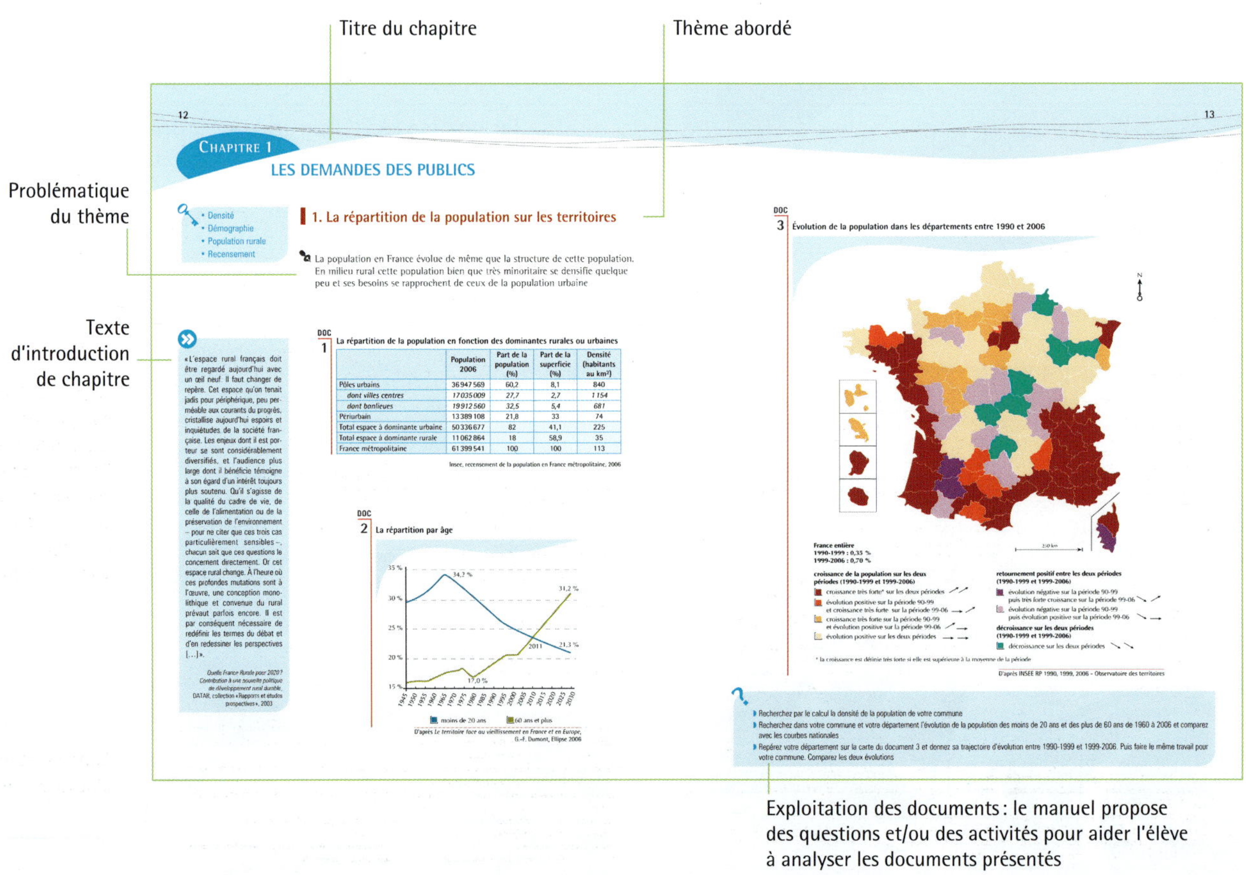

Des mots clés permettent d'identifier les enjeux du thème développé

Exemples de la variété des documents : textes, schémas, photos, tableaux…

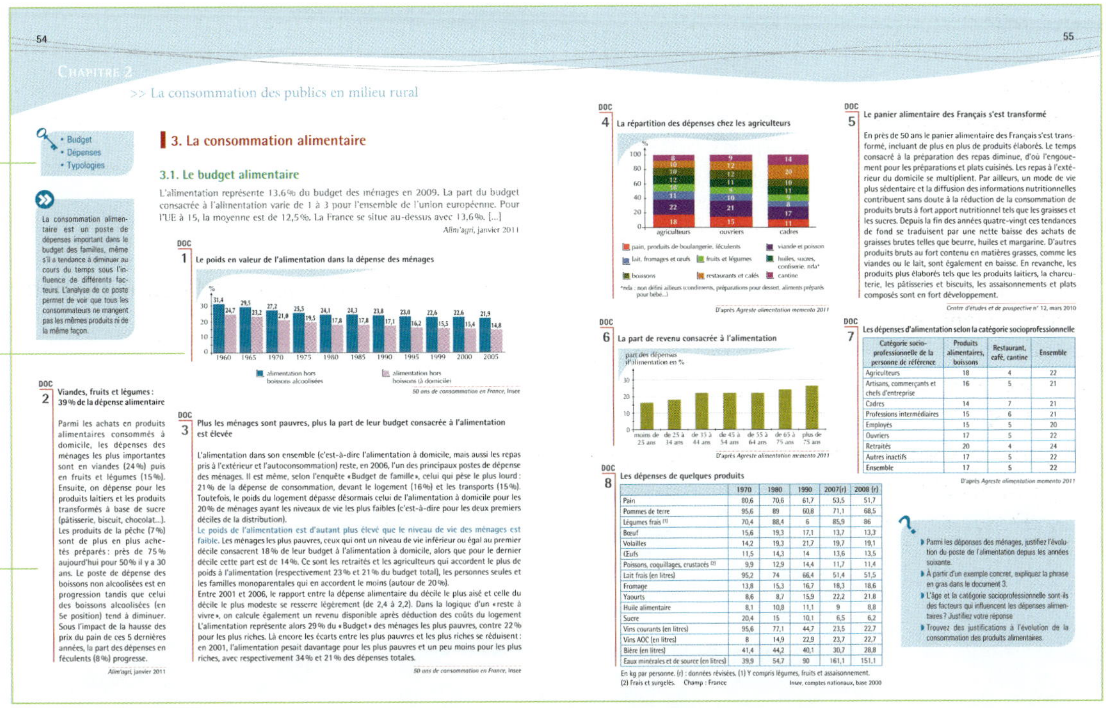

Synthèse des idées principales développées dans le chapitre

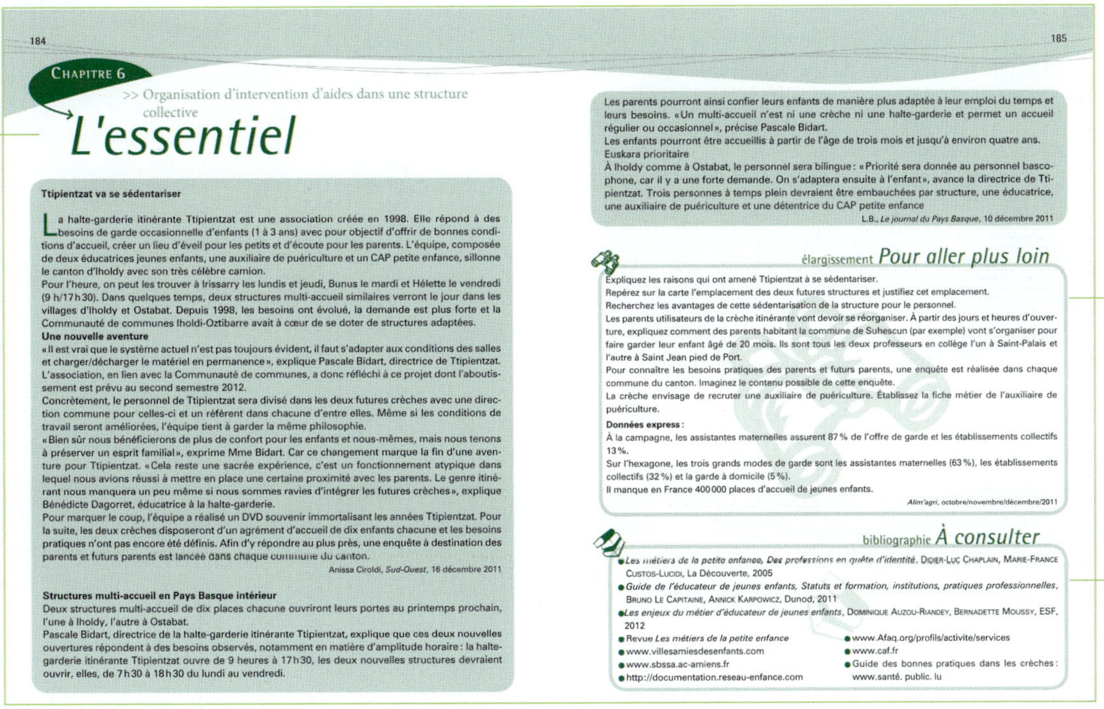

Textes, activités complémentaires exploitables après l'acquisition des connaissances et compétences développées dans le chapitre

Conseils de lecture d'ouvrages et de sites

PARTIE 1

Les attentes sociales des publics du milieu rural

PLAN

CHAPITRE 1

LES DEMANDES DES PUBLICS

- Densité
- Démographie
- Population rurale
- Recensement

1. La répartition de la population sur les territoires

La population en France évolue de même que la structure de cette population. En milieu rural cette population bien que très minoritaire se densifie quelque peu et ses besoins se rapprochent de ceux de la population urbaine.

« L'espace rural français doit être regardé aujourd'hui avec un œil neuf. Il faut changer de repère. Cet espace qu'on tenait jadis pour périphérique, peu perméable aux courants du progrès, cristallise aujourd'hui espoirs et inquiétudes de la société française. Les enjeux dont il est porteur se sont considérablement diversifiés, et l'audience plus large dont il bénéficie témoigne à son égard d'un intérêt toujours plus soutenu. Qu'il s'agisse de la qualité du cadre de vie, de celle de l'alimentation ou de la préservation de l'environnement – pour ne citer que ces trois cas particulièrement sensibles –, chacun sait que ces questions le concernent directement. Or cet espace rural change. À l'heure où ces profondes mutations sont à l'œuvre, une conception monolithique et convenue du rural prévaut parfois encore. Il est par conséquent nécessaire de redéfinir les termes du débat et d'en redessiner les perspectives [...] ».

Quelle France Rurale pour 2020 ? Contribution à une nouvelle politique de développement rural durable, DATAR, collection « Rapports et études prospectives », 2003

DOC 1 **La répartition de la population en fonction des dominantes rurales ou urbaines**

	Population 2006	Part de la population (%)	Part de la superficie (%)	Densité (habitants au km²)
Pôles urbains	36 947 569	60,2	8,1	840
dont villes centres	*17 035 009*	*27,7*	*2,7*	*1 154*
dont banlieues	*19 912 560*	*32,5*	*5,4*	*681*
Périurbain	13 389 108	21,8	33	74
Total espace à dominante urbaine	50 336 677	82	41,1	225
Total espace à dominante rurale	11 062 864	18	58,9	35
France métropolitaine	61 399 541	100	100	113

Insee, recensement de la population en France métropolitaine, 2006

DOC 2 **La répartition par âge**

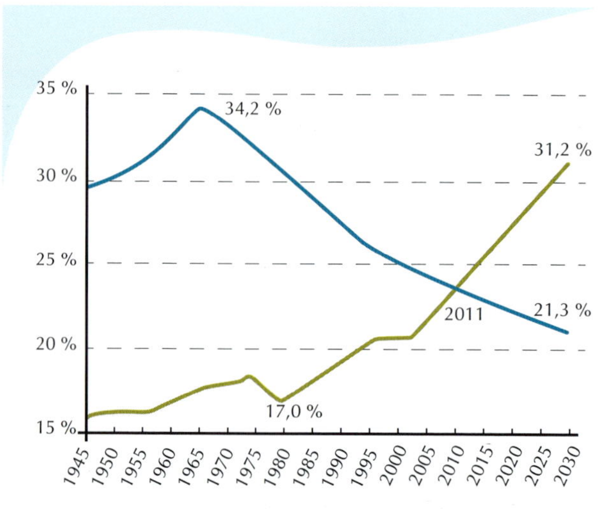

D'après *Le territoire face au vieillissement en France et en Europe*, G.-F. Dumont, Ellipse 2006

DOC 3 Évolution de la population dans les départements entre 1990 et 2006

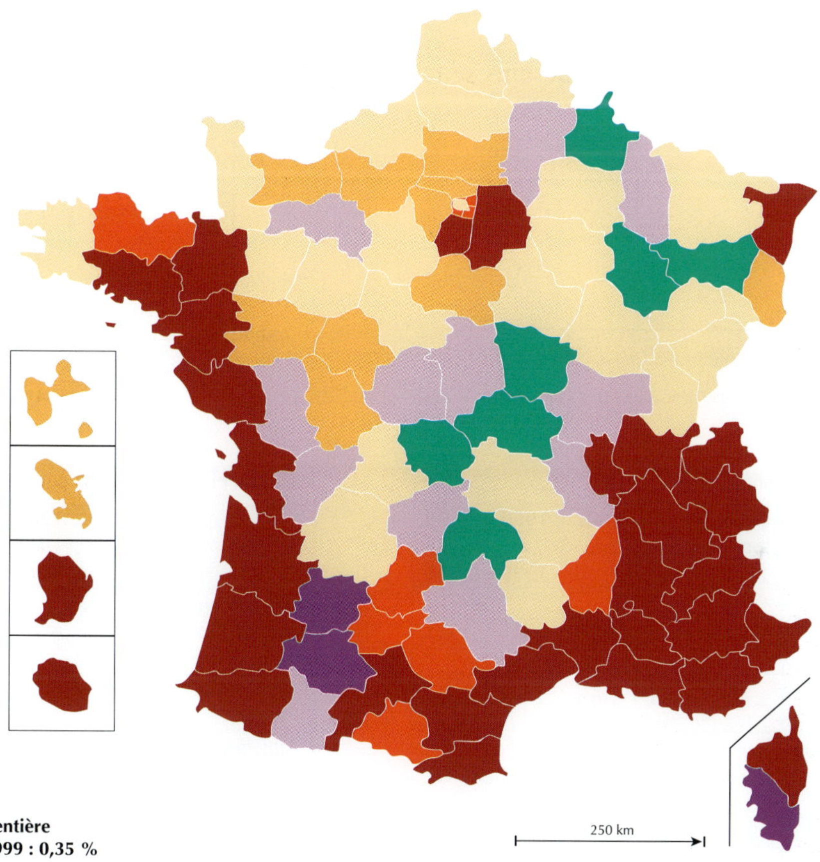

France entière
1990-1999 : 0,35 %
1999-2006 : 0,70 %

croissance de la population sur les deux périodes (1990-1999 et 1999-2006)

- croissance très forte* sur les deux périodes ↗ ↗
- évolution positive sur la période 90-99 et croissance très forte sur la période 99-06 → ↗
- croissance très forte sur la période 90-99 et évolution positive sur la période 99-06 ↗ →
- évolution positive sur les deux périodes → →

retournement positif entre les deux périodes (1990-1999 et 1999-2006)

- évolution négative sur la période 90-99 puis très forte croissance sur la période 99-06 ↘ ↗
- évolution négative sur la période 90-99 puis évolution positive sur la période 99-06 ↘ →

décroissance sur les deux périodes (1990-1999 et 1999-2006)

- décroissance sur les deux périodes ↘ ↘

* la croissance est définie très forte si elle est supérieure à la moyenne de la période

D'après INSEE RP 1990, 1999, 2006 - Observatoire des territoires

?

- Recherchez par le calcul la densité de la population de votre commune.
- Recherchez dans votre commune et votre département l'évolution de la population des moins de 20 ans et des plus de 60 ans de 1960 à 2006 et comparez avec les courbes nationales.
- Repérez votre département sur la carte du document 3 et donnez sa trajectoire d'évolution entre 1990-1999 et 1999-2006. Puis faites le même travail pour votre commune. Comparez les deux évolutions.

>> Les demandes des publics

DOC 4

Évolution démographique de 1968 à 2007

Heugas (Landes) : 1233 habitants en 2008

Évolution de la population

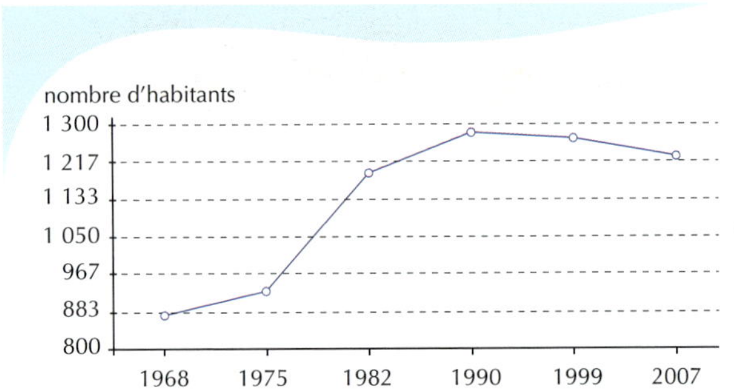

Insee, RP 1968 à 1990 dénombrements - RP 1999 et RP 2008 exploitations principales

Évolution et structure de la population

	1968 à 1975	1975 à 1982	1982 à 1990	1990 à 1999	1999 à 2008
Variation annuelle moyenne de la population en %	+ 0,8	+ 3,6	+ 0,9	- 0,1	- 0,3
due au solde naturel en %	- 0,4	+ 0,3	+ 0,3	+ 0,1	+ 0,1
due au solde apparent des entrées sorties en %	+1,3	+ 3,3	+ 0,6	- 0,2	- 0,4
Taux de natalité en ‰	9,7	13,0	11,5	7,9	8,1
Taux de mortalité en ‰	14,0	10,0	8,7	7,0	7,1

Insee, RP 1968 à 1990 dénombrements - RP 1999 et RP 2008 exploitations principales - État civil. « POP T2M - Indicateurs démographiques »

Évolution et structure de la population : naissances et décès

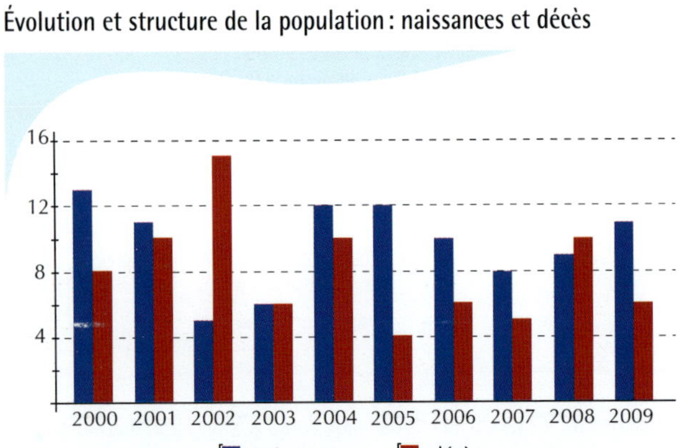

Insee, État civil « POP G1 - Naissances et décès » - recensement de la population 2008

Le Blanc (Indre) : 6 936 habitants en 2008

Évolution de la population

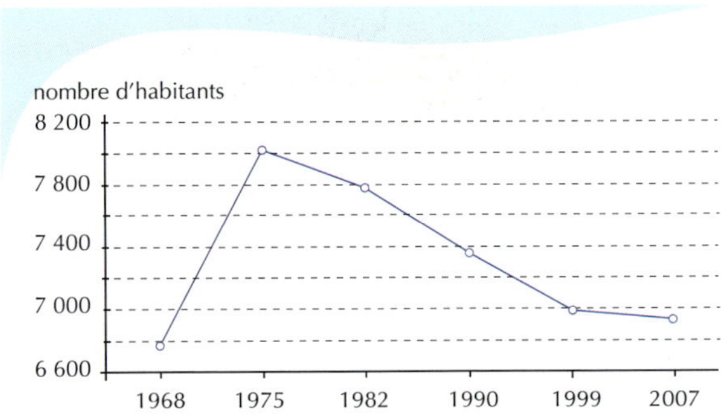

Insee, RP 1968 à 1990 dénombrements - RP 1999 et RP 2008 exploitations principales

Évolution et structure de la population

	1968 à 1975	1975 à 1982	1982 à 1990	1990 à 1999	1999 à 2008
Variation annuelle moyenne de la population en %	+ 2,5	- 0,5	- 0,7	- 0,6	- 0,1
due au solde naturel en %	+ 0,6	+ 0,2	- 0,1	- 0,2	- 0,3
due au solde apparent des entrées sorties en %	+ 1,9	- 0,6	- 0,6	- 0,4	+ 0,2
Taux de natalité en ‰	16,6	12,5	11,9	10,0	9,8
Taux de mortalité en ‰	10,7	10,9	12,6	12,1	12,6

Insee, RP 1968 à 1990 dénombrements - RP 1999 et RP 2008 exploitations principales - État civil. « POP T2M - Indicateurs démographiques »

Évolution et structure de la population : naissances et décès

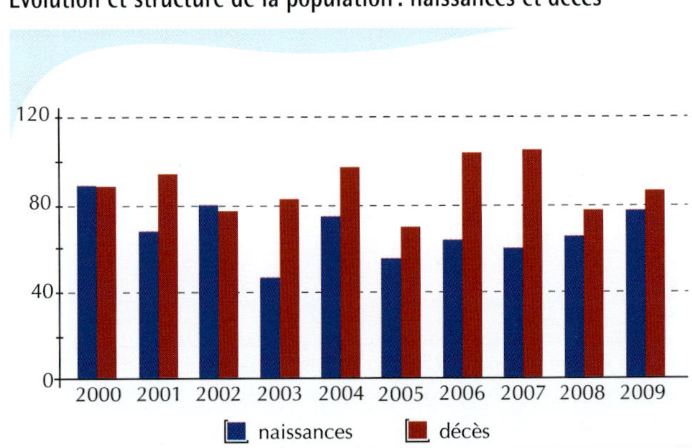

Insee, État civil « POP G1 - Naissances et décès » - recensement de la population 2008

DOC 5

Les types de publics selon les territoires

Part des moins de 10 ans dans la population totale

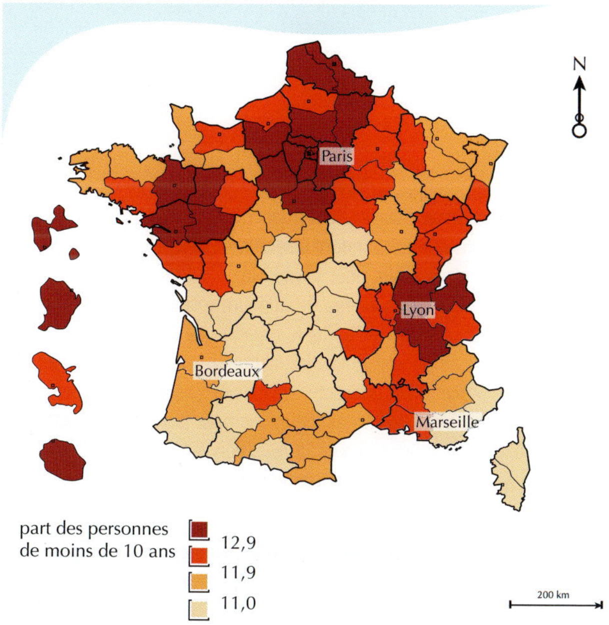

Part des personnes de 25-59 ans dans la population totale

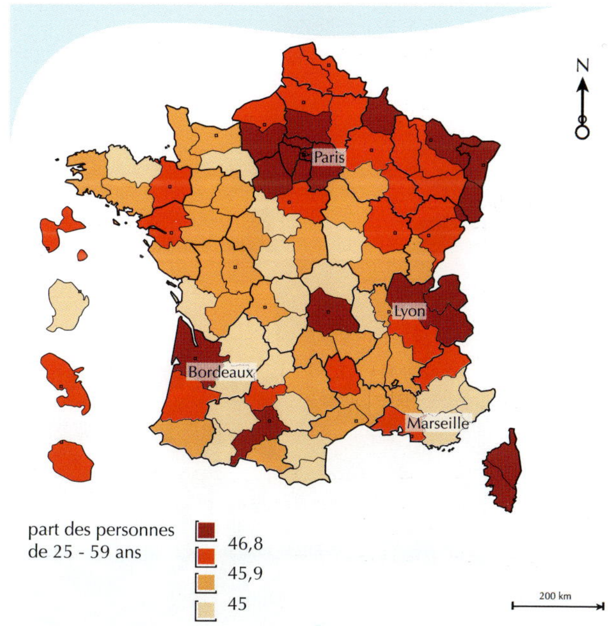

Part des plus de 60 ans dans la population totale

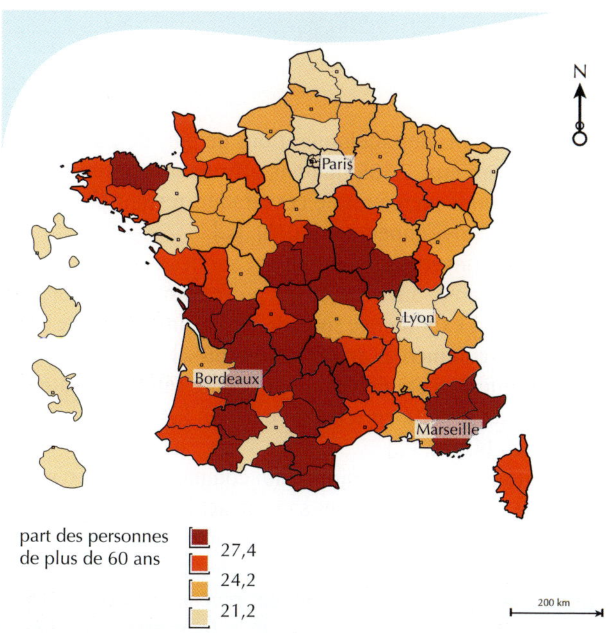

Part des personnes de plus de 75 ans dans la population totale

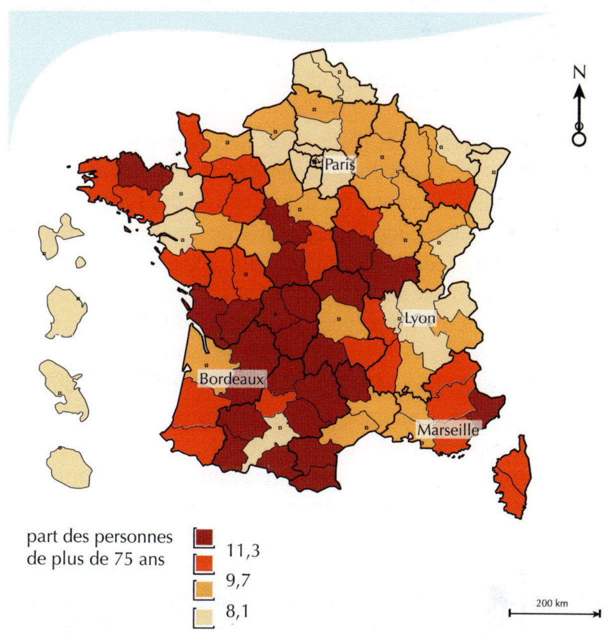

Insee, estimations de population-2009

- Recherchez sur le site de l'INSEE l'évolution de la population de votre commune sur la même période que celle du document 4.
- Identifiez les raisons de la répartition géographique des différentes populations à partir du document 5.

- Néoruraux
- Campagne
- Télétravail
- Intégration

2. Les néoruraux

« Jamais les Français n'ont été aussi nombreux à vivre en ville. Désormais 80 % de la population est citadine. Mais, paradoxalement, de plus en plus d'entre eux songent à retourner vivre à la campagne, soit pour y prendre la retraite, soit pour y travailler. Ce phénomène, est le fruit des nuisances de la ville, connues de chacun, telles que le bruit, la pollution, le stress, etc., et, bien entendu, le manque de « verdure ».
Mais partir vivre à la campagne, entraîne un bouleversement de la vie familiale et professionnelle. C'est pourquoi, les élus des communes rurales tâchent, pour la plupart, de prendre des initiatives pour favoriser l'installation de ces nouvelles populations. Toute la question est de savoir si ces initiatives sont en adéquation avec les attentes des néoruraux [...]. »

Les citadins qui s'installent à la campagne : les communes rurales répondent-elles à leurs attentes ?, François Lefebvre (Cnasea) et Florence Gramond (BVA), CNASEA, 2008

DOC 1

« Les citadins rêvent de vivre à la campagne »

La campagne est et reste attractive. Aujourd'hui, 43 % des citadins habitant dans des agglomérations de plus de 200 000 habitants, soit près de 11 millions de personnes, expriment un désir de campagne. Parmi eux, 2,365 millions affirment leur souhait d'engager des démarches concrètes d'installation dans les 5 années à venir. Les motivations premières de ces citadins restent principalement la recherche d'une meilleure qualité de vie (66 %) et d'une meilleure qualité de l'environnement (60 %). [...]
Parmi ces citadins qui désirent vivre à la campagne, le sondage révèle que cela concerne plus d'un jeune sur deux de 18 à 35 ans (53 %) ! Globalement, ce souhait touche principalement les actifs (la classe d'âge 25-49 ans) -ouvriers (60 %), professions intermédiaires (48 %), professions libérales et cadres supérieurs (47 %)- les retraités n'étant que 17 % à exprimer ce souhait, ceci allant peut-être à l'encontre d'idées reçues. Les principaux freins évoqués par les retraités : le manque de commerces de proximité (56 %) et le déficit en matière d'offre de service de santé (53 %). En revanche, pour les jeunes, si le manque de commerces de proximité représente aussi un frein (59 %), c'est le manque d'installations et d'activités culturelles et de loisirs qui est cité en seconde position (54 %).
Notons que le manque de perspectives professionnelles arrive en 3e position (42 %). [...]
Si l'attrait des campagnes reste avant tout résidentiel, les campagnes sont aussi perçues aujourd'hui comme des lieux d'activité professionnelle pour 22 % des migrants potentiels. Ce sont plutôt les jeunes [...] et des personnes sans attache [...] qui envisagent cette éventualité. Notons que ce souhait d'activité professionnelle se caractérise pour 45 % par l'entreprenariat et pour 55 % par le salariat (à mettre en relation avec les problèmes récurrents exprimés par les entreprises en milieu rural sur leurs fréquentes difficultés à recruter). 8 de ces migrants potentiels sur 10 déclarent même être prêts à accepter une baisse de leur revenu pour réaliser leur projet d'installation. Ces données semblent confirmer l'importance grandissante donnée au « projet de vie » dans les motivations d'installation sur les territoires ruraux.
Même si la présence de commerces de proximité (36 %), d'infrastructures de transports (31 %) et de services de santé (27 %) sont des critères importants guidant le choix du territoire d'accueil, c'est plutôt la combinaison et la répartition équilibrée de ces éléments qui importe dans le choix d'installation. L'enjeu pour les campagnes est bien ici de pouvoir préserver l'éventail des fonctions et des aménités (services, équipements, logements, vie sociale et culturelle, activités économiques...) nécessaires à l'attractivité des territoires. [...]

Vivre et travailler au vert. Les Français et l'installation des citadins à la campagne, Projets en campagne, 5e foire nationale à Limoges, Sondage IFOP, 2009

DOC
2 Pays de Loire, une densification de la population plus loin des villes

Un retour de croissance du rural et un ralentissement en banlieue.

Évolution annuelle moyenne de la population selon l'espace

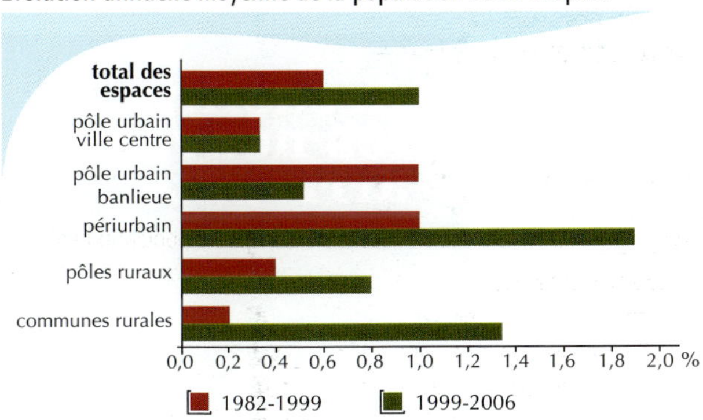

Insee, recensement de la population

Une très forte contribution du solde migratoire apparent à la croissance du rural.

Contributions des différents soldes à l'évolution annuelle moyenne de la population entre 1999-2006

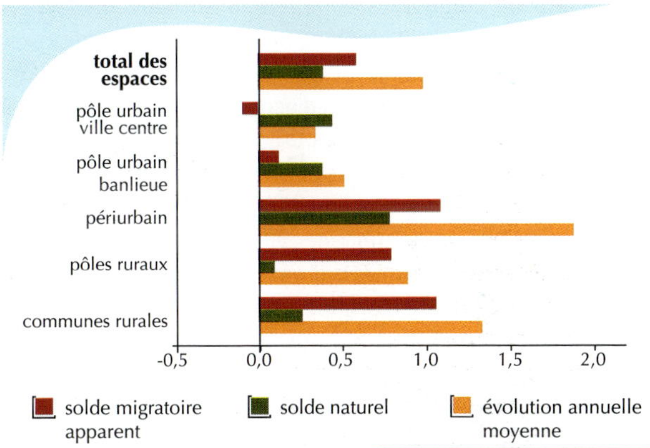

Insee, recensement de la population

DOC
3 Deux exemples de néoruraux du Gers

Les néoruraux du Gers sont fans de télétravail

« Quelle mouche vous a piquée pour venir vous installer ici ? » Voilà la réaction typique des gersois quand Karine Lalondrelle raconte son histoire. « Les gens ne se rendent pas toujours compte, explique-t-elle, de ce que peuvent représenter la richesse et la beauté de leur région pour quelqu'un qui vient d'une grande ville. » Après la séparation de son couple, seule avec deux enfants, Karine a connu des difficultés financières. Elle a alors quitté Marines, dans le Val-d'Oise, pour s'installer dans le village de Gimont. Si le phénomène des néoruraux, comme on les appelle, n'est pas nouveau, il s'est intensifié avec l'arrivée de la crise.

« On voit de plus en plus de citadins venir vivre à la campagne, explique Franck Cazalas, de la chambre de commerce et de l'industrie du Gers, située à Auch. Avec une cinquantaine de villages et une dizaine de télé-centres, il offre un accompagnement à cette nouvelle population, notamment grâce à Internet et au télétravail. Cela constitue une excellente alternative de développement dans une région où près d'un cinquième de la population active travaille dans l'agriculture. » Auparavant webmestre, Karine travaille à son compte pour différentes entreprises. « Ici, je loue un appartement de 100 m^2 pour 450 € par mois. Sans garantie. Mon propriétaire m'a simplement demandé si j'avais de quoi payer. J'ai répondu oui et on a signé ! ».

Erwan Benezet, *Aujourd'hui en France* 03/12/2008

Reconversion et intégration des néoruraux

Carlos est informaticien de formation, Olivia a travaillé cinq ans durant dans les bureaux d'une très grande marque de cosmétique mondiale. Ce jeune couple de quadras originaires de la région parisienne habite depuis deux ans à Courrensan où ils gavent des canards. Ils sont ce qu'on appelle aujourd'hui des néoruraux. Souvent incompris par leurs anciens collègues de travail comme par certains agriculteurs gersois, ils affichent un sourire qui en dit long sur leur implantation dans le département. [...] La priorité, pour le couple et leurs deux enfants, Quentin, 14 ans et Margot, 11 ans, était de fuir la ville et la cité phocéenne où ils s'étaient réfugiés. « On passait notre temps dans les bouchons, les enfants étaient sans arrêt malades, on n'arrivait plus à respirer. Alors, au printemps 2005, on a, tous les deux, démissionné de nos entreprises respectives, vendu la maison et cherché activement un gîte à reprendre », raconte Carlos. [...] Le gavage des canards, c'est presque venu comme ça pour Olivia. Enfin, après avoir quand même été initié par les anciens propriétaires de la ferme et après onze mois de formation à Mirande [...].

Désormais, le couple s'occupe du gavage de 756 canards douze jours d'affilée, a loué pour la première fois cet été une chambre d'hôte, dépendance de leur propre maison et projette sérieusement de se mettre à la vente directe. « Ce qui nous plaît, c'est aussi le rythme de vie, on travaille douze jours, on prend une pause, etc. On a le temps pour aider les enfants aux devoirs et nous intégrer à la vie du village », plaident-ils. Nouveaux venus disciplinés, ils ont participé à toutes les fêtes locales [...] et l'intégration a si bien fonctionné que les habitants de Courrensan sont venus chercher Olivia et lui ont proposé le rôle consultatif d'administratrice de la Caisse agricole. [...]

« Pays'en fête. Masseube : les néoruraux seront aussi de la fête », *La dépêche du Midi* 14/09/2007

DOC 4

Les néoruraux du Sud-Ouest

Toutes ces habitations qui sortent de terre abritent des gens souvent venus de la ville. Beaucoup de communes comptent désormais leurs «Parisiens» débarqués dans le Sud-Ouest à la recherche d'une nouvelle vie, seconde carrière professionnelle.

Y compris dans le village de Saint-Géraud, 70 âmes. «Ça a commencé à bâtir mais tous les habitants ne sont pas d'accord. Alors, à la mairie, on réfléchit...» Et cela ne va pas sans quelques heurts. «Les urbains qui arrivent veulent les avantages de la campagne sans ses inconvénients et oublient qu'un tracteur en pleine moisson dégage de la poussière qui s'installe jusqu'au fond de la piscine!» Mais en dehors de ce poncif, cette nouvelle démographie des villages s'explique au cas par cas.

D'abord, les jeunes couples qui ont grandi dans ces bourgs ruraux et qui veulent s'enraciner dans leur terre d'origine. Ceux-là font le bonheur des petits villages, apportant un dynamisme parfois oublié, notamment pour sauvegarder les écoles.

Il y a également les éternels locataires des centres villes qui souhaitent un peu plus d'espace. Le duo maison-jardin reste l'idéal de beaucoup. Un autre idéal: celui de passer une retraite au vert. À Lévignac-de-Guyenne, dans le canton de Seyches, ils arrivent de l'Aude, des Pyrénées, et bien sûr d'Outre-Manche. À Galapian, à l'inverse, quand les retraités perdent en indépendance, ils partent vers Aiguillon «où il est plus facile d'accéder aux services», publics ou non.

Article d'Anne GRESSIER paru dans *Sud-Ouest* le 10 mai 2006

DOC 5

Construire et promouvoir l'offre des territoires

«Pour pouvoir accueillir, le territoire doit avoir une «offre» à proposer, ce qui suppose d'agir sur les facteurs de son attractivité (donc d'inscrire sa politique dans la durée!). [...]

Les facteurs participant de l'attractivité du territoire:
- les aménités naturelles (climat, géographie, relief, ressources en eau, en matières premières...);
- l'hospitalité des populations;
- la qualité et la densité des services et des commerces;
- les activités culturelles et de loisirs;
- l'activité économique;
- la qualité du cadre de vie (environnement au sens large);
- la présence et l'accessibilité aux logements, au foncier en quantité et en qualité;
- le patrimoine (historique, social, architectural, naturel...).

La multiplicité des facteurs implique une hiérarchisation des actions à mener en faveur de tel ou tel paramètre. Ce qui aura pour conséquence de «sélectionner» tel ou tel type de migrants: retraités, jeunes actifs, catégories professionnelles... On notera toutefois le caractère subjectif de cette notion d'attractivité ce qui attire les uns peut être répulsif pour les autres! En outre, la très faible densité, l'éloignement ou le caractère agricole des territoires ne sont plus des handicaps majeurs pour leur attractivité.

Si la politique locale d'accueil se doit de promouvoir une offre globale, l'une des entrées privilégiée reste l'offre d'activités. Elle est constituée:
- des offres de reprise/transmission: exploitations agricoles, commerces, artisanats, industries, services...
- des offres d'emplois;
- des offres de potentiels d'activités à développer ou à faire émerger (création d'activités).

À noter que l'arrivée de nouvelles populations entraîne rapidement de nouveaux besoins sur le territoire en matière de logements, de services (garderies, crèches, transports, santé), de commerces, de loisirs... Des nouveaux besoins eux-mêmes générateurs d'activités, d'emplois, et synonymes de nouvelles richesses, sur le plan financier mais aussi social et culturel. [...]»

Extrait du Guide répertoire: *les politiques d'accueil de nouvelles populations*, Collectif Ville-Campagne, page 12, 2007

DOC 6 L'arrivée des nouveaux ménages à la communauté de communes des Campagnes Fleuries

Arrivée de 4 nouveaux ménages à la communauté de communes des Campagnes Fleuries

famille Lemoine

Monsieur Lemoine travaille en ville, à 42 km. Le week-end, il aime s'adonner aux activités sportives.
Madame Lemoine, mère au foyer, s'occupe de ses 3 enfants : Marin 8 ans, Garance 4 ans, Léa 2 ans.

famille Garnier

Madame Garnier, divorcée, va occuper, à partir du mois prochain, le poste de secrétariat dans la commune où elle vient de s'installer.
Son fils, Maxime, 17 ans, va au lycée professionnel situé à 15 km. Après son bac, il désire préparer un BTS.

Nicolas, 25 ans, pacsé avec Estelle, 21 ans

Nicolas est à la recherche d'un emploi, il est titulaire d'un bac pro restauration. Estelle est infirmière auprès d'un organisme de services de soins à domicile ; elle est enceinte de 4 mois.

monsieur Petit, 64 ans

Veuf, il est revenu s'installer dans sa commune d'origine. Il aime la randonnée, la généalogie et l'histoire de France. Ayant un problème articulaire à la main droite, il a revendu sa voiture.

?

Prochainement, vous allez travailler en partenariat avec une communauté de communes sur un territoire à dominante rurale : la communauté de communes des Campagnes Fleuries. Son Président vous informe de son désir de promouvoir et favoriser l'accueil des néoruraux.
Il vous charge de :

- Réaliser une typologie des néoruraux.
- Présenter les motivations qui incitent les nouveaux habitants à s'installer en milieu rural.
- Analyser les attentes de l'arrivée des 4 nouveaux ménages du document 6.
- Répertorier les moyens possibles des territoires pour favoriser l'accueil des néoruraux.
- Étudier les conséquences de l'arrivée de néoruraux pour la communauté de communes.

- Garde des enfants
- Organisation
- Mobilité

3. Des réponses adaptées aux besoins des publics

Les besoins des personnes en milieu rural s'alignent sur ceux des citadins. Habiter à la campagne doit permettre aux familles de concilier vie familiale et vie professionnelle. Aussi des adaptations s'imposent pour permettre l'accès aux services, à l'insertion professionnelle et aux loisirs ; elles conditionnent les modes de vie des publics du milieu rural. L'accessibilité, imposée par la loi de 2005, permet, quant à elle, l'intégration des personnes handicapées au sein de leur territoire. Les collectivités mettent aussi en place des services qui, par leur diversité et leur efficacité, améliorent le quotidien de chacun et comblent notamment les besoins des personnes âgées en assurant leur maintien à domicile.

3.1. Les familles

Concilier vie professionnelle et vie familiale, en permettant aux enfants de s'épanouir en milieu rural, est-ce possible ?

DOC 1 Les enjeux de la mobilité en milieu rural

La question de la mobilité et de l'organisation des transports est récurrente en milieu rural, que ce soit pour les personnes âgées isolées, les personnes en difficulté d'insertion ou pour les enfants et les jeunes.

L'organisation lourde de transports collectifs n'est pas toujours adaptée aux besoins réels d'une population souvent disséminée sur les territoires. La recherche d'une formule différente est une nécessité, tant pour des questions de coût que de service réel aux habitants du milieu rural diffus. [...]

La prise en compte de la question de la mobilité est l'un des leviers du développement rural :

- Elle renforce l'attractivité des territoires par une meilleure accessibilité de tous aux services, aux loisirs, à la culture, au travail. Elle contribue à fixer les populations à mobilité réduite.
- Une démarche solidaire consolide ou recrée le lien social, facilite l'intégration dans un milieu, l'attachement à une région.

Initiatives rurales – Fédération départementale des foyers ruraux

DOC 2

« Concilier vie professionnelle et vie familiale »

La principale difficulté à laquelle les parents de jeunes enfants du milieu rural sont confrontés est le manque de services à l'enfance dans certaines zones rurales (les plus isolées, enclavées et les plus petites communes) mais bien au-delà ils se sentent démunis et éloignés des lieux d'information pour leurs enfants. La plupart des services sont concentrés aux bourgs-centres et dans les villes et pour les parents des communes les plus enclavées, la conciliation vie professionnelle, vie familiale est particulièrement prégnante ainsi que le problème de l'isolement des familles.

Ces questions sont plus problématiques pour les familles dans des situations d'emplois particuliers (précaires, horaires atypiques, temps partiel, besoins fluctuants,...) car les services à l'enfance s'ils existent, ne peuvent répondre à ces besoins spécifiques. De surcroît ces familles ont de grandes difficultés pour supporter les coûts des services et des déplacements. La question de la saisonnalité se pose de manière accrue dans les zones touristiques et dans le monde agricole quand il s'agit de concilier vie familiale/vie professionnelle.

Certains territoires, tels ceux de montagne sont particulièrement confrontés à des problèmes de déplacements (temps, distance, routes sinueuses, enneigement,...) quand il s'agit d'aller au bourg-centre (le plus souvent chef-lieu de canton) ou en ville soit pour les équipements, soit pour le travail avec des amplitudes d'horaires de travail qui deviennent très importantes.

La demande qui émane des familles est celle de lieux de proximité pour les enfants, souples et adaptés à des situations parfois fluctuantes et atypiques. [...]

On constate dans les milieux ruraux isolés plusieurs difficultés récurrentes :
- Éloignement des services, des lieux d'information, de santé, de médiation familiale.
- Problèmes de transport pour toutes ces activités et pour les services aux enfants et familles.

Des problématiques particulières pour les familles d'aujourd'hui :
- Manque d'anticipation pour l'accueil des enfants quant à la reprise d'activité des mères.
- Conséquences des séparations et divorces devenant importantes pour les familles en milieu rural (isolement des enfants, peu de contacts avec d'autres...).
- Isolement des familles et des enfants dans les zones de faible densité et plus particulièrement pour les mères travaillant à leur domicile (gîte, toute petite entreprise, agriculture...) ou ne travaillant pas.
- Frein culturel, les mères particulièrement du milieu agricole ne s'autorisant pas à faire garder leur enfant.
- Besoin d'accueil ponctuel qui permettrait aux familles de souffler.

Un problème récurrent est celui des familles modestes qui sont pénalisées pour les questions de transport, de modes de garde pour les jeunes enfants et de centres de loisirs.
- Conciliation des temps : quand les horaires de travail sont décalés, en période saisonnière, avec des amplitudes importantes dues souvent à l'éloignement des lieux de travail [...]

Groupe de travail comité national de pilotage des REAAP « Parentalité en milieu rural », enquête 2009 www.unaf.fr

Des services à l'accès difficile

DOC 3

Accueil des jeunes enfants en milieu rural : développer une offre innovante

Il manque aujourd'hui en France 400000 places d'accueil de jeunes enfants pour permettre à tous les parents de ne pas être contraints à choisir entre vie professionnelle et vie familiale.

Alors que le taux de natalité confirme son dynamisme, les difficultés demeurent : les assistantes maternelles assurent près de 70 % de l'offre de garde, mais la profession n'est pas assez attractive et un tiers d'entre elles vont partir à la retraite dans les cinq prochaines années ; les établissements d'accueil collectif favorisent la socialisation des jeunes enfants, mais leur coût de fonctionnement empêche leur diffusion massive ; la garde à domicile se développe rapidement, mais elle n'est accessible qu'aux familles aisées.

À ces difficultés nationales s'ajoutent, pour le milieu rural, deux contraintes particulières : la faiblesse du potentiel financier des petites communes rend souvent impossible la mise en place d'établissements collectifs trop onéreux et les horaires de travail atypiques de nombreux parents appellent une offre de garde spécifique qui reste rare.

Or, selon l'avis unanime des élus locaux et des acteurs de la petite enfance, deux facteurs essentiels conditionnent l'installation des parents en milieu rural : la possibilité de faire garder leur enfant et l'accès aux nouvelles technologies.

Développer l'offre d'accueil des jeunes enfants dans le monde rural n'est donc rien de moins qu'une priorité de l'aménagement du territoire [...]

Répartition des places auprès des assistantes maternelles employées par les parents

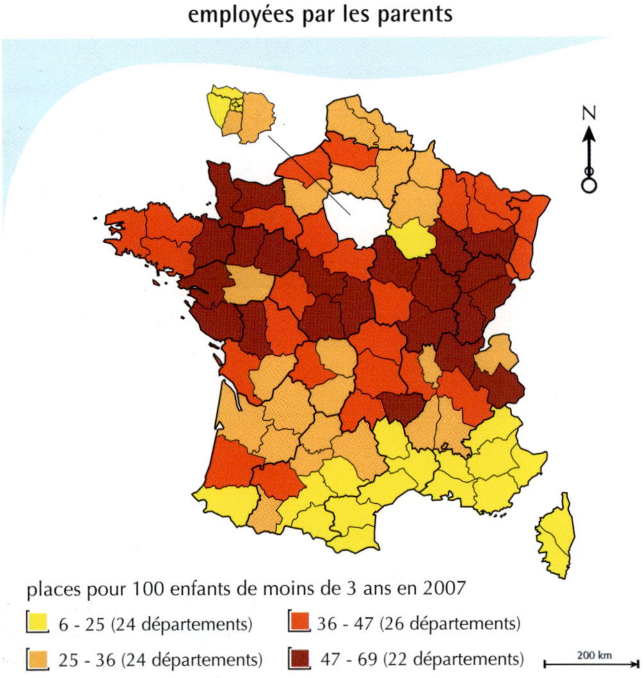

Répartition du nombre total de places (accueil collectif, accueil familial, assistantes maternelles)

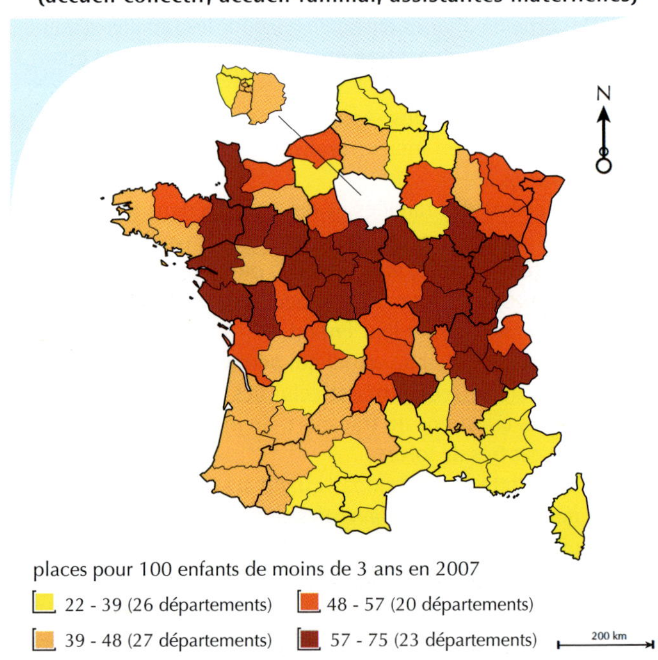

Extrait du rapport d'information n° 545 (2008-2009) « Accueil des jeunes enfants en milieu rural : développer une offre innovante » de J.-M. Juilhard fait au nom de la commission des affaires sociales, 08/07/2009

DOC 4

Du temps pour soi et son enfant

À l'intérieur d'une grande salle lumineuse, 7 à 8 enfants âgés de quelques mois à 3 ans jouent. Les tout-petits s'affairent sur des tapis de jeux, les plus grands déambulent sur des trotteurs, quelques mamans participent à leurs activités, tandis que d'autres confortablement installées sur des chauffeuses échangent entre elles ou avec l'équipe accueillante. De quoi parlent-elles ? De leur enfant, des joies qu'il procure, mais aussi de leurs questionnements éventuels face à des problèmes de sommeil, de propreté, d'alimentation, d'obéissance, d'agressivité... et de leur crainte parfois de ne pas toujours bien s'y prendre pour résoudre ces problèmes. Partageant leurs expériences, elles se rendent compte qu'elles traversent toutes des phases similaires. Nous ne sommes ni une garderie, ni une structure de soins ou de thérapie mais à la Cabanette, un espace de rencontre pour les tout-petits et les personnes qui en ont la charge quotidienne : mère, père, nourrice ou grand-parent. Ouverte en janvier 2006 dans les locaux du centre socioculturel de Cabannes, chef-lieu d'une petite commune rurale au nord du département des Bouches-du-Rhône, la Cabanette est inspirée du concept de la « maison verte » imaginée par Françoise Dolto pour favoriser la parole et l'écoute entre adultes et entre enfants. Le but : éviter, à travers ces échanges, que les petites difficultés ne deviennent de gros problèmes, rompre l'isolement des parents et préparer les jeunes enfants à une vie sociale. [...]
Les accueillantes de formations professionnelles diverses (assistante sociale MSA, infirmière PMI, auxiliaire puéricultrice, éducatrice jeune enfant) écoutent, conseillent et orientent les parents en fonction de leurs besoins. Elles veillent également à créer un climat de bien-être et de convivialité, propice à faire circuler spontanément la parole des adultes et à être à l'écoute. [..]
Impliquée dans la conception du projet, la MSA l'est également dans sa mise en œuvre puisque l'assistante sociale du secteur de Cabannes est chargée régulièrement de l'accueil des enfants et adultes au sein de la Cabanette, sur la base de permanences tournantes avec les autres partenaires à l'origine du projet. Sa participation s'inscrit dans les axes de travail retenus dans le cadre du plan enfance-famille dont l'un des objectifs est le soutien des parents dans leur fonction éducative et parentale. Il illustre par ailleurs les nouvelles orientations du service d'action sociale, visant la mise en place d'actions non individuelles au bénéfice des ressortissants agricoles du département, à l'initiative des assistantes sociales de secteur de la MSA dans les Bouches-du-Rhône. La MSA a aidé au démarrage d'un autre lieu de soutien à la parentalité sur Saint-Rémy-de-Provence, signe de son fort engagement dans ce sens.

Nicole Nolfo, *BIMSA*, n°100, janvier 2010

DOC 5

À DOmicile un RElais pour les MÔMES

DO.RE.MÔMES, c'est le nom d'un nouveau service original de garde ponctuel des enfants à domicile assuré par des bénévoles. Un dépannage de deux jours consécutifs maximum renouvelables dans l'année quand les parents rencontrent un imprévu (maladie, hospitalisation, entretien d'embauche...), le temps pour eux de trouver une autre solution. [...]

BIMSA, n° 115, juillet-août 2011

- Listez les problèmes que peuvent rencontrer les familles pour la garde de leurs enfants (petits et grands).
- Proposez des solutions qui pourraient répondre à leurs besoins.

- Télétravail
- Culture
- Loisirs

DOC 6 Le télétravail

Depuis deux ans, le conseil général du Puy-de-Dôme expérimente le télétravail pour ses agents. Le télétravail répond à deux principales préoccupations. La première est d'ordre environnemental, en permettant de limiter les déplacements domicile/travail. [...] La seconde est d'ordre social, en contribuant à améliorer le bien-être au travail et à permettre aux agents de mieux concilier vie familiale et professionnelle. [...]
Le télétravail est basé sur le volontariat. Un agent peut y recourir ponctuellement, six à huit jours par mois, ou régulièrement, un à deux jours par semaine, toujours avec l'approbation de son supérieur hiérarchique. Chaque télétravailleur s'engage sur une charte de télétravail qui est aussi une fiche liaison où l'agent note ses missions ou tâches à accomplir lors de ses jours en télétravail. Des objectifs sont évalués à terme par le supérieur hiérarchique. Les agents doivent remplir certaines conditions : ils doivent notamment être personnellement équipés à leur domicile d'un ordinateur, d'une connexion ADSL et d'une ligne téléphonique. Mais pour permettre à ses agents de travailler dans les mêmes conditions qu'au bureau, le conseil général a mis en place des postes virtuels. Le télétravailleur accède ainsi au même mode de connexion qu'au bureau, aux répertoires communs et personnels, à la connexion sécurisée du conseil général [...]

La Lettre du Cadre Territorial, numéro 388 (15 octobre 2009), un article de Mme Jessy Jupin

DOC 7 L'ADMR : la référence du service à la personne

ADMR
la référence du service à la personne

La vie familiale n'est pas un long fleuve tranquille. Grossesse, naissance, maladie ou décès, aide dans les relations parents/enfants, désir de concilier vie familiale et vie professionnelle ? Un soutien extérieur peut parfois s'avérer nécessaire. Pour répondre à ces situations, l'ADMR propose une large gamme de services à domicile. Des services qui permettent de surmonter des difficultés passagères et de mieux organiser sa vie familiale.
Une famille, c'est formidable, mais c'est souvent beaucoup de travail. Même une mère jeune et débordante d'énergie peut parfois craquer. Il y a des situations où être dynamique ne suffit plus, des situations où il faudrait avoir quatre mains. Comment faire quand un enfant tombe malade et qu'il faut aussi s'occuper de ses frères et sœurs ? Ou quand l'un des conjoints est malade et qu'il ne peut plus aider à la maison ? Ou quand on décide d'avoir un deuxième enfant et que naissent des jumeaux faisant passer la famille de trois à cinq ?
Pour chaque situation, l'ADMR a des solutions et des professionnels qualifiés capables de vous seconder. Pour vous aider à préparer les repas, faire un peu de ménage ou de repassage, l'Auxiliaire de Vie Sociale (AVS) vous apporte un sérieux coup de main.
Pour s'occuper de vos enfants, qu'ils soient bébés ou un peu plus grands, pour aider aussi les familles à faire face à des situations plus difficiles, les Techniciennes de l'Intervention Sociale et Familiale (TISF) vous secondent et vous aident à vous organiser. Selon vos besoins, notre service famille intervient à votre domicile et vous proposera une aide ponctuelle ou à plus long terme, pour quelques heures, une demi-journée ou une journée entière. [...]

www.admr.org

DOC 8

Des loisirs qui créent du lien social

Broderie, couture, scrapbooking, patchwork, décoration... Les associations locales Familles Rurales ont bien compris l'engouement actuel pour les loisirs créatifs. Et elles ne cessent de créer de nouveaux ateliers manuels pour répondre aux attentes des familles, et aussi suivre les modes !

Les 35 heures aidant, les Français ont aujourd'hui plus de temps libre, qu'ils veulent occuper de façon utile. Les loisirs créatifs en sont un moyen. Ils permettent aussi de s'épanouir, de rencontrer de nouvelles personnes et ainsi de créer du lien dans nos communes rurales. Et donc de lutter contre l'isolement.

Prendre du temps pour soi et pratiquer une activité, quelle qu'elle soit - et les possibilités sont nombreuses -, se détendre, se faire plaisir, voilà un programme alléchant ! Les loisirs créatifs sont aussi l'occasion d'acquérir une technique nouvelle ou de partager ses compétences. Car chacun d'entre nous est bien évidemment porteur de savoir, de savoir-faire et avoir la possibilité de le transmettre est une expérience valorisante.

Mais pour cela, ils doivent être facile d'accès, de proximité et à un coût permettant à tout le monde d'y participer. Et ce, quel que soit son milieu social, quelles que soient ses connaissances, manuelles et intellectuelles. Et à tout âge ! C'est ce à quoi s'emploie, au quotidien, le réseau des associations Familles Rurales.

À noter, certains de ces loisirs créatifs se pratiquent dans le cadre d'un réseau d'échanges de savoirs. Le principe est simple : les personnes précisent à l'association locale le savoir qu'elles ont à offrir et celui qu'en retour elles aimeraient apprendre. Le travail de l'association consiste ensuite à mettre en relation les personnes. À travers ce réseau, l'objectif est de permettre aux habitants d'un même territoire de se connaître et de donner un peu de leur temps libre mais aussi de recevoir beaucoup. Il existe plusieurs réseaux d'échanges de savoirs de ce type au sein du Mouvement Familles Rurales. [...]

www.famillesrurales.org

DOC 9

Le cinéma itinérant

Le cinéma itinérant se veut un projet culturel ouvert et proche des habitants des communes rurales du Sud de l'Essonne. Il s'inscrit à ce titre dans la politique de développement durable menée par le conseil général. [...]

Les communes engagées dans le dispositif, accompagnent les séances par des moments de convivialité qui sont propres à chaque lieu et le caractérisent. Pour mémoire : soupe à l'oignon et fanfare à Marolles-en-Beauce, feu d'artifice à Boutervilliers, soirées courts et longs métrages suivies d'un buffet à Méréville, goûter et débat avec le jeune public à Saint-Vrain, autant d'émotions et d'échanges que le cinéma itinérant souhaite partager avec le public. Une histoire à suivre sur les chemins du département...

www.cinessonne.com

Le cinéma itinérant du Cher (la cabine de projection)

?

- Listez les solutions qui peuvent permettre aux familles rurales de concilier vie familiale et vie professionnelle.
- Précisez l'importance des activités de loisirs pour la famille.
- La famille a des besoins dans différents domaines : alimentation, logement, transport, communication, loisirs et culture... Sous forme de tableau, listez les difficultés rencontrées par les familles rurales pour subvenir à ces besoins. Ajoutez ensuite dans ce tableau les solutions qui peuvent être proposées et les partenaires possibles sur le territoire.

- Santé
- Soins à domicile

DOC 10

L'offre de services de soins en milieu rural : une urgence pour demain

Vieillissement de la population, mauvaise répartition de l'offre des soins sur les territoires, perspectives démographiques peu optimistes pour les prochaines années, réticence des professionnels de santé à s'installer à la campagne… l'état des lieux est sévère. Il conduit la MSA à participer activement à la recherche de solutions efficaces et durables pour améliorer l'organisation des soins de premiers secours dans les zones mal dotées. Exercice regroupé, coordination entre les différentes disciplines médicales et paramédicales, travail en réseau, promotion de la fonction de médecin généraliste, incitation des étudiants à exercer en milieu rural sont autant de voies dans lesquelles elle s'investit. […]

BIMSA, mai 2008

msa santé famille retraite services

DOC 11

Les Français face à leur système de santé

La moitié des ménages français ont vu leurs dépenses de santé augmenter en 2011, à hauteur de plus de 10 % pour 40 % d'entre eux. Par ailleurs, près des deux tiers estiment que le ralentissement économique a eu des conséquences sur le budget qu'ils consacrent à leur santé, ceux ayant les plus bas revenus et la moins bonne couverture d'assurance étant les plus affectés. […] L'inquiétude règne : 1/4 des ménages en moyenne pense ne pas être prêt à assumer ses frais de santé à venir, et ce indépendamment de l'étendue de leur couverture santé.
De plus, le système de santé français est jugé dispendieux par 2 Français sur 3 et peu efficace : gaspillage, bureaucratie, manque de responsabilisation individuelle en matière de santé et l'acharnement thérapeutique en fin de vie. 1 Français sur 2 considère que la qualité des soins pourrait être améliorée tout en réduisant les coûts. […]
Le médicament reste un pilier important de « l'approche santé » des Français qui sont toujours parmi les plus gros consommateurs de médicaments de prescription au monde (56 % des Français déclarent en consommer de façon régulière avec une prise quotidienne moyenne de 3 médicaments). […] La notion de coût et de rapport qualité/prix commence cependant à émerger dans les demandes de prescription (1 Français sur 5 a demandé à son médecin la prescription d'un générique pour des raisons économiques au cours des 12 derniers mois).

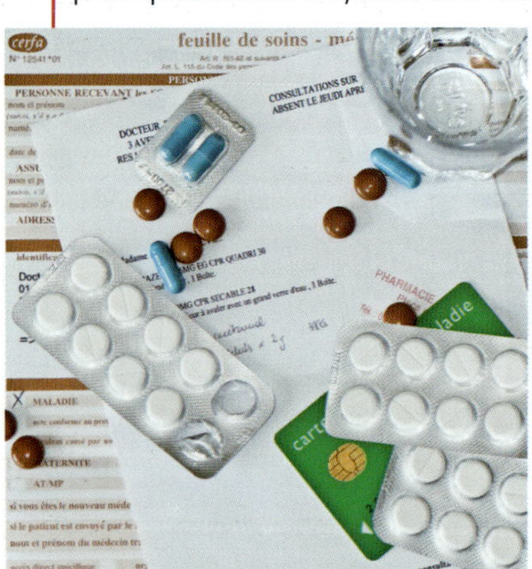

www.infirmiers.com

DOC 12

Santé et précarité : soigner sans exclure

Les personnes en situation de fragilité économique et/ou sociale consultent moins souvent ou plus tardivement un médecin. Elles recourent peu au dépistage, à la prévention. Pour contribuer à une prise en charge précoce, la MSA a mis en place un parcours de prévention spécifique.
Même s'il existe des dispositifs destinés à faciliter l'accès aux soins (couverture maladie universelle et sa complémentaire, aide à la complémentaire santé), les contraintes, financières notamment, influent sur les comportements de soin. La réduction des inégalités constitue donc un véritable challenge. Pour contribuer à la prise en charge précoce des facteurs de risque et de pathologies éventuelles, la MSA a mis en place un parcours de prévention spécifique. Sur le terrain, médecins et travailleurs sociaux se mobilisent pour une prise en charge médico-sociale globale. Exemples :
- La MSA Provence Azur propose des bilans de santé à des personnes en situation de précarité, salariées d'une structure d'insertion. […]
- Dans le Marais Poitevin, une association lie étroitement démarche d'insertion et prévention des risques professionnels. […]
- Rencontres individuelles, réunions d'information et d'échanges, ateliers « Prendre soin de soi pendant la maladie », « Cellule emploi-santé » de concertation pluridisciplinaire, formation des intervenants : la MSA d'Alsace fait feu de tout bois pour accompagner au mieux les personnes fragilisées par la maladie, invalides ou en situation de handicap.

BIMSA n° 116, novembre 2011

DOC 13

Les Maisons de Santé Rurales Pluridisciplinaires

La MSA lance une nouvelle expérimentation : les « Maisons de Santé Rurales » visant à améliorer l'accès aux soins et les conditions d'exercice des professionnels de santé via leur regroupement dans une même structure, en coordination avec l'environnement médical de la région.

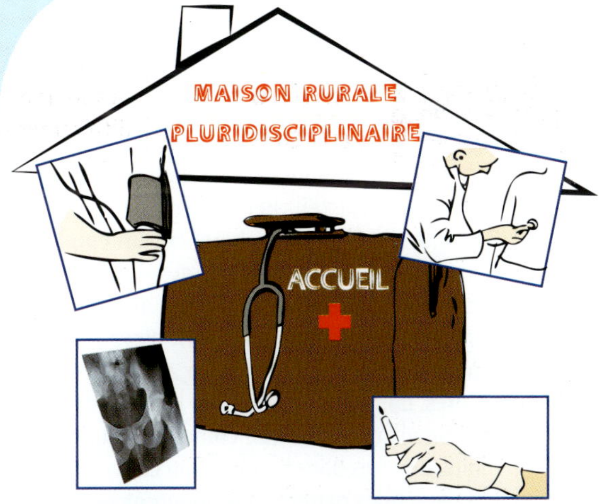

Rareté de l'offre de soins en zone rurale

Inégalités entre les territoires

D'une manière générale, la répartition des professionnels de santé sur le territoire pose problème. Certaines régions comportent un plus grand nombre de zones dites « défavorisées » que la moyenne : manque de médecins, difficultés d'accès aux soins, population vieillissante... Certaines zones rurales présentent des caractéristiques communes : des distances d'accès aux soins élevées, des logements anciens et moins bien équipés, une proportion importante de personnes âgées.

Profil des professionnels de santé

Les années à venir vont être marquées par un vieillissement des professionnels de santé et par une désertification médicale du fait de nombreux départs en retraite. Par ailleurs, on constate une féminisation des professions médicales, et avec elle une évolution des exigences en terme de qualité de vie privée. Nombre de femmes travaillent effectivement à temps partiel. Les aspirations des jeunes professionnels de santé sont peu compatibles avec les horaires importants pour répondre à la demande locale, les contraintes de garde le week-end et la nuit plus importantes, les difficultés pour le conjoint à trouver un emploi...

Des prévisions inquiétantes

D'après la DREES, le nombre de médecins en activité passerait de 205 200 en 2006 à 186 000 en 2015. La densité de médecins passerait de 335 à 283 médecins pour 100 000 habitants. Le nombre de spécialistes diminuerait plus rapidement que celui des généralistes.

Une solution : Les Maisons de Santé Rurales

Contrairement à la majorité des maisons médicales qui réunit les professionnels de santé d'une même discipline, les MSR regroupent, sur un même site, l'ensemble des professions liées à la santé : médecins, infirmières, kinésithérapeutes, psychologues, diététiciennes, podologues, sages-femmes... ainsi qu'une participation des pharmaciens. Elles s'appuient ainsi sur la coordination des soins, le partage des compétences et l'ouverture au domaine social. Les MSR sont ouvertes ou construites dans des zones en milieu rural et sont accessibles à l'ensemble de la population. [...]

Les objectifs

- Améliorer l'offre de soins des habitants ruraux : accès, continuité et permanence des soins, maintien à domicile.
- Lutter contre la désertification médicale et paramédicale en améliorant les conditions d'exercice des professions de santé (en remédiant notamment au nombre de gardes, à l'isolement, à la discontinuité des soins, et en développant la délégation de tâches grâce à la multidisciplinarité).
- Faire vivre les territoires en favorisant l'arrivée de jeunes professionnels de santé.

Un double bénéfice est donc attendu, à travers la mise en place de ces MSR : une amélioration des conditions d'exercice pour les professionnels de santé et la possibilité pour les habitants d'accéder en un lieu unique à une offre de soins diversifiée. [...]

www.msalorraine.fr

?

- Se soigner devient difficile et l'est encore plus en milieu rural. Expliquez.
- Justifiez l'importance de la mise en place des Maisons de Santé Rurales tant pour les usagers que pour les professionnels de la santé et les collectivités.
- Relevez sur votre communauté de communes les actions de prévention sanitaires mises en place, proposez d'autres solutions qui pourraient répondre aux besoins de la population.

- Mobilité
- Culture
- Loisirs

3.2. Les jeunes

Égalité entre jeunes ruraux et jeunes citadins : une réalité ?

DOC 1

Loisirs et pratiques culturelles des jeunes

Les loisirs et pratiques culturelles des jeunes paraissent homogènes. Mais à y regarder de plus près, les inégalités d'accès, notamment à la culture, existent bel et bien. [...]
Certains travaillent ou cherchent un emploi, d'autres étudient. Mais pour la plupart, la jeunesse reste et restera le temps des sorties [...]. Les moins de 30 ans ont des pratiques culturelles et de loisirs plus intenses que le reste de la population. Premier loisir propre à cette génération : le temps passé avec les copains. Pour 85 % d'entre eux, c'est une activité centrale.
Les loisirs des jeunes paraissent assez homogènes : le cinéma et le sport sont leurs activités préférées. 80 % sont allés au cinéma au moins une fois dans l'année en 2006, contre 51 % de l'ensemble de la population. La pratique sportive concerne près de 90 % des jeunes adultes, dans un club ou non. Écouter de la musique sur un baladeur, via un téléphone portable, Internet ou en allant au concert est également une pratique commune, qui dès l'adolescence distingue les jeunes [...]. En 2006, 46 % des moins de 29 ans sont allés au moins une fois dans l'année à un concert ou voir un spectacle. C'est le cas de 32 % de l'ensemble de la population, tous âges confondus.
[...] Les jeunes générations adoptent beaucoup plus facilement les changements technologiques et les nouveaux outils qui vont avec. Qu'il s'agisse de se divertir, de communiquer avec son réseau d'amis ou de s'informer. [...] Contrairement à une idée reçue, les jeunes adultes ne passent pas une grande partie de leur temps devant la télévision, en tous cas moins que leurs aînés [...].
Une partie de ces loisirs concerne l'ensemble des jeunes sans que le sexe ou l'origine sociale ait une grande influence. Les pratiques culturelles (livres, cinéma, musées, théâtre, etc.) se sont diffusées au cours des trente dernières années, notamment parce que l'élévation du niveau de diplôme se conjugue avec la croissance de l'offre (bibliothèques, patrimoine culturel, expositions notamment). Cependant à y regarder de plus près, les inégalités d'accès demeurent bel et bien présentes chez les jeunes, comme elles influencent le reste de la population en matière de pratiques culturelles.
[...] Les inégalités d'accès aux loisirs entre jeunes de catégories sociales différentes résident autant dans des éléments matériels (niveau de vie, proximité géographique, etc.) que symboliques tels le diplôme, la maîtrise de la langue et de l'écrit ou le milieu familial. 17 % de ceux qui n'ont pas de diplôme ou au mieux le certificat d'étude sont allés au théâtre ou au concert au moins une fois dans l'année, contre 57 % de ceux qui ont un diplôme supérieur au bac (données 2000).

Valérie Schneider, Observatoire des inégalités le 26 février 2009

DOC 2

Un réseau d'animation jeunesse en Landes de Gascogne

Depuis 2006, le Pays des Landes de Gascogne coordonne, dans le cadre de la démarche LEADER (Liaison Entre Action de Développement de l'Économie Rurale), la mise en réseau de 8 structures enfance-jeunesse, associatives, communales et intercommunales, concernant 67 communes, afin de mieux structurer l'offre de services pour les adolescents.
Les évolutions socio-économiques qui touchent le territoire du Pays des Landes de Gascogne ont incité les acteurs locaux à considérer les jeunes de 11 à 15 ans comme une véritable ressource pour l'avenir du territoire. Cette démarche territoriale unique innovante en Aquitaine témoigne d'une gouvernance partenariale réussie. Quels bénéfices et pour qui ?
Pour les structures jeunesse, la mutualisation des moyens (transports, séjours,...), l'accès à des possibilités nouvelles de financement (LEADER, région,...) ; pour les animateurs un enrichissant partage d'expériences et la mise en place de formation-action ; pour les adolescents enfin, une offre élargie d'animations originales favorisant leur intégration sur le territoire et leur ouverture aux autres : équitation, canoë, arts plastiques mais aussi séjour cirque et vidéo.

www.reseaurural.fr

DOC 3

Les loisirs à la campagne

Les citadins ont parfois l'idée reçue que lorsque l'on vit à la campagne, on se retrouve souvent désœuvré, en manque de loisirs. [...]

Les activités sportives et artistiques

S'il peut être parfois plus difficile de participer à des cours de Capoeira [...], de Gymnastique Rythmique et Sportive ou de squash, la campagne offre beaucoup de possibilités en matière de sport de « nature ». En fonction de l'endroit où on habite, on pourra ainsi avoir le loisir de pratiquer le ski, le bateau ou l'aviron, la randonnée, l'équitation ou encore le surf... ! De plus n'importe quel coin de nature est propice à des jeux improvisés en plein air comme le foot, le basket, les baignades...

Facile alors d'être « sportif » à la campagne ? S'il n'est peut-être pas « difficile » de faire du sport en solo, les activités de sport collectif doivent être organisées. Dans les campagnes, les associations sportives sont nombreuses et participent de manière importante au dynamisme local.

Beaucoup d'associations organisent des sorties au cinéma [...], des concerts et festivals. En mettant en place des services de covoiturage ou de transports collectifs, en adaptant les programmes et les horaires pour ceux qui déjà font beaucoup de trajets, ces associations, mouvements de jeunes, mairies ou centres culturels s'adaptent aux « exigences » de la vie rurale. [...]

Aujourd'hui, nombreux sont également les groupes de musique et les troupes de théâtres qui se déplacent pour aller rencontrer les publics géographiquement plus isolés.

La place d'Internet

Internet est en outre un moyen qui permet d'accéder à de la culture, mais aussi à certains loisirs : on peut être connectés en tribus avec ses amis, on communique plus facilement et plus vite ; on peut faire des achats sans se déplacer, on s'échange des fichiers, on peut créer des blogs... et on peut jouer en réseau avec des personnes du monde entier.

Sur Internet, on peut aussi faire le plein d'infos sur ce qui est proposé dans sa région, [...], on peut savoir quelles sont les activités organisées et comment y participer.

www.filsantejeunes.com, mai 2011

DOC 4

Les loisirs des jeunes marqués par les inégalités

Les loisirs et les vacances des jeunes sont marqués par d'importantes inégalités, indique le bulletin de l'observatoire des vacances et des loisirs des enfants et des jeunes. Des inégalités territoriales tout d'abord, en matière d'accueil collectif (centre de loisirs, maisons des jeunes,...) notamment. Les enfants de milieu rural et de banlieues des grandes villes sont les plus pénalisés par le manque d'infrastructures sur certains territoires, liés dans certains cas au manque de moyens et d'autres à des choix politiques des élus.

Dans une commune donnée, l'accès aux activités est lui aussi très dépendant du milieu social. Certaines pratiques – dont le coût atteint plusieurs centaines d'euros – sont inaccessibles pour une grande partie des ménages. Pour une famille avec trois enfants dont les deux parents sont employés au SMIC à temps complet, la pratique d'une activité par enfant peut représenter presque l'équivalent d'un mois de revenus.

Dans le même temps, les politiques de démocratisation des loisirs financés par les collectivités locales demeurent notoirement insuffisantes [...].

Observatoire des inégalités, octobre 2010

?

- Présentez les rôles des loisirs chez les jeunes.
- Listez les activités de loisirs pratiquées et présentez les intérêts de chaque activité relevée.
- Peut-on parler d'inégalité d'accès aux loisirs chez les jeunes ? Justifiez.
- Présentez, sous forme de tableau, les atouts et les contraintes de l'organisation des loisirs chez les jeunes ruraux et chez les jeunes urbains.

DOC 5

La course d'orientation des jeunes ruraux

Le rural, un contexte spécifique. [...]

Contrairement aux idées reçues, vivre dans un territoire rural n'est pas pénalisant pour la scolarité. Pourtant, la restructuration de l'offre scolaire (fermeture de classes, regroupement pédagogique intercommunal), a modifié le quotidien des élèves et de leurs familles les a contraint à plus de mobilité. Mais le fort engagement des parents et des équipes éducatives, ainsi qu'un maillage associatif très développé, compensent l'éloignement aux ressources pédagogiques, culturelles et sportives. Le niveau des élèves des écoles rurales ne s'en ressent donc pas, tout au moins jusqu'au collège. C'est lors de l'orientation après la troisième que les parcours des ruraux et des urbains commencent à diverger notablement.

Des aspirations éducatives plus modestes pour une offre réduite

[...] Les formations suivies dans les établissements ruraux sont plus souvent à visée professionnelle, en particulier pour les garçons. Ceux-ci se destinent plus que les urbains aux métiers du BTP et de la mécanique (automobile et maintenance), alors que les filles vont choisir les spécialités du secteur sanitaire et social et des services à la personne. Le secteur de l'hôtellerie est aussi remarquablement attractif, probablement dans les zones touristiques. En parallèle, le déséquilibre traditionnel selon lequel les filles se dirigent plus que les garçons vers les études générales est beaucoup plus accentué dans les établissements ruraux.

Mais les disparités de l'offre ne suffisent pas à elles seules à expliquer le clivage aussi net des parcours d'orientation. La probabilité d'une orientation vers la voie professionnelle est plus élevée en zone rurale, et ce une fois neutralisés les facteurs principaux d'orientation dans cette voie en fin de collège, comme le retard scolaire ou le moindre capital social. [...]

Après le bac, choisir entre études courtes et migration vers les villes

La préférence pour les formations professionnelles courtes dans les zones rurales va de pair avec un taux moins élevé de poursuites d'études post-bac. [...]

Trois ans après la fin de leurs études, 60 % des jeunes ruraux résident toujours dans l'espace rural, alors qu'un tiers s'est installé dans un pôle urbain. [...]

Moins les jeunes sont qualifiés, moins ils travaillent en milieu urbain. [...]

Un environnement et des modèles de vie différents

L'élaboration d'un projet professionnel s'appuie sur la connaissance concrète des métiers « possibles ». Cette connaissance est intimement liée à l'environnement dans lequel évolue le jeune. Or la palette des métiers représentés dans cet environnement, susceptibles d'agir comme des modèles, est assez différente en milieu rural et en milieu urbain. Ainsi, les jeunes ruraux, qu'ils soient enfants de cadres ou d'ouvriers, connaissent des agriculteurs, des mécaniciens, des menuisiers et des pompiers. Mais lorsqu'on leur demande, parmi une liste de métiers, s'ils connaissent quelqu'un qui l'exerce, les enfants de cadre vont citer plus souvent des assistants de direction, des paysagistes et des vétérinaires, tandis que les enfants d'ouvriers évoquent plus souvent des aides-soignantes et des boulangers.

De même, les projets de métiers de jeunes appartenant à une même catégorie sociale diffère notablement sur leur lieu d'habitation. [...]

Yvette Grelet et Céline Vivent, article paru dans *Bref du Céreq* – n° 292, septembre 2011

DOC 6

À la campagne, la moitié des 15-17 ans habite à plus de 18 km de leur établissement scolaire

La moitié des jeunes ruraux sont contraints à des trajets entre leur domicile et leur établissement d'enseignement secondaire, faute d'une offre de formation immédiatement proche de chez eux.

Ainsi, dans les pôles ruraux, un élève sur 3 suit sa scolarité dans sa commune de résidence, contre un sur dix dans les autres zones rurales. À la campagne, la moitié des jeunes parcourent plus de 18 km pour se rendre à leur établissement d'enseignement, contre 13 pour les jeunes résidants dans les pôles ruraux et 10 pour ceux des communes périurbaines.

Dans l'espace à dominante urbaine, huit élèves sur dix résidant en ville-centre sont scolarisés dans la même commune, contre 3 sur dix pour les villes de banlieue. Ainsi, même lorsqu'il existe un établissement scolaire à proximité du domicile des jeunes, les déplacements demeurent souvent. Le choix des élèves entre filières générales, technologiques ou professionnelles ou l'attrait de certains lycées expliquent en partie ce constat.

Jeunes et territoires. ; L'attractivité des villes étudiantes et des pôles d'activité, Chantal Brutel, département de l'action régionale, www.insee.fr

DOC 7

L'auto-école sociale

Les problèmes de mobilité constituent un frein à l'insertion sociale et professionnelle des jeunes. L'association L'Étape Mobilité propose déjà des solutions avec la location de cyclomoteurs, du transport à la demande, ainsi que de la documentation, des conseils et de l'information sur les transports en commun. Néanmoins, la solution pour nombre de personnes résidant en milieu rural passe par l'obtention du permis de conduire. Or, passer le permis de conduire représente un coût important pour ces publics en difficulté. Par ailleurs, certains d'entre eux présentent des difficultés importantes d'apprentissage.

Objectifs visés :

- Favoriser la mobilité géographique et les déplacements des jeunes en difficulté d'insertion professionnelle et sociale par la mise en place d'une formation spécifique pour passer le code de la route et le permis de conduire.
- Faciliter l'accès à l'emploi ou à des formations.

Josselin Allix, Réseau rural Basse-Normandie, juin 2011, www.reseaurural.fr

- Après avoir relevé pour chaque élève de la classe les distances parcourues pour se rendre dans l'établissement, notez les raisons à cela. Analysez les résultats.
- Présentez et justifiez les disparités des parcours d'orientation chez les jeunes.
- Les problèmes de mobilité constituent un frein à l'insertion sociale et professionnelle des jeunes. Commentez cette affirmation.

- Accessibilité
- Services à la personne
- Santé

3.3. Les personnes en situation de handicap

L'accessibilité, une réalité pour tous ?

DOC 1 **Le contexte social influe sur les situations de handicap**

L'Organisation mondiale de la santé, à travers la classification internationale des handicaps, distingue les déficiences et les réductions d'activité. Les déficiences, par leur nature ou par leur cumul chez une même personne, peuvent conduire à des limitations dans les actes de la vie quotidienne, y compris les plus simples comme marcher, se baisser ou parler. Elles deviennent alors des restrictions d'activité. Pour autant, ces restrictions ne conduisent pas automatiquement à des situations de handicap, d'une part parce qu'elles peuvent être plus ou moins fortes et d'autre part parce que le contexte social dans lequel elles s'exercent joue un rôle primordial.

« Le handicap à travers ses multiples approches », *Profils* n° 73, juin 2010, www.insee.fr

DOC 2 **Pour un quotidien plus autonome**

Et vous comment voyez-vous le handicap ?

À l'occasion de la Semaine nationale des personnes handicapées physiques, le conseil général a souhaité cette année encore sensibiliser le grand public aux difficultés liées au handicap. Un parcours – imaginé par l'association d'étudiants Handicap Habitat – a notamment été installé dans le parc de l'hôtel du Département. Un jeu d'accessibilité en 3D, destiné à tester la mobilité en fauteuil roulant, était aussi proposé aux visiteurs, ainsi qu'une initiation à des disciplines handisport. [...]

Témoignages

Diéda, 12 ans

« J'ai essayé de jouer au basket en fauteuil roulant. C'est très compliqué. Mon premier réflexe a été de chercher à me lever ! Je comprends mieux aujourd'hui les difficultés que rencontrent les personnes handicapées dans la pratique d'un sport. »

Nicolas, 13 ans

« J'ai fait le parcours les yeux bandés, exactement comme si j'étais aveugle. Je me suis dirigé grâce à des bandes rugueuses fixées au sol. Ça serait bien qu'il y ait ce genre de revêtement pour aider les personnes malvoyantes à se repérer. »

Valentin, 12 ans

« J'ai eu du mal à manœuvrer le fauteuil roulant dans les couloirs étroits. Par moment, j'étais littéralement coincé. Je ne savais plus comment faire pour avancer ou reculer sans abîmer les murs ! »

Nathalie Jallageas, *60 Le magazine du département de l'Oise*, n° 37, avril 2008

DOC 3 **Accéder, circuler, recevoir les informations quel que soit le handicap**

DOC 4 Mon conjoint est handicapé, et j'aimerais qu'il puisse vivre sa vie – Élisa Soimier

Je ne suis pas handicapée moi-même. C'est mon conjoint qui l'est. [...] L'amour que je lui porte et la valeur que j'attribue à notre vie commune font que beaucoup de choses qui paraissent des obstacles à notre entourage ne le sont finalement pas : les transferts hasardeux d'un siège à un autre et les risques de chutes associés, les petits désagréments quotidiens, les côtes abruptes à monter, les trottoirs glissants et étroits. Les dossiers administratifs sans fin [...].

Nos priorités sont ailleurs : nous voulons rire, profiter de notre chance d'être en vie et d'avoir des projets. Et puis, en tant que partenaire, c'est ma vie, mon choix, alors comment m'en plaindre ? En revanche, je me plains sans complexe d'une difficulté qui ne relève pas de notre fait ou de notre incapacité à nous adapter : l'inaccessibilité. [...]

Des exemples ? Je fatigue de ne pas pouvoir improviser un restaurant ou un cinéma, de devoir appeler à chaque fois pour vérifier la véracité de l'accessibilité parfois vantée mais fictive.

Je fatigue de ne pas pouvoir préparer nos vacances comme je le ferais autrement : par le Net, à la dernière minute, sans me poser d'autres questions que celles du prix et de la qualité de la prestation. Je fatigue des réponses absurdes des hôteliers du style : « Nous n'avons pas ce genre d'équipement », comme si je m'étais inquiétée de la présence d'un spa ou d'un golf à proximité. On veut juste une chambre en rez-de-chaussée ou un ascenseur et une salle de bain accessible !

Je fatigue de devoir payer des frais supplémentaires aux compagnies aériennes parce que nous passons par un service spécial « handicap » pour notre réservation, sachant que nous n'avons pas la possibilité de faire autrement. Je fatigue du fait qu'il ne puisse pas aller à la boulangerie ou à sa banque sans avoir à demander l'assistance d'un passant bienveillant ou bien que je l'accompagne. Je fatigue du fait que pour accéder à notre appartement, nous devons emprunter une voie destinée aux voitures, puis passer par un garage sous-terrain dans lequel nous n'avons même pas de place de parking. Je fatigue des médecins habilités « agréments handicap » [...] dont le cabinet n'est pas accessible et qui facturent un supplément pour leur déplacement en nous rétorquant que de toute façon, « c'est la Sécu qui paie ».

Je fatigue à l'idée de chercher un nouvel appartement : tâche difficile pour tous [...] à laquelle il faut ajouter une rareté augmentée par le faible nombre d'appartements accessibles et praticables pour une personne en fauteuil. Nous nous adaptons donc quotidiennement en fonction des aléas et de nos pérégrinations : nous sélectionnons soigneusement musées, restaurants, salles de théâtre et de cinéma, nous choisissons notre mode de transport [...]. Nous changeons de projet en cas de pannes ponctuelles d'ascenseurs, et puis nous apprécions toute tentative d'autrui à nous faciliter l'accessibilité quand elle n'a pas encore été pensée – rampes fabriquées maison, déplacement du mobilier dans certains restaurants.

Nous remercions chaleureusement tout effort et faisons volontiers la publicité des lieux accessibles à notre entourage et aux associations que cela peut intéresser.

Mais pour le reste, je reste dans l'incompréhension et la colère : en tant que « personne valide », je ne supporte pas l'idée de me sentir privilégiée à d'autres simplement parce que la nature ou bien la vie font que je ne suis actuellement pas handicapée. En tant que concubine d'une personne en fauteuil, je voudrais qu'il puisse vivre sa vie d'homme, ce qui inclut les petites choses quotidiennes, sans entraves superflues et évitables. Et en tant que citoyenne, il me semble que l'accessibilité relève d'une simple volonté politique, non ? La volonté de rendre la cité accessible à tous, pour le bien-vivre ensemble de tous.

www.rue89.com – témoignage – 26 juillet 2011

- Repérez les différents handicaps relatés par les dessins du document 3.
- À l'aide des documents et de vos connaissances, listez pour les 4 principales déficiences (motrice, auditive, visuelle, mentale) les limites auxquelles sont confrontées les personnes handicapées pour mener une vie sociale ordinaire.

DOC 5

Un environnement public encore peu adapté aux physiques hors normes

Plafonds trop bas, comptoirs trop hauts, ceintures de sécurité trop courtes : comme les personnes handicapées, les géants, les nains et les obèses sont confrontés au quotidien aux problèmes d'accessibilité des transports et des bâtiments. [...]

«On parle beaucoup du handicap physique, un peu moins des autres», a reconnu Paul Joly, architecte diplômé d'État (DPLG), spécialisé handicap et accessibilité.

Or au quotidien, les très petits, les très grands et les plus gros que la norme évoluent dans un environnement pas toujours accueillant, ni adapté à leur différence.

« Le principal problème des personnes de petite taille est souvent le regard que l'on porte sur eux », témoigne Patrick Petit-Jean, vice-président de l'association des personnes de petite taille. « Or plus l'accessibilité sera réelle, moins on les remarquera », estime-t-il.

Actuellement, les difficultés se déclinent, dans la rue, à l'entrée des bâtiments, dans les transports en commun.

« Avant d'arriver dans la salle, j'ai eu deux problèmes », raconte M. Petit-Jean, 1m34. « Les portes d'entrée fonctionnent avec un faisceau lumineux qui ne m'a pas détecté, si bien qu'elles ne se sont pas ouvertes. Ensuite, le comptoir d'accueil était trop haut pour qu'on me repère ».

Autre difficulté fréquemment rencontrée : les distributeurs d'argent, positionnés trop haut pour « pouvoir récupérer sa carte de crédit ».

Alphonse Proffit est, lui, confronté à des problèmes radicalement inverses. Vice-président de l'association des personnes de grande taille, il se plaint de « plafonds trop bas », de « brancards trop courts » dans les hôpitaux et plus généralement du manque d'espace dans les transports pour ses jambes immenses.

Du haut de ses 2 mètres, il convient que « c'est valorisé dans la société d'être grand, donc on n'a pas le droit de se plaindre ». Mais « les Français sont de plus en plus grands », prévient-il, et certaines situations sont compliquées, par exemple pour des élèves de CM2 qui ont la taille d'adolescents de 3e. [...]

Si le chemin est encore long pour rendre les bâtiments et transports accessibles à tous, les entreprises semblent aujourd'hui « sensibilisées » au sujet, reconnaît M. Petit-Jean. [...]

«Nous serons prêts en 2014», affirme de son côté Alain Barnet, chargé du sujet pour Aéroports de Paris (ADP). Certains aménagements ont déjà été réalisés, par exemple l'affichage de lettres dans une taille suffisamment grande pour être vues des malvoyants. D'autres sont en projet, comme l'abaissement des comptoirs d'enregistrement des bagages.

Une des difficultés consiste à ne pas arranger les uns en pénalisant les autres. Ainsi, souligne M. Petit-Jean, « certains trottoirs bateaux ont été aménagés pour les handicapés, au détriment des aveugles, certaines toilettes rehaussées, au détriment des personnes de petite taille ».

Le Nouvel Observateur

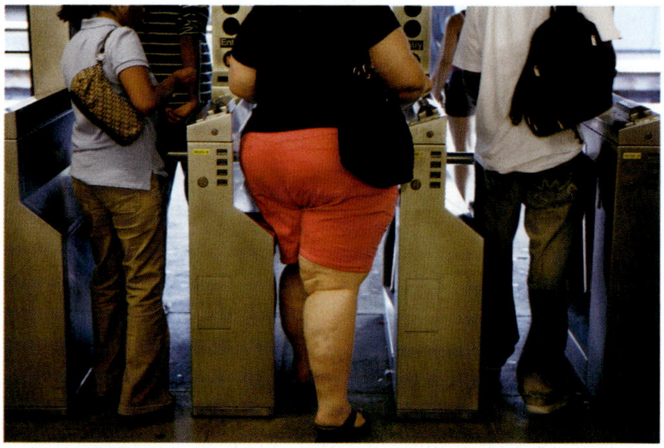

DOC 6

À Montpellier : les moyens pour briser les chaînes du handicap mental

Par la pratique régulière d'activités sportives ou culturelles, l'association Montpellier Culture Sport Adapté offre à un public d'adolescents et d'adultes handicapés mentaux les moyens de lutter contre un enfermement social. [...]

Parce qu'elles n'ont pas les mêmes références culturelles et éducatives — qu'elles ne peuvent pas toujours acquérir — parce qu'elles ne peuvent pas communiquer avec les autres facilement, les personnes handicapées mentales souffrent souvent d'un terrible isolement psychique, intellectuel et affectif. Les professionnels qui les suivent constatent en général que lorsque l'on met en place les conditions pour briser cet isolement, on observe non seulement un mieux-être, mais de sensibles améliorations de leur état.

Pour cette raison, l'association Montpellier Culture Sport Adapté (MCSA) propose des activités sportives et culturelles à des adolescents et à des adultes déficients intellectuels. Le soir, le week-end et pendant les vacances scolaires, elle organise de multiples rencontres thématiques afin de créer des lieux d'échanges conviviaux, de lutter contre la sédentarité et de valoriser ces personnes à leurs propres yeux. [...]

Fondation véolia environnement Solidarité

DOC 7

Aider les personnes handicapées et leurs familles : les missions de la fédération UNAPEI

La fédération répond aux nombreuses sollicitations des familles de personnes handicapées mentales dans des domaines variés : juridique, vie sociale ou insertion professionnelle.

En matière juridique, la mission de la fédération consiste à rendre pleinement effectifs les droits des personnes handicapées et de leurs familles. C'est pour cela qu'elle les informe et les conseille directement ou par l'intermédiaire de ses associations sur les questions relatives aux ressources, à la gestion du patrimoine, à l'aide sociale, aux droits des usagers dans les établissements médico-sociaux, à la scolarisation ou encore à la protection juridique.

La fédération répond également aux questions relatives à la vie sociale des personnes handicapées afin qu'elles puissent accéder aux loisirs, à la culture, au sport, aux vacances, et avoir une vie affective et sexuelle. En lien avec d'autres organismes nationaux, la fédération contribue à ce que ses associations puissent apporter concrètement des réponses aux besoins de leurs adhérents mais également de l'ensemble des personnes qu'elles accompagnent au quotidien.

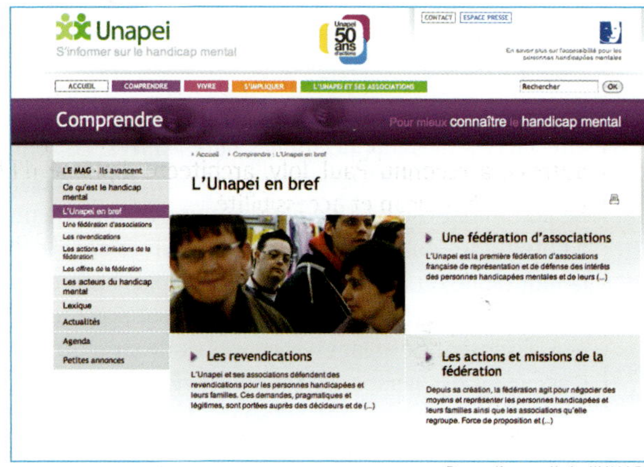

Page d'accueil de l'UNAPEI

L'insertion professionnelle des personnes handicapées mentales constitue un enjeu majeur pour leur épanouissement. Pour l'Unapei, il s'agit de développer l'ensemble des activités professionnelles qui peuvent leur être ouvertes. C'est ainsi que la fédération noue des relations avec les entreprises afin de développer les activités de sous-traitance avec les Établissements ou Service d'Aide par le Travail (ESAT) et les entreprises adaptées gérées. Elle agit également pour faciliter l'insertion en milieu ordinaire de travail.

www.unapei.org, les missions de la fédération

DOC 8

Du nouveau dans les musées pour le public en situation de handicap

Les musées créent de nouveaux dispositifs pour le public en situation de handicap. Galeries tactiles, découverte d'œuvres sonores, parcours d'odeurs, nouveaux ateliers, l'offre culturelle à destination des personnes handicapées se diversifie. [...]

Un séminaire au Château de Versailles

Le Château propose des visites et équipements pour accueillir au mieux le public handicapé. Par exemple, des audioguides et visioguides en langue des signes sont proposés gratuitement lors de la visite. [...] Parmi les nouveautés en 2011, le déploiement d'un dispositif de substitution permettant aux visiteurs à mobilité réduite de découvrir des « lieux cachés » ouverts lors de visites-conférences.

Nouveaux ateliers au Musée de Cluny – Musée national du Moyen Âge

En plus des animations proposées aux personnes malvoyantes et malentendantes, le musée de Cluny à Paris met en place cette année de nouveaux ateliers pour les personnes en situation de handicap mental ou psychique. Menés par une conteuse et art-thérapeute, ils portent sur des sujets comme « Toucher la pierre, toucher le bois » et « Mon jardin intérieur ». [...]

Ministère de la culture et de la communication, mars 2011

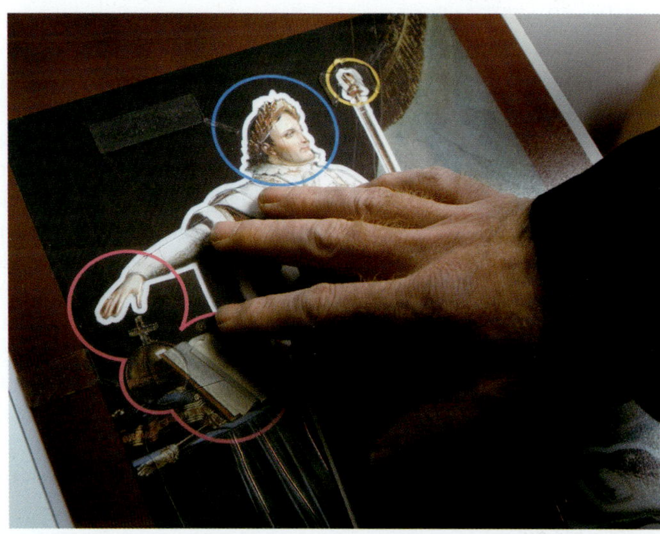

?

- Proposez, pour les 4 déficiences étudiées auparavant, des aides et/ou adaptations possibles pour que les individus puissent mener une vie sociale plus autonome.
- « Rendre les lieux publics accessibles aux personnes handicapées facilitera la vie de toute la population ». Argumentez.

>> Les demandes des publics

DOC 9

Loire handicap : Partir en vacances à prix raisonnable c'est possible

Partir en vacances à un prix raisonnable lorsqu'on a un parent ou un enfant handicapé reste trop souvent encore mission impossible. Pourtant, le tourisme de proximité, géré par des particuliers, se développe beaucoup en ce sens. La Loire est un département plutôt bien fourni en gîtes accessibles aux personnes handicapées. En témoigne le guide 2010 des sites labélisés «Tourisme et handicap», qui recense les offres dans la Région Rhône-Alpes. Une cinquantaine d'établissements (gîtes, chambres d'hôtes, gîtes pour enfants...) sont labellisés dans le département. Partir à la montagne ou à la mer peut s'avérer plus hasardeux.
Toutefois, des organismes associatifs à but non lucratif, auxquels on pense peu, disposent de villages-vacances et de structures d'accueil susceptibles d'accueillir des personnes à mobilité réduite. C'est le cas de l'Union loisirs vacances familiales (Ulvf), association membre de l'Union nationale des associations de tourisme (Unat), dont le siège est au Chambon-Feugerolles. Créée à la fin des années 1970 par des comités d'entreprise du groupe Creusot-Loire, elle regroupe aujourd'hui quelques vingt-cinq comités d'entreprise, dont celui de la verrerie Saint-Gobain, à Saint-Romain-Le-Puy. Pour autant, tout particulier, même non adhérent d'un comité d'entreprise membre, peut louer par le biais de cette association du tourisme social. Tous les centres gérés par l'Ulvf ne sont pas accessibles aux personnes handicapées, mais on peut en trouver dans des régions de France assez variées : Côte d'Opale (Nord-Pas-de-Calais), côte atlantique, Franche-Comté...

www.viva.presse.fr, A.-M. Boulet, 6 juin 2011

DOC 10

Un parcours de pêche accessible aux personnes à mobilité réduite

Dans le cadre de l'aménagement et de la restauration des berges des cours d'eau, la communauté de communes de la Vallée de la Cleurie a aménagé un parcours de pêche accessible à tous et en particulier aux personnes à mobilité réduite.
Le coup de cœur du jury des collectivités accessibles. C'est sur une portion de la rivière Cleurie qu'a été réalisé un parcours de pêche accessible aux personnes à mobilité réduite. «Un projet quasi-unique en France» qui a valu à la Communauté de communes de figurer parmi le palmarès des collectivités accessibles fin 2010. Généralement, les personnes handicapées pêchent dans un étang, faute d'aménagement adapté le long des cours d'eau. Sur la commune de la Forge, ce sont deux tronçons de la rivière de 220 m et 300 m (9 «coins de pêche» en tout) qui ont été réalisés avec l'aménagement de places de stationnement, d'un espace pique-nique, d'une signalisation adaptée ou d'une «Maison de la pêche» (salle de réunion et toilettes accessibles). Les travaux ont débuté en février 2009 pour s'achever en juin 2010.
[...] Un atout touristique. Ce projet permet d'apporter un produit touristique nouveau sur le territoire car il s'agit du seul parcours de pêche en France accessible aux PMR (Personnes à Mobilité Réduite) sur une rivière de 1ère catégorie (souches naturelles, absence de lâchers de poissons). Il est susceptible d'attirer des excursionnistes et des touristes venus de tout le Grand Est de la France, voire du Benelux. La communauté de communes travaille donc cet aspect avec le comité départemental du tourisme, envisageant de s'associer avec les restaurateurs locaux dans le cadre de la Route de la Truite. Le principe est simple : le pêcheur se rend dans un restaurant partenaire et le restaurateur cuisine le poisson pêché. [...]
À noter que la communauté de communes a candidaté pour obtenir le label Tourisme et Handicap, reconnaissance d'une démarche d'intégration de qualité, politique poursuivie par le ministère délégué au Tourisme depuis quelques années.

Carrefour des pays lorrain - www.cpl.asso.fr

DOC 11 Céci'T, premier guide touristique à destination des personnes handicapées visuelles

Réalisé par l'association Braille et Culture avec le soutien du Fonds Social Européen (FSE), le guide Céci'T a pour objectif de recenser l'ensemble des sites touristiques adaptés au public déficient visuel sur le territoire national. Gratuit et conçu pour faciliter l'accessibilité du tourisme à tous et valoriser les initiatives, il s'adresse aux personnes en situation de handicap visuel désirant s'informer sur les prestations touristiques ou culturelles adaptées en France : musées, sites naturels, espaces de loisirs mais aussi hébergements. Il permet à ce public d'avoir accès gratuitement à une information la plus complète possible concernant les sites labellisés Tourisme et Handicap ainsi que ceux qui ont fait l'effort d'intégrer des éléments facilitant leur accessibilité. [...]

Site du centre de ressources et d'innovation mobilité handicap (CEREMH)

DOC 12 Création du label « Destination pour tous » et appel à candidatures pour des territoires pilotes

Lors d'un déplacement en Basse-Normandie, début juillet, les deux secrétaires d'État en charge des personnes handicapées et du tourisme, Nadine Morano et Hervé Novelli, ont procédé au lancement du label « Destination pour tous ». Ce label vise à valoriser les collectivités qui proposent une offre cohérente et globale, intégrant à la fois l'accessibilité des sites et des activités touristiques, mais aussi l'accessibilité des autres services de la vie quotidienne et facilitant les déplacements sur le territoire concerné.
Il vient compléter le label « Tourisme et Handicap » créé en 2001 qui permet d'identifier les structures garantissant un accueil et des prestations adaptées aux besoins des personnes handicapées. « Destination pour tous » a pour vocation de favoriser le développement de destinations où la mise en accessibilité concerne, au-delà du site touristique, lui-même, tout l'environnement des services indissociables du territoire. Ce label sera testé dans un premier temps au sein de territoires pilotes avant d'être déployé ensuite au printemps 2011. La Commission nationale installée par les secrétaires d'État en décembre 2009, présidée par Annette Masson, présidente de l'association « Tourisme et Handicap » et composée de représentants des professionnels du tourisme et de l'accessibilité, de représentants des associations des personnes handicapées et des collectivités locales, a travaillé à l'élaboration des critères constitutifs de ce label.
Les critères s'organisent autour de 3 axes :
- être un territoire éligible, en répondant à la définition d'un périmètre géographique délimité, ayant une vocation touristique et privilégiant la qualité de vie des touristes, porté par une autorité légitime ;
- fédérer et mobiliser les différents acteurs parties prenantes aux projets ;
- garantir des prestations essentielles, en matière d'offres touristiques (hébergement, restauration, activités et équipements culturels et sportifs, activités de pleine nature) de service de la vie quotidienne (commerces, services au public, services de soins, d'aide et d'accompagnement) et possibilité de se déplacer de façon autonome sur le territoire.

www.travail.solidarite.gouv.fr

- Le label « Tourisme et handicap » a été déposé en 2001 par le ministère chargé du Tourisme dans le cadre de la politique d'accès aux vacances pour tous et d'intégration des personnes handicapées. Le label « Destination pour tous » serait complémentaire. Recherchez l'objectif de ce dernier.
- Justifiez l'intérêt de ces labels pour les personnes handicapées et leurs proches.
- Le développement des activités culturelles et de loisirs accessibles aux personnes en situation de handicap favorise l'acceptation du handicap par notre société. Argumentez.

- Services à la personne
- Santé
- Mobilité

3.4. Les personnes âgées

Avec le vieillissement de la population, la problématique du «bien vieillir chez soi» est un enjeu majeur pour notre société.

DOC 1

Merci chauffeur !

Pour les personnes âgées isolées en milieu rural dépourvues de moyens de transport, l'accompagnement en voiture est un service à plusieurs titres. Explications dans le Périgord avec la MSA de la Dordogne.

Il est treize heures trente et tout est tranquille dans Monpazier, bourgade ancienne du Périgord pourpre. Sous la magnifique halle en bois, des touristes admiratifs lisent ou dessinent, et la sieste doit assoupir bien des foyers alentour. À quelques pas de là, une voiture de tourisme blanche s'est garée devant le Centre Intercommunal d'Action Sociale (CIAS). Elle porte sur la portière côté conducteur, l'inscription « Aide à la mobilité » et un numéro de téléphone. Il s'agit d'un véhicule d'un genre très particulier. Aujourd'hui, il embarque trois passagers, qui vont à destination de la ville voisine de Bergerac.

Jeannette, Pierre et Michel sont ponctuels au rendez-vous. Ils n'ont pas de voiture, ou ne peuvent plus conduire eux-mêmes. Or il n'y a pas de transports collectifs pour aller à Bergerac et le taxi classique est trop cher. Pour ces personnes, le plus souvent âgées, le moindre déplacement est un problème et cela risque d'aggraver leur isolement. L' « accompagnement – transport » proposé par le groupe social MSA de la Dordogne, association créée par la MSA du département, leur apporte une réponse pratique. Il suffit d'appeler au numéro de téléphone de l'association. Les permanents du CIAS, organisme dont elle est partenaire, se chargent de les inscrire pour le prochain trajet disponible, toujours le mardi pour le secteur de Monpazier.

Depuis bientôt un an que ce service existe dans la commune, il comporte déjà des habitués. « Ils m'appellent souvent le lundi en matinée pour réserver leur place », explique Monique Rayssac, secrétaire du CIAS. « Les personnes qui partent le mardi matin en profitent pour passer toute la journée à Bergerac et elles rentrent le soir. Beaucoup d'entre elles ont des rendez-vous chez le médecin, d'autres se ravitaillent en produits qu'on ne trouve pas ici. ». Michel apprécie cette initiative : « c'est intéressant comme machin, c'est un bon organisme », estime-t-il, lui qui ne conduit plus depuis que sa vue a baissé. Jeanne, quant à elle, a retrouvé le goût de sortir et de retrouver des proches : « on a été à l'école ensemble ! », s'enthousiasme-t-elle. « Ce service – ajoute-t-elle – c'est bien pour les personnes âgées, surtout quand on est veuve et toute seule, et il est très bien organisé. » Les rapports avec les animateurs du CIAS sont peu formalistes. La preuve, Jeanne embrasse de bon cœur Renée Marin, responsable du CIAS et ancienne salariée de la MSA. Celle-ci parle à son tour du chauffeur, Jean-Paul, plus d'une nounou ou d'un chevalier servant que comme d'un taxi : « il est prévenant, il voit tout, il est aux petits soins », commente-t-elle. « À force, les gens qu'il transporte lui font même des confidences. Et il accompagne à leur porte les personnes fatiguées. Il a un rôle social certain ! », conclut-elle.

[...] Afin de pouvoir répondre à la demande, précisément, le groupe MSA de la Dordogne se montre prudent dans son développement, comme l'explique Pascal Marcelly, responsable du secteur développement des services. « Nous ne faisons pas de communication de masse, pour nous adapter progressivement aux besoins », précise-t-il, « à l'exception d'un courrier aux structures d'aide à domicile. À chaque signature de convention avec un nouveau partenaire, en outre, nous mettons à sa disposition des feuilles d'information. » Il faut aussi laisser le temps à d'autres professionnels, en particulier les médecins, de s'adapter aux plannings de transports, afin de réserver des créneaux de consultation aux personnes acheminées. Il reste que l'activité même avec une publicité modeste, démarre bien, [...] avec une incidence non négligeable sur la qualité des conditions de vie des personnes bénéficiaires, car accompagner au sens où l'entend la MSA pour ce service, c'est beaucoup plus que faire le taxi.

« Déplacements en milieu rural », Thomas Bousquet, *BIMSA* 75

DOC 2

Des visiteurs de convivialité se rendent chez les personnes âgées

Le département de l'Oise (60) a mis en place un service de visites à domicile qui vise à rompre la solitude des personnes âgées, tout en donnant un « coup de pouce » aux bénéficiaires du RSA qui se retrouvent ainsi dans le monde du travail.
Le conseil général de l'Oise a donc mis à disposition des personnes âgées, des « visiteurs de convivialité » employés par des associations partenaires et propose, au travers de rencontres régulières, diverses activités et animations adaptées à leur projet de vie au sein du domicile ou dans un environnement proche. Cette aide s'adresse exclusivement aux personnes âgées de plus de 60 ans, bénéficiaires de l'APA (Allocation Personnalisée d'Autonomie) et résidant à domicile. Ce service est gratuit sur simple appel auprès de l'association identifiée sur le territoire de l'aîné. À ce jour, onze structures associatives participent à ce dispositif sur l'ensemble du département (du lundi au samedi hors jours fériés, de 8 heures à 20 heures). Durée minimale d'intervention : 1 h 30, variable suivant la nature de l'activité à réaliser. En fonction des besoins exprimés par la personne âgée, ce service propose des visites régulières et conviviales afin de rompre l'isolement, maintenir un lien social et familial, et contribuer à sécuriser le maintien à domicile des aînés. Des activités et animations au domicile ou dans l'environnement local : visites de compagnie à domicile (conversation, lecture, etc.) ; accompagnement dans les promenades et les actes de la vie courante (promenades, sorties sociales ou culturelles, etc.) ; ateliers manuels ou artistiques ; jeux d'animation et de stimulation ; participation aux activités des associations et clubs locaux ; rencontres avec le voisinage, les amis et les membres de la famille ; groupes de parole collectifs ; etc. À ce jour, dix-neuf visiteurs de convivialité ont été recrutés depuis le mois d'octobre par les onze associations partenaires dans le cadre des emplois aidés de l'opération « Coup de pouce pour l'emploi » financée par le conseil général. [...]

www.senioractu.com, le 8 décembre 2011

DOC 3

Favoriser le maintien à domicile des seniors en milieu rural grâce à un service de bricolage gratuit

La mairie de Confolens en Charente offre un service de petites réparations et travaux gratuits pour les habitants de plus de 70 ans de cette commune afin de faciliter le maintien à domicile, mais aussi, afin de maintenir du lien social comme le montrait cette semaine un reportage du journal de 13 heures sur France 2.

Avec le vieillissement de la population, l'isolement des personnes âgées qui vivent en milieu rural est en passe de devenir une véritable problématique. À partir de 80 ans, lorsque surviennent les grands changements de vie (perte d'un être cher, maladie invalidante, manque d'estime de soi, éloignement de la famille, absence d'aide au niveau local, faiblesse du niveau de vie, impossibilité de conduire, etc.) le risque de repli sur soi apparaît. On ne sort plus, on mange mal, on ne communique plus, on se laisse aller, on déprime, on se laisse mourir... [...] Consciente qu'à partir d'un certain âge, le simple fait de changer une ampoule peut devenir un geste délicat à réaliser, cette commune propose donc à tous ses habitants de 70 ans et plus de bénéficier d'un service d'aide et d'assistance à domicile pour la réalisation gratuite de tous ces petits bricolages du quotidien. [...]
Un employé municipal (Fabien Fourgeaud) intervient donc trois ou quatre fois par semaine chez les seniors de Confolens. Un service qui se révèle pratique, économique et qui en plus, développe du lien social au sein de ces foyers qui souffrent parfois de solitude. « Heureusement que l'on a cette jeunesse » remarque Marcelle dans le reportage. Son « petit dépanneur » comme elle le surnomme, vient lui changer une ampoule. De son côté, M. Fourgeaud souligne : « On est là au contact des gens. Ça leur permet de nous dire s'ils ont d'autres problèmes en même temps. Ça nous permet de voir s'il y a d'autres soucis, autres que les petites interventions ».
Et Marcelle d'ajouter : « une personne seule aime bien avoir une petite entrevue de temps en temps. Une petite visite ou un coup de fil quand on est toujours entre quatre murs c'est toujours agréable. C'est très triste de vieillir ». Si cette expérience s'avère concluante, elle devrait être mise en place dans d'autres communes rurales, conclut le reportage.

www.senioractu.com, le 27 juin 2007

>> Les demandes des publics

DOC 4

Repas à domicile avec le sourire

Émilia, 87 ans, reçoit ses repas pour deux jours. « Je n'aime pas trop la soupe, je la donnerai à des amis ! »
Pour des personnes âgées isolées, le service de portage mis en place par le Sissad devient aussi un lien d'amitié et une sécurité. [...]
Parmi les services qu'il propose aux seniors de plus de 60 ans, le Syndicat Intercommunal de Services et Soins À Domicile de l'amitié effectue depuis 1981 la livraison de repas chez les personnes âgées.
Nathalie, agent de portage, réalise cette mission depuis deux ans, au volant d'une fourgonnette réfrigérée. La jeune femme fait sa tournée trois jours par semaine. Matin et après-midi, c'est un rythme immuable : rendez-vous tout d'abord au bureau du Sissad, puis chez Avenance Entreprises, la société de restauration pour collectivités installée sur le site MBK, où elle prend possession des repas à distribuer.
C'est alors une course chronométrée de quelque 140 km au total sur la journée. Exemple ce lundi 30 décembre après-midi. À Harly, Émilia, 87 ans, ouvre la porte à la souriante Nathalie. Il est environ 14 heures. Pimpante, élégante, elle accueille la jeune femme dans son appartement où tout est bien rangé. Tout en déposant les repas pour deux jours, Nathalie prend des nouvelles. [...]
Le travail de Nathalie, c'est aussi cela : « Certaines personnes ont besoin de cette petite présence. En peu de temps, elles peuvent nous parler, nous faire part de leurs humeurs, de leur santé. On devient l'un de leurs familiers ! » [...]
Directeur du Sissad, Alain Delabaere insiste sur un autre point de cette mission : « C'est aussi un moyen de surveillance. Lorsque notre agent trouve porte close sans avoir été prévenu au préalable d'une absence, il a la consigne d'alerter le Sissad et d'avertir la famille, et, en cas d'urgence, de prévenir les services de secours. » [...]

Le courrier picard, vendredi 02 Janvier 2009, de notre correspondant Yves Le Padellec

DOC 5

Maintien à domicile grâce à la téléassistance

« Je remue, y'a pas à tortiller ! » Arlette Bruley, 81 printemps, tient la forme. Il y a deux ans lorsqu'elle a perdu son mari, elle s'est retrouvée seule, sans famille à proximité. « Je ne me sentais pas prête pour la maison de retraite, confie-t-elle, alors j'ai recherché un moyen pour rester à mon domicile. » Et voilà comment cette première main d'un grand couturier parisien, habitant le petit village d'Artonges, est devenue la 3 000e abonnée du système de téléassistance, proposée par le CASSPA de l'Aisne (Centre d'Animation, de Soins et Services pour Personnes Âgées). [...] Le dispositif est simple, la personne âgée porte sur elle, soit en pendentif ou en bracelet, le système d'alarme. En cas de chute ou de difficulté, elle appuie sur le bouton rouge pour appeler de l'aide. « La centrale d'écoute rentre en contact avec la personne grâce aux haut-parleurs disposés dans l'habitation, explique Jean-Paul Petit, président d'Assystel. Cela nous permet de l'écouter, de lui parler et la rassurer. On fait intervenir en premier un comité de voisinage, souvent une personne proche et de confiance qui a le double des clés de l'habitation. » [...] La sollicitation des pompiers ne se fait qu'en dernier recours. « Leur intervention est toujours vécue comme traumatisant par les personnes âgées, assure Irma Davril, directrice du CASSPA. On essaie de limiter la venue des secours. » Le système fonctionne-t-il bien ? À en croire Arlette, il est efficace. « Je l'ai testé sans le vouloir en pleine nuit », témoigne l'octogénaire dynamique. Si elle n'a pas entendu les haut-parleurs dans son sommeil, le comité de voisinage s'est bien déplacé à son domicile. La grand-mère est satisfaite du service. « De temps en temps, je reçois même un coup de téléphone pour savoir si tout va bien », confie-elle, touchée de cette marque d'attention. Un dispositif sécurisant à 12,74 euros par mois, Arlette ne veut pas s'en passer. « Même avec une demi-retraite, c'est possible », garantit l'octogénaire. Le coût de l'abonnement au service peut aussi être couvert en partie par l'APA (l'Allocation Personnalisée à l'Autonomie), permettant aux seniors à faible revenu d'y accéder. La moyenne d'âge des 3 000 bénéficiaires est de 84 ans. Le CASSPA a même recensé huit centenaires vivant toujours à domicile grâce à la téléassistance.

L'Union — Publié le lundi 09 mai 2011 à 10 h 00 — Isabel Da Silva

DOC 6

Des loisirs pour tous les retraités

Le passage à la retraite marque une rupture dans la vie. Beaucoup de retraités craignent l'isolement et souhaitent garder un réseau relationnel. Le Mouvement s'est depuis toujours intéressé à eux et leur propose de participer à différentes activités, en fonction de leurs envies mais aussi de leur âge. L'augmentation de l'espérance de vie accroît, en effet, le temps de la retraite et de nouvelles animations se créent pour répondre aux besoins de tous les retraités.

Les activités de loisirs

Les associations locales et les fédérations départementales proposent de nombreuses activités de loisirs pour les seniors afin d'occuper leur temps libre tout en favorisant leur épanouissement personnel :

- Des activités culturelles : sorties-découvertes, échanges de savoir, bibliothèque
- Des activités artistiques : chorale, théâtre, peinture
- Des activités physiques : gymnastique, danse, yoga, randonnées
- Des activités manuelles : couture, bricolage, broderie, scrapbooking,...
- Des activités ludiques : jeux de cartes, de société
- Des activités sociales : repas, débats, ateliers mémoire
- Des réunions d'informations, des groupes de parole pour les grands-parents...

[...] Certaines fédérations départementales proposent également aux seniors d'acquérir de nouveaux savoirs dans des domaines très variés : histoire, patrimoine local, culture... Pour cela, des visites, des sorties culturelles, des conférences-débat, des ateliers créatifs,... sont organisés tout au long de l'année.

[...] Ces clubs permettent aux retraités d'un même territoire de se retrouver, une ou plusieurs fois par semaine, et de rompre ainsi leur isolement. Ils animent également le milieu rural et maintiennent le lien social dans des territoires parfois isolés.

www.famillesrurales.org

?

- Relevez les contraintes rencontrées par les personnes âgées vivant en milieu rural.
- Listez les services qui existent face à ces contraintes.
- Dans le document 1, notez les limites des services proposés.
- Citez les partenaires des services proposés aux personnes âgées.
- Répertoriez les services et activités proposés aux personnes âgées.
- Présentez les intérêts des collectivités qui proposent et/ou organisent des services pour les personnes âgées.

Remarque : les questions 1, 2, 4, 5 peuvent être traitées sous forme de tableau comme ci-dessous :

Contraintes	Solutions	Partenaires	Besoins couverts

>> La consommation des publics en milieu rural

DOC 4

Évolution de la consommation des ménages par fonction 2010

	Variations en volume au prix de l'année précédente				Coefficients budgétaires
	2007	2008	2009	2010	2010
Alimentation et boissons non alcoolisées	1,6	-0,3	-0,1	0,8	13,4
dont produits alimentaires	1,4	-0,2	-0,3	0,6	12,3
Boissons alcoolisées et tabac	-0,9	-2,5	1	-0,2	3,2
Articles d'habillement et chaussures	2,4	-1,7	-4,2	0,4	4,4
Logement, chauffage, éclairage	0,8	1,4	0,5	1,5	25,6
Équipement du logement	4,3	-0,6	-2,9	2	5,8
Santé (dépenses à la charge des ménages)	4	5,2	2,4	3,1	3,9
Transports	2,5	-2	-1,1	0,1	14
Communications	6,3	4,1	0,4	2,2	2,8
Loisirs et culture	6,8	2,3	1,4	3,2	8,6
dont appareils électroniques et informatiques	19,6	8,1	12,1	7,1	1,8
Éducation (dépenses à la charge des ménages)	2,9	2,4	-3,5	-1,9	0,9
Hôtels, cafés et restaurants	2,1	-1,8	-3,5	1,1	7
Autres biens et services	1,6	-0,9	2,6	-0,5	11
Dépenses de consommation des ménages	**2,3**	**0,3**	**0,1**	**1,3**	**100**
Dépenses de consommation des ISBLSM(1)	**4,2**	**-0,3**	**3,4**	**1,9**	
Dépenses de consommation des APU(2)	**1,9**	**1,5**	**2,1**	**1,1**	
dont : santé	3	2,4	3,4	2,3	
éducation	0,6	-0,5	-0,2	-0,3	
Consommation effective des ménages	2,3	0,5	0,6	1,3	

(1) Institutions sans but lucratif au service des ménages (2) Administrations publiques

Insee, comptes nationaux

Une consommation en évolution constante

DOC 5 Les coefficients budgétaires par poste

	Coefficients budgétaires (%)				Valeurs (Mds €)	Évolution annuelle 1960-2007 (%)	
	1960	1975	1990	2007	2007	Volume/hab.	Prix
Alimentation et tabac	**37,6**	**29,7**	**27,1**	**25,0**	**219,8**	**1,4**	**4,8**
Alimentation hors boissons	24,7	19,5	17,1	14,4	126,4	1,5	4,4
Boissons non alcoolisées	1,6	1,1	1,1	1,3	11,2	2,9	3,6
Restauration	5,1	4,9	5,6	5,9	51,8	1,1	6,4
Boissons alcoolisées	4,0	2,8	2,0	1,6	14,4	0,7	4,4
Tabac	2,3	1,4	1,4	1,8	15,9	0,4	6,3
Consommation liée au logement	**16,4**	**19,6**	**18,2**	**18,8**	**164,9**	**2,8**	**4,6**
Loyers réels	2,3	3,8	4,0	5,2	45,3	2,8	6,3
Services liés aux logements	1,2	1,8	2,0	2,7	23,4	2,2	6,7
Chauffage, éclairage, eau	3,9	4,9	4,8	4,7	41,0	2,9	4,6
Gros équipement du logement	4,1	4,0	3,1	2,5	21,7	3,1	2,8
Produits du bricolage	1,0	1,2	0,9	0,9	7,7	2,3	4,7
Produit pour l'entretien courant de la maison	4,0	3,9	3,4	2,9	25,9	2,6	3,8
Transport	**11,3**	**15,0**	**18,3**	**17,6**	**154,5**	**3,0**	**5,1**
Automobiles, motos, vélos	4,3	6,4	8,9	7,7	67,8	4,2	4,2
Carburants, lubrifiants	3,4	4,3	4,2	4,1	35,8	2,6	4,9
Services liés au transport individuel	1,6	2,4	3,1	3,3	29,1	1,2	7,9
Transport collectif	2,1	1,8	2,1	2,5	21,8	2,0	5,4
Textile, cuir et biens et services pour la personne	**14,3**	**13,2**	**11,5**	**9,0**	**79,5**	**1,7**	**4,4**
Articles d'habillement, chaussures	12,0	9,7	7,8	5,4	47,3	1,3	4,1
Produits pour la personne	1,4	2,6	2,6	2,6	22,8	3,5	4,9
Services pour les soins personnels	0,8	0,9	1,1	1,1	9,3	1,3	6,5
Santé	**2,4**	**2,4**	**3,4**	**4,2**	**36,7**	**4,7**	**3,5**
Biens de santé	1,0	1,2	1,5	1,9	16,3	6,2	2,2
Services de santé	1,4	1,2	1,9	2,3	20,4	3,4	4,7
Biens et services pour la communication	**1,9**	**2,9**	**4,0**	**5,9**	**52,2**	**10,6**	**– 0,5**
Services de communication	0,8	1,3	2,4	3,7	32,8	8,1	2,5
Matériel électronique grand public	1,1	1,5	1,7	2,2	19,3	13,8	– 4,1
Biens et services de loisirs	**8,0**	**9,0**	**9,2**	**9,7**	**85,6**	**2,2**	**5,3**
Biens pour les loisirs	3,5	4,8	4,8	4,0	35,2	3,1	4,3
Services de loisir hors tourisme	2,1	2,0	1,7	2,2	19,5	0,6	6,8
Services liés au tourisme	1,8	1,3	1,6	1,8	15,9	0,6	6,5
Jeux de hasard	0,4	0,6	0,7	1,0	9,2	3,3	5,6
Dépenses en animaux domestiques	0,2	0,2	0,5	0,7	5,9	5,8	4,3
Services divers	**7,3**	**8,3**	**9,3**	**11,1**	**97,2**	**2,1**	**5,9**
Services d'entretien et de réparation divers de biens de consommation	1,2	0,8	0,8	0,6	5,2	– 0,1	5,7
Services financiers et d'assurances	2,5	3,5	4,0	4,7	41,7	3,2	5,4
Services domestiques et action sociale	2,0	2,2	2,1	3,0	26,3	0,8	7,3
Éducation	0,6	0,6	0,7	0,9	8,0	1,7	6,2
Autres services n.c.a.	1,0	1,2	1,6	1,8	15,8	3,0	5,5
Solde territorial	**0,9**	**0,0**	**– 1,1**	**– 1,2**	**– 10,9**		
Total budget consommation des ménages	**100,0**	**100,0**	**100,0**	**100,0**	**879,4**	**2,5**	**4,6**
Budget des ménages	**92,7**	**88,2**	**84,6**	**84,0**	**879,4**	**2,5**	**4,6**
Concepts spécifiques à la comptabilité nationale	**7,3**	**11,8**	**15,4**	**16,0**	**168,0**	**2,9**	**5,8**
Autoconsommation	2,1	0,8	0,4	0,3	2,9	– 0,3	3,1
Loyers imputés	4,0	7,6	10,8	14,1	147,8	3,9	6,4
Sifim	1,2	3,4	4,3	1,7	17,3	3,7	4,2
Total dépenses de consommation des ménages	**100,0**	**100,0**	**100,0**	**100,0**	**1047,4**	**2,6**	**4,8**
Biens alimentaires à domicile	32,0	22,6	18,6	16,6	170,5	1,1	4,5
Biens manufacturés	30,3	31,4	29,8	25,8	269,9	3,2	3,5
Énergie	6,9	8,2	7,6	7,7	77,2	2,5	4,8
Services hors loyers	24,7	26,8	29,8	31,7	336,7	1,8	5,9
Loyers	6,1	11,0	14,1	18,3	193,1	3,4	6,4
Total dépenses de consommation des ménages	**100,0**	**100,0**	**100,0**	**100,0**	**1047,4**	**2,6**	**4,8**
Total dépenses de consommation des ménages	85,9	81,0	79,8	77,1	1047,4	2,6	4,8
Dépenses assurées par la collectivité	14,1	19,0	20,2	22,9	311,3	3,0	5,6
Total consommation effective	**100,0**	**100,0**	**100,0**	**100,0**	**1358,7**	**2,6**	**4,9**

Source : comptabilité nationale, comptes définitifs jusqu'en 2006, compte semi-définitif sur 2007.

50 ans de consommation en France, édition 2009, Insee

?

- À l'aide du document 4, représentez par le graphique de votre choix, la répartition des dépenses des ménages par poste de consommation en 2008.
- À partir du document 5 et de la pyramide de Maslow étudiée dans le module EP1 en seconde, expliquez comment la consommation des biens et des services répond aux besoins des ménages.
- Analysez l'évolution de la consommation des ménages depuis 50 ans.

DOC 6

Structure des dépenses selon le type de ménage en % en 2006

	Couple sans enfant	Couple avec enfant(s)	Personne seule	Famille mono parentale	Autre type de ménage	Ensemble
Produits alimentaires et boissons non alcoolisées	16,6	15,4	13,8	15	16,3	15,5
Boissons alcoolisées, tabac et stupéfiants	2,8	2,4	2,6	2,7	2,6	2,6
Articles d'habillement et chaussures	6,5	9,1	6,2	9,2	8,5	7,8
Logement, eau, gaz, électricité et autres combustibles	15	12,9	24,2	22	15,8	16,2
Ameublement, équipement ménager et entretien courant de la maison	8,3	7,1	7	5,6	7,1	7,3
Services médicaux et de santé	4,3	3,2	3,6	3,2	4,3	3,6
Transports	15,8	17,9	11,9	11,9	15,2	15,7
Communications	3,1	3,7	3,9	4,5	4,1	3,6
Loisirs et culture	9,7	8,9	8,8	8,1	8,7	9
Enseignement	0,1	1,2	0,3	1	0,6	0,7
Hôtels, restaurants, cafés	4,5	6,4	5,1	5,4	5,8	5,6
Autres biens et services (1)	13,4	12	12,6	11,4	10,9	12,4
Dépense totale (2)	100	100	100	100	100	100

DOC 7

Structure des dépenses selon la catégorie socioprofessionnelle en % en 2006

	Actifs						Inactifs		Ensemble
	Agriculteurs	Artisans, commerçants, chefs d'entreprise	Cadres	Professions intermédiaires	Employés	Ouvriers	Retraités	Autres inactifs	
Produits alimentaires et boissons non alcoolisées	17,1	15	12,4	14,1	14,3	15,9	18,7	15,7	15,5
Boissons alcoolisées, tabac	1,5	2,4	1,8	2,5	2,9	3,6	2,5	2,6	2,6
Articles d'habillement et chaussures	8,6	8,7	9,1	8,9	8,4	8,1	5,5	8,1	7,8
Logement, eau, gaz, électricité et autres combustibles	10	12,3	12,3	14	19,3	18,5	17,3	26,3	16,2
Ameublement, équipement ménager et entretien courant de la maison	7,3	7,4	8,1	7	6,6	6,3	8,2	5,3	7,3
Services médicaux et de santé	3,6	3	3,3	3,3	3,3	2,5	4,9	3,3	3,6
Transports	17,2	18,3	16,7	18,1	15,6	17,1	12,5	10,4	15,7
Communications	3,1	3,1	3,2	3,8	4,5	4	3,1	4,6	3,6
Loisirs et culture	8,7	9,3	10,8	9,2	7,9	7,6	9,3	7,8	9
Enseignement	1	1,1	1,3	0,8	0,7	0,6	0,1	1,8	0,7
Hôtels, restaurants, cafés	4,7	6,3	8,2	6,7	5,2	5	3,6	4,3	5,6
Autres biens et services (1)	17,2	13,1	12,7	11,6	11,3	10,9	14,3	9,8	12,4
Dépense totale (2)	100	100	100	100	100	100	100	100	100

DOC 8

Structure des dépenses selon l'âge de la personne en % en 2006

	Moins de 25 ans	De 25 à 44 ans	De 45 à 64 ans	65 ans et plus	Ensemble
Produits alimentaires et boissons non alcoolisées	9,8	13,7	15,6	19,6	15,5
Boissons alcoolisées, tabac et stupéfiants	3,3	2,5	2,7	2,3	2,6
Articles d'habillement et chaussures	7,5	9,2	7,9	5	7,8
Logement, eau, gaz, électricité et autres combustibles	27	16,5	14	18,6	16,2
Ameublement, équipement ménager et entretien courant de la maison	5,7	7	7,3	8,1	7,3
Services médicaux et de santé	1,9	2,9	3,6	5,2	3,6
Transports	16	16,8	17	10,7	15,7
Communications	4,8	3,8	3,7	3	3,6
Loisirs et culture	7,9	8,7	9,5	8,9	9
Enseignement	1,6	0,6	1	0	0,7
Hôtels, restaurants, cafés	5,8	6,4	5,7	3,5	5,6
Autres biens et services(1)	8,6	11,9	12	15	12,4
Dépense totale(2)	100	100	100	100	100

DOC 9

Structure des dépenses selon le niveau de vie en % en 2006

	De 0 à 10689 €	De 10690 à 14452 €	De 14453 à 18427 €	De 18428 à 25044 €	Plus de 25044 €	Ensemble
Produits alimentaires et boissons non alcoolisées	17,7	16,9	16,2	15,3	13,3	15,5
Boissons alcoolisées, tabac et stupéfiants	3,1	2,9	2,8	2,4	2,2	2,6
Articles d'habillement et chaussures	7,4	7,1	7,5	8,1	8,3	7,8
Logement, eau, gaz, électricité et autres combustibles	24,8	19,6	16,7	14,3	11,9	16,2
Ameublement, équipement ménager et entretien courant de la maison	5,6	6,3	6,8	7,4	8,7	7,3
Services médicaux et de santé	3	4,1	3,4	3,4	3,8	3,6
Transports	11,1	15,1	16,3	16,7	16,9	15,7
Communications	4,4	3,8	3,8	3,7	3	3,6
Loisirs et culture	6,7	7,4	8,4	9,4	11	9
Enseignement	0,7	0,6	0,6	0,7	0,8	0,7
Hôtels, restaurants, cafés	3,6	4,5	4,9	5,9	7,1	5,6
Autres biens et services(1)	11,9	11,5	12,5	12,5	12,9	12,4
Dépense totale(2)	100	100	100	100	100	100

Documents 6, 7 ,8, 9 : (1) Notamment : biens et services de soins personnels, bijouterie et maroquinerie, dépenses relatives aux gardes d'enfants hors du domicile, assurances et services financiers, divers autres services (services juridiques, cotisation à des associations...).

(2) La dépense totale s'entend ici hors impôts, gros travaux, remboursements de prêts et prélèvements effectués par l'employeur, transferts financiers entre ménages

Insee, enquête budget de famille 2006

?

- Vérifiez les lois de Engel (cf. doc 1) à partir des documents 6 à 9.
- À partir de l'ensemble des documents :
  – Repérez les déterminants qui influent sur la consommation.
  – Mettez en évidence quelques différences en les justifiant.
- Recherchez d'autres déterminants qui peuvent favoriser ou freiner la consommation. Justifiez à l'aide d'exemples précis.

- Pouvoir d'achat
- Dépenses
- Équipement
- Niveau de vie

2. L'évolution du niveau de vie et des équipements

Je consomme, donc je suis.

Les consommateurs n'ont pas d'existence propre, indépendante de celle des individus qui se cachent derrière. Les attitudes et les comportements en matière de consommation doivent donc prendre en compte les transformations qui s'opèrent sur les systèmes de valeurs, les mentalités, les aspirations et les opinions des hommes et des femmes.
Les bouleversements de ces dernières décennies (niveau d'éducation plus élevé, femmes financièrement autonomes, accroissement du temps libre, allongement de l'espérance de vie, familles monoparentales et recomposées plus nombreuses, attachement croissant à la santé...) ont eu des incidences sensibles sur les modes de consommation. Au travers des diverses crises (choc pétrolier de 1973, première guerre du Golfe en 1991, attentats du 11 septembre 2001, hausse de l'euro face au dollar, de l'énergie et des matières premières...), les débats sur la mondialisation, l'avenir de la démocratie, le sens de la vie et la place de la consommation sont relancés. Malgré un sentiment croissant de diminution du pouvoir d'achat et de forte inflation d'insécurité, la consommation s'est jusqu'ici maintenue.

Gérard Mermet,
60 millions de consommateurs,
HS 138 - juillet-août 2008

DOC 1

Quelques définitions de l'Insee

Le pouvoir d'achat :
Le pouvoir d'achat du salaire est la quantité de biens et de services que l'on peut acheter avec une unité de salaire. Son évolution est liée à celles des prix et des salaires.
C'est ainsi que, si les prix augmentent dans un environnement où les salaires sont constants, le pouvoir d'achat diminue alors que si la hausse des salaires est supérieure à celle des prix le pouvoir d'achat pourra augmenter.
La notion ici retenue est le salaire mais le raisonnement s'applique à l'ensemble des ressources (travail, capital, prestations familiales et sociales...).

Le niveau de vie :
Le niveau de vie se distingue du salaire. Il s'agit du revenu d'un ménage (y compris les prestations sociales et après déductions des impôts), divisé par le nombre d'unités de consommation qui composent ce ménage. Le niveau de vie est une notion plus large que le pouvoir d'achat car il tient compte de l'accès aux services de santé, et des politiques de redistribution impulsées par l'État.
Les unités de consommation sont généralement calculées selon l'échelle d'équivalence dite de l'OCDE modifiée qui attribue 1 uc au premier adulte du ménage, 0,5 uc aux autres personnes de 14 ans ou plus et 0,3 uc aux enfants de moins de 14 ans.

DOC 2

Les dépenses contraintes et incontournables

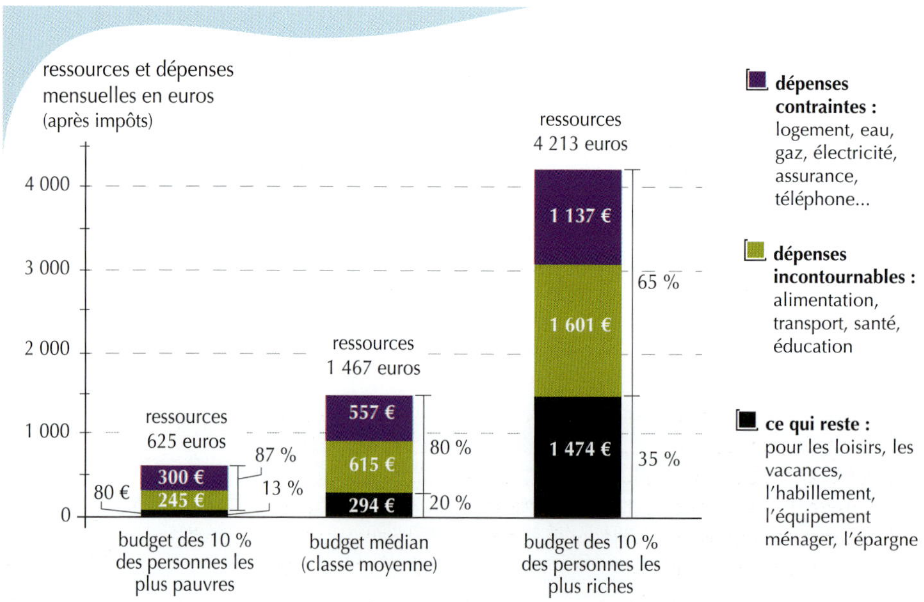

D'après *Consommation et modes de vie*, CREDOC n° 219, mars 2009

DOC 3 La croissance des dépenses contraintes

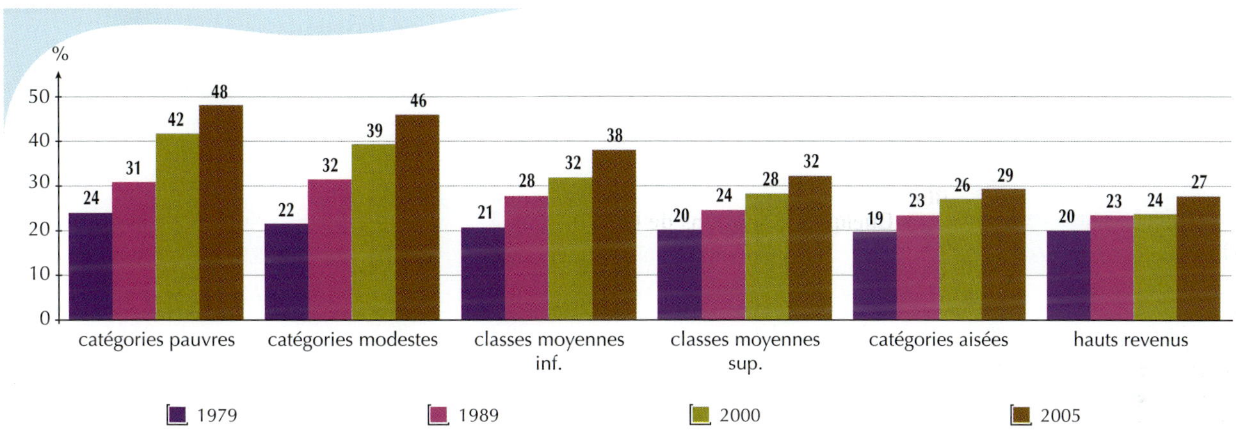

D'après *Consommation et modes de vie*, CREDOC n° 219, mars 2009

DOC 4 Le ralentissement de la croissance rend plus douloureuse la présence d'inégalités

Le désenchantement actuel des classes moyennes tient peut-être aussi au fait que la croissance économique est aujourd'hui moins forte qu'elle ne l'était pour les générations précédentes. L'amélioration des conditions de vie est moins perceptible. Pendant les Trente Glorieuses, l'ascension sociale était à portée de main : les emplois ouvriers et agricoles diminuaient tandis que se multipliaient les emplois de cadres, notamment dans les services. Surtout, la progression extrêmement rapide des revenus rendait moins douloureuse la présence d'inégalités sociales : les classes moyennes pouvaient espérer, en l'espace de quelques années, atteindre le niveau de vie des catégories plus aisées. Aujourd'hui, le délai pour passer d'une catégorie de revenu à une autre est devenu beaucoup plus long. Par exemple, une personne qui se situe au milieu de la distribution des revenus (disposant de 1467 € par mois) mettra 32 années pour atteindre le niveau de vie des catégories aisées (2 423 € par mois en moyenne), compte tenu du rythme actuel de progression du pouvoir d'achat (depuis 20 ans, le revenu disponible ne progresse « que » de +1,6 % par an en moyenne). Dans les années 1960, les classes moyennes pouvaient espérer atteindre le niveau de vie des catégories aisées en 11 années seulement. Le taux de croissance du pouvoir d'achat était de 4,7 % par an. Les opportunités de voir sa situation s'améliorer étaient beaucoup plus fréquentes. Aujourd'hui, une vie entière de travail risque d'être insuffisante pour s'élever significativement dans la hiérarchie des revenus. L'éloignement de la perspective d'une ascension sociale peut donc expliquer l'amertume des classes moyennes.

Consommation et modes de vie, CREDOC n° 219, mars 2009

- Identifiez les différentes dépenses contraintes dans un ménage.
- Justifiez les titres des documents 2 et 3.
- Analysez l'évolution des dépenses contraintes de 1979 à 2005.

DOC 5

L'équipement des ménages en électroménager et voiture, en fonction de la catégorie socioprofessionnelle en %

Catégorie socioprofessionnelle	Réfrigérateur	Congélateur	Four à micro-ondes	Lave-linge	Lave-vaisselle	Voiture	Deux voitures ou plus
Agriculteurs exploitants	100	93,9	86,2	99,3	69,6	97,2	61,4
Artisans, commerçants, chefs d'entreprise	99,3	90	91,9	97,7	76,2	92,8	44,1
Cadres et professions intellectuelles supérieures	100	87,4	84,3	95,1	65	89,2	45,7
Professions intermédiaires	100	85,8	89,6	93,6	55,9	90,2	46,8
Employés	99,5	84,7	91,4	92,7	37,2	79	29,6
Ouvriers (y compris ouvriers agricoles)	100	86	89,7	93,7	42,3	87,4	44,4
Retraités	99,8	87	74,6	95,2	46,5	73,5	22
Autres inactifs	99,3	73,8	75,9	85	28,2	51,1	8
Ensemble	99,8	86,1	83,7	94,2	48,8	81,2	34,2

Champ : ensemble des ménages en France métropolitaine.

Insee, SRCV-SILC 2008

DOC 6

Équipement des ménages en multimédia selon la catégorie socioprofessionnelle en 2008, en %

Catégorie socioprofessionnelle	Téléviseur couleur	Magnétoscope ou lecteur DVD	Téléphone fixe	Téléphone portable	Micro-ordinateur	Connexion à Internet
Agriculteurs exploitants	97,3	82,8	91,7	90,3	71	57
Artisans, commerçants, chefs d'entreprise	97,3	91,3	93,5	94	86,5	76,8
Cadres et professions intellectuelles supérieures	92,5	90,8	94,8	94,2	95,4	89,5
Professions intermédiaires	96,2	91,9	89,3	93,3	91,2	82,4
Employés	96,4	91	77,9	89,3	71,5	62,1
Ouvriers (y compris ouvriers agricoles)	97,8	90,6	76,5	87	70	57
Retraités	99	71	95,6	58,8	31,6	26,1
Autres inactifs	95,8	69,6	75,3	66,3	46,9	37,1
Ensemble	97,1	83,3	88,1	78,9	62,8	54,7

Champ : ensemble des ménages en France métropolitaine.

Insee, statistiques sur les ressources et les conditions de vie (SRCV-SILC).

Des intérieurs de plus en plus équipés

Les centres commerciaux facilitent l'acte d'achat

DOC 7

L'augmentation du coût du logement reflète aussi une amélioration du confort

L'augmentation du coût du logement est une tendance commune à l'ensemble des pays développés : plus le niveau de vie est élevé plus la part des dépenses des ménages consacrées au logement progresse. Il faut cependant rappeler que cette augmentation est aussi le reflet d'une amélioration des conditions d'habitation : sur une longue période, le parc des logements rajeunit, la qualité s'améliore par la généralisation des installations sanitaires, électriques voire électroniques, par l'utilisation de matériaux plus performants, par la mise en place d'équipements de plus en plus sophistiqués... La taille des logements a aussi augmenté : depuis le début des années 1960, les Français ont gagné une pièce (un logement compte en moyenne 4 pièces aujourd'hui, contre 3 en 1962). Le nombre moyen de personnes par foyer ayant diminué, la surface moyenne par personne est passée de 31 mètres carrés en 1984 à 40 mètres carrés en 2006. Le surpeuplement, notamment critique, a fortement diminué.

Consommation et modes de vie, CREDOC n°219, mars 2009

DOC 8

Louer plutôt qu'acheter

L'usage et la jouissance d'un bien sont plus importants que sa possession. Les inconvénients d'une acquisition (entretien, réparation, assurance, revente...), la rapidité de l'évolution technique qui rend les biens d'équipement plus rapidement obsolètes, font que la possession d'un produit apporte moins de plaisir que son utilisation. Acheter n'est donc plus le seul mode d'accès à la consommation : la location (voiture, robe de mariée...), l'abonnement ou toute autre formule qui ne transfère pas la propriété mais la seule jouissance d'un bien ou d'un service est de plus en plus facilement envisagée.
Les consommateurs ont aussi besoin de se rassurer en sachant à l'avance ce qu'ils vont payer, surtout dans les domaines où règne la complexité des prix. Le développement des forfaits (opérateurs de téléphonie, d'Internet, de télévision, vacances...) répond à ce souci, mais il introduit aussi une certaine confusion et une crainte de payer trop cher.

60 millions de consommateurs, septembre 2008

DOC 9

Les ménages délaissent les biens et services de loisirs.

En 2008, la consommation de biens et services de loisirs et de culture n'augmente plus globalement que de 2,1 % (après + 6,5 % en 2007), malgré l'évolution relativement dynamique des TIC. Le ralentissement affecte davantage les biens que les services, notamment les équipements de sport, camping et plein air (– 1,9 % après + 6,2 % en 2007), ainsi que les matériels de transport liés aux loisirs (camping-cars, caravanes, bateaux).
Les achats de jeux et jouets stagnent en volume, alors qu'ils progressaient de plus de 4,5 % par an depuis 1999. Dans le domaine des services, l'année est particulièrement mauvaise pour les jeux de hasard avec une baisse de 5 %. Les jeux de tirage ont pâti de la baisse de la fréquentation des cafés. En revanche, les services sportifs et de loisirs conservent leur dynamisme (+ 3,9 % après + 3 %). Les entrées dans les salles de cinéma progressent de 11 millions d'entrées à 189 millions, grâce notamment au succès de *Bienvenue chez les ch'tis*. Les ventes de DVD et de CD enregistrés continuent de baisser (respectivement – 3,3 % et – 14,8 % en volume), à un rythme proche de celui de 2006 et 2007. En 2008, le marché numérique global (téléchargements, sonneries pour mobiles) représente 12,5 % du chiffre d'affaires des ventes au détail de musique enregistrée, en progression de 5,4 points par rapport à 2007.
Les dépenses en hôtels, cafés et restaurants se replient de 0,7 % en volume. La baisse est particulièrement marquée pour les cafés (– 4,5 %) qui ont pu souffrir de l'interdiction de fumer à compter du début de l'année. Le recul est moindre pour les restaurants (– 1,5 %).
Les touristes étrangers, notamment européens, sont moins nombreux en 2008. Leurs achats diminuent de 9,2 % en volume, ce qui contribue notamment à la baisse des dépenses en hôtels (– 2,2 % en volume).

Insee première 1241 – juin 2009

?

- Recherchez et expliquez les raisons des disparités en équipement des différentes catégories socioprofessionnelles.
- En quoi l'augmentation du coût du logement reflète-t-elle aussi une amélioration du confort ?
- Pourquoi l'achat n'est-il plus le seul mode d'accès à la consommation ?

- Budget
- Dépenses
- Typologies

La consommation alimentaire est un poste de dépenses important dans le budget des familles, même s'il a tendance à diminuer au cours du temps sous l'influence de différents facteurs. L'analyse de ce poste permet de voir que tous les consommateurs ne mangent pas les mêmes produits ni de la même façon.

3. La consommation alimentaire

3.1. Le budget alimentaire

L'alimentation représente 13,6 % du budget des ménages en 2009. La part du budget consacrée à l'alimentation varie de 1 à 3 pour l'ensemble de l'union européenne. Pour l'UE à 15, la moyenne est de 12,5 %. La France se situe au-dessus avec 13,6 %. [...]

Alim'agri, janvier 2011

DOC 1 **Le poids en valeur de l'alimentation dans la dépense des ménages**

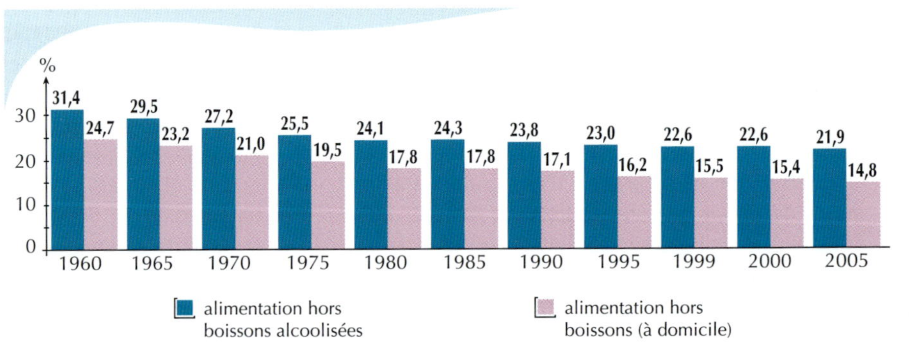

50 ans de consommation en France, Insee

DOC 2 **Viandes, fruits et légumes : 39 % de la dépense alimentaire**

Parmi les achats en produits alimentaires consommés à domicile, les dépenses des ménages les plus importantes sont en viandes (24 %) puis en fruits et légumes (15 %). Ensuite, on dépense pour les produits laitiers et les produits transformés à base de sucre (pâtisserie, biscuit, chocolat...). Les produits de la pêche (7 %) sont de plus en plus achetés préparés : près de 75 % aujourd'hui pour 50 % il y a 30 ans. Le poste de dépense des boissons non alcoolisées est en progression tandis que celui des boissons alcoolisées (en 5e position) tend à diminuer. Sous l'impact de la hausse des prix du pain de ces 5 dernières années, la part des dépenses en féculents (8 %) progresse.

Alim'agri, janvier 2011

DOC 3 **Plus les ménages sont pauvres, plus la part de leur budget consacrée à l'alimentation est élevée**

L'alimentation dans son ensemble (c'est-à-dire l'alimentation à domicile, mais aussi les repas pris à l'extérieur et l'autoconsommation) reste, en 2006, l'un des principaux postes de dépense des ménages. Il est même, selon l'enquête « Budget de famille », celui qui pèse le plus lourd : 21 % de la dépense de consommation, devant le logement (16 %) et les transports (15 %). Toutefois, le poids du logement dépasse désormais celui de l'alimentation à domicile pour les 20 % de ménages ayant les niveaux de vie les plus faibles (c'est-à-dire pour les deux premiers déciles de la distribution).

Le poids de l'alimentation est d'autant plus élevé que le niveau de vie des ménages est faible. Les ménages les plus pauvres, ceux qui ont un niveau de vie inférieur ou égal au premier décile consacrent 18 % de leur budget à l'alimentation à domicile, alors que pour le dernier décile cette part est de 14 %. Ce sont les retraités et les agriculteurs qui accordent le plus de poids à l'alimentation (respectivement 23 % et 21 % du budget total), les personnes seules et les familles monoparentales qui en accordent le moins (autour de 20 %).

Entre 2001 et 2006, le rapport entre la dépense alimentaire du décile le plus aisé et celle du décile le plus modeste se resserre légèrement (de 2,4 à 2,2). Dans la logique d'un « reste à vivre », on calcule également un revenu disponible après déduction des coûts du logement L'alimentation représente alors 29 % du « Budget » des ménages les plus pauvres, contre 22 % pour les plus riches. Là encore les écarts entre les plus pauvres et les plus riches se réduisent : en 2001, l'alimentation pesait davantage pour les plus pauvres et un peu moins pour les plus riches, avec respectivement 34 % et 21 % des dépenses totales.

50 ans de consommation en France, Insee

DOC 4 La répartition des dépenses

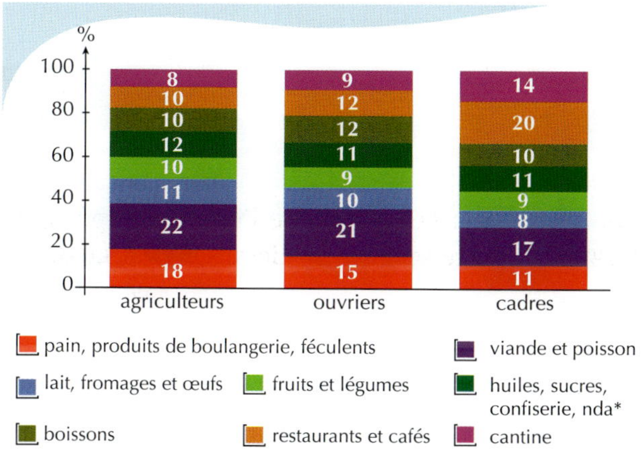

*nda : non défini ailleurs (condiments, préparations pour dessert, aliments préparés pour bébé...)

D'après *Agreste alimentation memento 2011*

DOC 5 Le panier alimentaire des Français s'est transformé

En près de 50 ans le panier alimentaire des Français s'est transformé, incluant de plus en plus de produits élaborés. Le temps consacré à la préparation des repas diminue, d'où l'engouement pour les préparations et plats cuisinés. Les repas à l'extérieur du domicile se multiplient. Par ailleurs, un mode de vie plus sédentaire et la diffusion des informations nutritionnelles contribuent sans doute à la réduction de la consommation de produits bruts à fort apport nutritionnel tels que les graisses et les sucres. Depuis la fin des années quatre-vingt ces tendances de fond se traduisent par une nette baisse des achats de graisses brutes telles que beurre, huiles et margarine. D'autres produits bruts au fort contenu en matières grasses, comme les viandes ou le lait, sont également en baisse. En revanche, les produits plus élaborés tels que les produits laitiers, la charcuterie, les pâtisseries et biscuits, les assaisonnements et plats composés sont en fort développement.

Centre d'études et de prospective n° 12, mars 2010

DOC 6 La part de revenu consacrée à l'alimentation

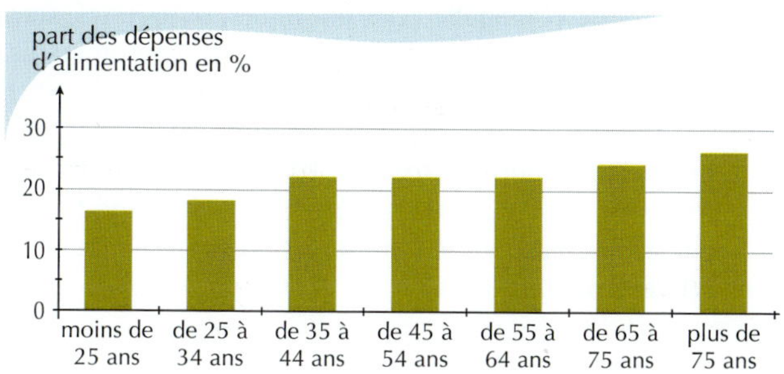

D'après *Agreste alimentation memento 2011*

DOC 7 Les dépenses d'alimentation selon la catégorie socioprofessionnelle

Catégorie socio-professionnelle de la personne de référence	Produits alimentaires, boissons	Restaurant, café, cantine	Ensemble
Agriculteurs	18	4	22
Artisans, commerçants et chefs d'entreprise	16	5	21
Cadres	14	7	21
Professions intermédiaires	15	6	21
Employés	15	5	20
Ouvriers	17	5	22
Retraités	20	4	24
Autres inactifs	17	5	22
Ensemble	**17**	**5**	**22**

D'après *Agreste alimentation memento 2011*

DOC 8 Les dépenses de quelques produits

	1970	1980	1990	2007(r)	2008 (r)
Pain	80,6	70,6	61,7	53,5	51,7
Pommes de terre	95,6	89	60,8	71,1	68,5
Légumes frais (1)	70,4	88,4	6	85,9	86
Bœuf	15,6	19,3	17,1	13,7	13,3
Volailles	14,2	19,3	21,7	19,7	19,1
Œufs	11,5	14,3	14	13,6	13,5
Poissons, coquillages, crustacés (2)	9,9	12,9	14,4	11,7	11,4
Lait frais (en litres)	95,2	74	66,4	51,4	51,5
Fromage	13,8	15,3	16,7	18,3	18,6
Yaourts	8,6	8,7	15,9	22,2	21,8
Huile alimentaire	8,1	10,8	11,1	9	8,8
Sucre	20,4	15	10,1	6,5	6,2
Vins courants (en litres)	95,6	77,1	44,7	23,5	22,7
Vins AOC (en litres)	8	14,9	22,9	23,7	22,7
Bière (en litres)	41,4	44,2	40,1	30,7	28,8
Eaux minérales et de source (en litres)	39,9	54,7	90	161,1	151,1

En kg par personne. (r) : données révisées. (1) Y compris légumes, fruits et assaisonnement.
(2) Frais et surgelés. Champ : France

Insee, comptes nationaux, base 2000

?

- Parmi les dépenses des ménages, justifiez l'évolution du poste de l'alimentation depuis les années soixante.
- À partir d'un exemple concret, expliquez la phrase en bleu dans le document 3.
- L'âge et la catégorie socioprofessionnelle sont-ils des facteurs qui influencent les dépenses alimentaires ? Justifiez votre réponse.
- Trouvez des justifications à l'évolution de la consommation des produits alimentaires.

- Modes de vie
- Qualité
- Modes de consommation

3.2. Les modes de consommation

DOC 1 **L'essor du snacking.**

À l'heure où la tendance est à la déstructuration des repas et au raccourcissement du temps passé à faire la cuisine et à table, le snacking a pris son envol. La France a beau avoir son patrimoine gastronomique inscrit à l'UNESCO, les Français n'en sont pas moins friands de repas pris sur le pouce et autres grignotages. D'ailleurs, les Européens, tout comme les Américains, ont recours à un snack 14 fois par semaine en moyenne, soit 2 fois par jour. « La restauration rapide est passée de 19,7 à 31,2 milliards d'euros de chiffre d'affaires » en six ans, selon Bernard Boutboul du cabinet Gira Conseil. Elle ne représente aujourd'hui pas moins de 40 % de la consommation alimentaire hors domicile. Les disparités sociales en matière de consommation de snacks sont importantes : le consommateur-type de ces produits est jeune, de classe moyenne ou aisée, célibataire ou avec des enfants en primaire ou au-delà. Les services offerts par le snacking (gain de temps, praticité, transportabilité) sont à l'origine de son succès.

Agromedia, 10 août 2011

DOC 2 **Les produits prêts à l'emploi**

Chaque année les produits prêts à l'emploi grignotent des parts de marché. S'ils figurent en bonne place dans les catalogues des fournisseurs, c'est parce que de l'entrée au dessert, ils possèdent de nombreux atouts pour convaincre. Un simple petit rappel, la 4e gamme permet d'avoir un produit cru épluché, coupé et emballé (sacs plastiques, barquettes, sous vide) de telle façon qu'il puisse être quasiment consommable. Il est maintenu et distribué à une température comprise entre 0 et 4 °C, afin d'assurer une date limite de consommation (DLC) de plusieurs jours : entre 5 et 10. Quant à la 5e gamme, elle regroupe tous les aliments précuits ou cuits, conditionnés sous emballage plastique. Sa conservation est plus longue de 21 à 40 jours ou plus.

Cuisine collective, octobre 2011

DOC 3 **Bio, des ventes en progression**

2010 est marquée par une augmentation de 10 % de ventes de produits biologiques en France, totalisant un chiffre d'affaires de 3,3 milliards d'euros. L'Agence Bio révèle que ce sont majoritairement les boissons (+26 % en valeur), l'épicerie (+18 %) et les produits frais (+16 %) qui ont contribué à cette progression. Les principaux facteurs d'achat restent les effets positifs sur la santé (pour 91 % des consommateurs), la qualité et le goût des produits. Les freins majeurs : le prix trop élevé pour 79 % des non-acheteurs et le manque de « réflexe bio ». Toutefois, L'Agence Bio a constaté une baisse du nombre de Français consommateurs de bio (au moins une fois par an), avec 43 % de consommateurs bio parmi la population. Une année qui fait chuter la moyenne, puisque depuis 2007 leur nombre était en progression (41 % en 2007, 44 % en 2008 et 46 % en 2009). Un effet de crise selon l'Agence Bio, bien que le nombre de consommateurs acheteurs récents (maximum 2 ans) soit en hausse.

Agromedia, 4 Février 2011

DOC 4 **Les produits allégés, c'est dépassé**

L'alimentation allégée ne fait plus recette. Selon une récente étude du cabinet Cegma Topo, près d'un Français sur deux y est réfractaire, le quart affirmant même qu'il faut les « éviter » ou les « exclure » de ses repas. [...]

À cette désaffection massive, plusieurs raisons. D'abord l'allégé a fini par lasser le consommateur. Non seulement il faut le payer plus cher, mais en plus les qualités gustatives ne sont pas vraiment à la hauteur. Quand on remplace la matière grasse par de la gélatine pour épaissir un yaourt 0 %, il n'y a pas de miracle. D'ailleurs, tous les ingrédients de substitution, obligatoires pour alléger les recettes, suscitent une méfiance grandissante. Surtout depuis que certains édulcorants sont soupçonnés de favoriser les risques de cancer. De plus en plus sensibles à la composition des produits, les ménages se rabattent sur des aliments classiques, pas trop « trafiqués » et donc plus rassurants. Quitte à en manger moins pour garder la ligne.

Enfin, toutes ces gammes allégées ont eu du mal à tenir leur promesse sous-jacente : faire maigrir.

www.slate.fr, 11 mai 2009

DOC 5

Les produits équitables

En France, le chiffre d'affaires des produits équitables au label Fairtrade/Max Havelaar s'est élevé à 287 millions d'euros en 2009, soit une hausse de 15 % par rapport à 2008.

Les 3 015 produits équitables consommés dans plus de 80 pays à travers le monde attestent de l'importance croissante que les consommateurs leurs vouent. Cet engagement souligne le sens d'une nouvelle consommation où l'éthique, les qualités sociales et environnementales sont maintenant des critères d'achat qui s'ajoutent à la marque et au prix.

Un sondage Ipsos datant de juin 2009 révèle que 95 % des Français connaissent la notion de commerce équitable (93 % en 2008) et que 55 % reconnaissent le label Fair Trade/Max Havelaar (53 % en 2008). Un nouveau chiffre justifie la hausse des ventes : 90 % des Français ont confiance dans ce label pour aider les producteurs à améliorer leurs conditions de vie. Certes, les principaux produits consommés sont toujours les mêmes : le café (40 % du total), le cacao (20 %), la banane (7 %), le coton (6 %), le thé (5 %) mais de nouvelles surprises telles que l'huile d'olive, la vodka ou encore les glaces attestent du développement du commerce équitable

L'Amérique Latine et les Caraïbes regroupent toujours le plus grand nombre de producteurs mais l'Afrique et l'Océanie sont en passe de devenir des acteurs majeurs. On considère désormais qu'un tiers des foyers français réalisent chacun 4 achats de produits équitables pour un total de 15,9 euros dans l'année (TNS/Kantar, janvier 2010). La majorité des foyers consommateurs sont citadins et à revenu modeste, ce qui confirme l'idée d'une consommation empathique. Les deux tiers des ventes se font toujours en grandes surfaces et le reste en circuits spécialisés [...].

Les chiffres consommation responsable. Éditions 2010/ Évolutions et tendances depuis 2006, Mes courses pour la planète

DOC 6

Les végétariens se portent bien, merci

« Les végétariens qui suivent un régime équilibré ne souffrent pas de carence protéique. » Selon Fernand Lamisse, professeur de nutrition émérite à Tours, un régime qui exclut totalement les protéines animales n'est pas dangereux pour la santé. « Les risques sont inexistants, quand les règles de l'alimentation sont bien conduites. » Cette famille de mangeurs est très vaste et semble gagner du terrain dans les couches les plus aisées de la population française. Certains affichent des pratiques très strictes (végétaliens) et d'autres se contentent d'une consommation réduite de viandes. La plupart accompagnent ces pratiques d'une hygiène de vie supérieure à la moyenne. Cette diversité complique les enquêtes épidémiologiques souvent entachées de biais impossibles à éliminer. Ce choix de vie est en expansion, en particulier dans la catégorie des bobos urbains. C'est souvent un acte protestataire contre la malbouffe, l'alimentation industrielle, voire la gastronomie bourgeoise. « La proportion de végétariens augmente à mesure que l'on s'élève dans la hiérarchie sociale. Ce sont des raisons caractéristiques du malaise alimentaire qu'expriment les fractions intellectuelles des classes moyennes ou supérieures », indique Arouna Ouedraogo, chercheur à l'Inra [...].

Les Échos n° 20356, 04 février 2009 • page 10

DOC 7

À découvrir : une nouvelle tribu « les locavores »

Manger des produits de proximité pour réduire les dépenses en énergie, retrouver les goûts du terroir et respecter le principe de saisonnalité apparaît. Ce nouveau mode de consommation, axé sur le « local » est revendiqué par de nombreux consommateurs. Certaines personnes vont beaucoup plus loin en poussant la tendance à son paroxysme : on les appelle les locavores. Née aux États-Unis en 2005, une nouvelle espèce de consommateurs fait peu à peu son apparition dans l'Hexagone : les locavores. Leur credo : manger local, dans un rayon de 160 kilomètres autour de leur domicile. Exit donc les aliments produits à des milliers de kilomètres et traversant la planète en avion pour arriver dans l'assiette. Place aux productions locales et de saison. Une démarche à dimension écologique – les locavores sont attentifs au bilan carbone de leur alimentation –, mais aussi socio-politique, car ces consommateurs d'un genre nouveau mettent en avant le lien au terroir et le soutien au travail des agriculteurs de leur région. En filigrane de ce mouvement se lit aussi un refus de la mondialisation et une volonté de reprendre le contrôle de son alimentation. Les locavores privilégient l'achat direct au producteur, court-circuitant ainsi les grands réseaux de distribution. Leur pari n'est pourtant pas toujours facile à tenir. Si manger des fruits et légumes de saison produits localement ne pose *a priori* pas de problème, si ce n'est un changement dans les habitudes, se passer de thé au petit déjeuner ou de chocolat à l'heure du café, c'est plus dur !

www.agriculture.gouv, 23 juillet 2010

?

- À partir des documents et de vos connaissances, reproduisez et complétez un tableau. Pour cela, relevez les différents modes de consommation présentés ; indiquez les caractéristiques du public ; justifiez les facteurs qui motivent le choix du mode de consommation ; présentez quelques exemples de produits ; recherchez d'autres modes de consommation et les intégrer dans le tableau.

Différents modes de consommation	Public potentiel	Facteurs	Exemples de produits

- Modes de vie
- Qualité
- Comportements alimentaires

3.3. Les comportements alimentaires

DOC 1 Modes de vie et consommation alimentaire

ÉVOLUTION DES MODES DE VIE	
TRAVAIL	A. Féminisation professionnelle : parmi les ménages, beaucoup de femmes travaillent ; les couples manquent de temps pour préparer le repas.
	B. Aménagement d'horaires : le travail de nuit, le travail posté (les 3/8) dénaturent les habitudes alimentaires.
	C. Éloignement entre le lieu de travail et le domicile ou l'école : les repas sont davantage pris hors domicile.
TEMPS LIBRE	D. Importance des loisirs : la diminution du temps de travail a permis l'augmentation du temps libre, on mange plus tôt ou plus tard (match sportif), on consomme à l'extérieur...
	E. Place de la télévision : seul ou en famille, la télévision peut occuper une place importante et privilégiée lors des prises alimentaires.
ÉVOLUTION TECHNOLOGIQUE	F. Développement des technologies agro-alimentaires : les présentations, les modes de conservation (conserves, surgelés, déshydratés, lyophilisés...) et les utilisations s'élargissent.
	G. Industrialisation : les ménages sont équipés d'appareils électroménagers (robot, mixeur...), micro-ondes, congélateur...
CONSTITUTION DES MÉNAGES	H. Évolution de la structure des ménages : plus de familles monoparentales plus de célibataires plus de personnes âgées seules

CONSOMMATION ALIMENTAIRE
1. Il y a davantage de repas pris en restauration sociale (cantines, restaurants d'entreprises) et commerciale dont la restauration rapide.
2. Élaboration de repas faciles et rapides à préparer grâce au recours aux aliments transformés et plats cuisinés.
3. Grignotage, snacking : à toute heure, en tout lieu.
4. Sandwich fait maison ou par un traiteur ou industriellement.
5. Déstructuration : - recours aux repas simplifiés (plat unique) - irrégularité des prises de repas (saut d'un repas) - irrégularité des horaires de repas - davantage de plateaux repas
6. Individualisation : le plat unique pour toute la famille fait place à l'individualisation des repas où chacun consomme selon ses préférences.

DOC 2

L'alimentation des Français en 2011 : une nécessité plutôt qu'un plaisir

Depuis 6 ans, le ministère de l'Agriculture et de l'alimentation commande chaque année au Centre de Recherche pour l'Étude et l'Observation des Conditions de vie (CREDOC) une étude approfondie sur les habitudes alimentaires des Français, leurs perceptions de la qualité alimentaire et de la politique menée en la matière.

- 44 % des Français considèrent que l'alimentation est avant tout une nécessité, le plaisir arrivant en seconde position (41 %). En revanche, le lien entre alimentation et prévention des problèmes de santé diminue par rapport aux années précédentes (15 % contre 22 % en 2007).
- Pour 53 % des Français, la qualité des produits alimentaires s'est améliorée depuis 20 ans. Pour juger de la qualité d'un produit alimentaire, les Français se fient aujourd'hui à son goût (96 %), à son apparence (89 %) puis à son prix (86 % contre 90 % en 2009). La durée de conservation du produit est également un critère de choix important (86 %), en augmentation par rapport aux années précédentes. Enfin, la connaissance de la provenance du produit permet de se faire une idée de la qualité d'un produit pour 83 % des Français.
- La transmission maternelle de la cuisine reste une réalité : près de 7 Français sur 10 ont appris à cuisiner, dont un tiers avec leur mère.
- S'agissant de l'information sur ce qu'est une bonne alimentation, les Français font avant tout confiance aux professionnels de santé (53 %), qui devancent les associations de consommateurs (48 %), les diététiciens (45 %) et les petits commerces (43 %). En termes de confiance dans les institutions, l'ANSES arrive en tête (54 %). [...]

Agromedia, 3 octobre 2011

DOC 3

Enquête « L'alimentation des Français »

[...]Après une année 2008 de restrictions, les consommateurs veulent acheter, mais en donnant du sens à leurs achats. Ils plébiscitent les critères éthiques au sens large : la qualité des aliments, les garanties d'environnement et du bien-être animal, la proximité de la production progressent entre 2008 et 2009. L'enquête 2009 enregistre une hausse de 4 % des consommateurs qui se déclarent prêts à payer plus cher si le produit offre des garanties de respect de l'environnement et de bien-être animal, et une hausse de 2 % pour l'achat des produits issus du commerce équitable. Une nouvelle tendance de consommation apparaît : la réalisation de soi à travers l'achat de produits défendant le développement durable. [...]

À la question « En quoi devrait consister l'éducation en alimentation ? », l'item « Apprendre à cuisiner » est celui qui a le plus augmenté entre 2008 et 2009 (51,6 % des réponses en premier, second ou troisième choix). Les items « Apprendre à manger équilibré », « Apprendre les règles d'hygiène » et « Initier au goût » progressent également et ils restent prédominants par rapport à la demande de cours de cuisine. Ce regain d'intérêt pour la cuisine s'exprime depuis 10 ans avec l'essor de cours ou d'ateliers de cuisine, devenus une nouvelle activité de loisirs. À la télévision, le contenu des émissions de cuisine a évolué : des recettes plus rapides et réalisées avec des produits simples. Le nouveau credo est la cuisine simple, rapide, pas chère. La perte de transmission entre générations des règles de base de la cuisine est davantage perçue par les générations anciennes. Elles déclarent regretter le savoir-faire de leurs parents. À l'opposé, les jeunes (15-24 ans) déclarent vivre la cuisine comme une corvée et ils souhaitent y consacrer le moins de temps possible. Il est vrai que la pratique culinaire se construit au fil du temps et les jeunes n'ont pas assez d'expérience de la cuisine pour l'apprécier à sa juste valeur.

BIMAGRI n°1541

?

- Les modes de vie ne sont pas sans conséquences sur les comportements alimentaires. Pour chaque situation présentée dans l'évolution des modes de vie (1er tableau du document 1), associez la (les) conséquence(s) possible(s) en terme de consommation alimentaire (2e tableau du document 1).
- À partir des informations des documents 2 et 3 et de recherches personnelles : relevez les critères qui déterminent la perception de la qualité alimentaire et de la politique menée en la matière. Utilisez vos éléments de réponses pour ensuite réaliser un questionnaire que vous soumettrez à votre collectivité. Analysez les résultats.

>> La consommation des publics en milieu rural

DOC 4 Les repas des français ont des horaires bien précis

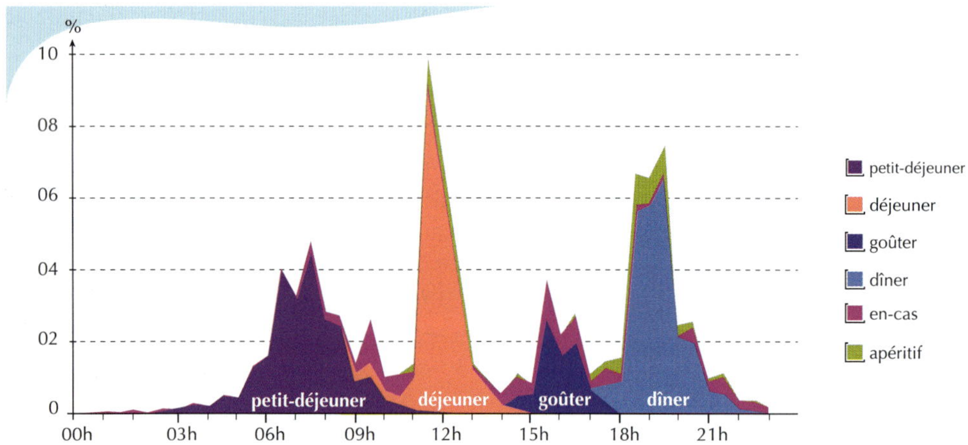

base : prises alimentaires des adultes normo-évaluants en % du nombre total de prises sur 7 jours de consommation alimentaire

CREDOC, enquête ccaf 2007

DOC 5 Manger en France : un vrai rituel

Les prises alimentaires en France se concentrent sur trois repas principaux par jour, à des heures relativement fixes et communes à tous. Ce modèle est partagé par la grande majorité de nos concitoyens. [...]

La forte synchronisation des repas français a également été observée dans une étude menée à l'échelle européenne. Elle révèle qu'à 12 h 30, 57 % des Français sont occupés à manger contre 38 % des Belges, 20 % des Allemands, 14 % des Britanniques. [...]

Selon les travaux sociologiques récents, le temps consacré à l'alimentation est abordé dans les pays latins comme une limite au temps consacré aux autres activités, tandis qu'aux États- Unis, se nourrir est considéré comme un acte technique, reposant sur une conception fonctionnelle de l'alimentation. [...]

La prise alimentaire n'est pas valorisée en tant que telle, elle peut donc se faire parallèlement à d'autres activités ou être brève et fréquente. En France, l'idée que l'acte alimentaire puisse se réduire à sa seule dimension fonctionnelle n'a pas cours. Même si l'accélération des rythmes sociaux et les exigences du travail concourent à réduire le temps passé à table, le temps du repas reste valorisé pour lui-même et apparaît comme nécessaire à la vie en société. [...]

La convivialité est le principal sens que les Français donnent aux repas. Dans 80 % des cas, ils sont pris en compagnie d'autres individus (famille, amis, collègues...). Le fait de manger à plusieurs nécessite davantage de règles d'entente, qu'il s'agisse du moment, du lieu et d'un minimum de convenances favorisant la sociabilité. [...]

Consommation et modes de vie n° 232, CREDOC, septembre 2010

DOC 6

En France, huit repas sur dix sont conviviaux

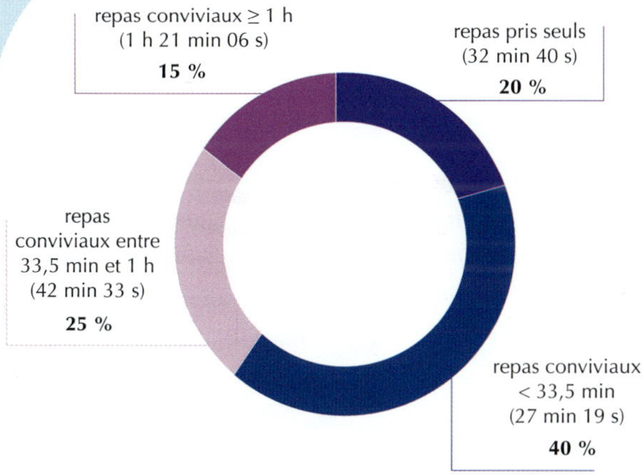

CREDOC, enquête ccaf 2007

DOC 7

Typologie des comportements alimentaires

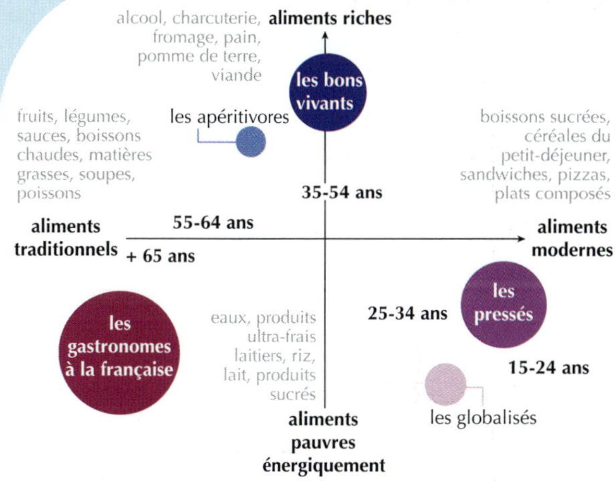

CREDOC, enquête ccaf 2007

DOC 8

Des typologies selon les stratégies de consommation

La typologie INPES (Institut National de Prévention et d'Éducation à la Santé) distingue :
- les « hédonistes » (14 % de la population française), qui associent l'alimentation au plaisir gustatif. Cette catégorie concerne davantage les hommes de 30 à 39 ans qui déclarent plus que les autres consommer des boissons alcoolisées, des plats tout prêts, de la charcuterie et du pain. Ils consomment peu de fruits et de légumes ;
- les « utilitaires » (14 %), pour qui l'alimentation est un acte indispensable pour vivre. Il s'agit préférentiellement d'hommes jeunes qui déclarent au cours des quinze derniers jours, plus fréquemment que les autres, avoir consommé de la viande, de la charcuterie et des plats tout prêts ;
- les « appliqués » (18 %), qui ont une forte fréquence de consommations moyennes, sans surconsommation spécifique. Ce type concerne préférentiellement des femmes mariées avec des enfants, influencées dans la composition des repas, par les habitudes du foyer, le temps de préparation, le budget et la santé ;
- les « pratiques » (10 %) correspondant à une frange jeune (18 à 39 ans) caractéristique de la région parisienne, ayant une alimentation peu équilibrée et qui déclare plus souvent que les autres manger des pâtes et des céréales prêtes à consommer ;
- les « traditionnels » (12 %) ont une alimentation composée plus fréquemment que les autres de pommes de terre, de vin, de pain, de charcuterie et de viande. Ils ont plus de 60 ans et vivent le plus souvent dans de petites agglomérations ;
- les « avertis » (17 %) sont ceux qui respectent le plus les consignes PNNS. Ils déclarent plus que les autres consommer du poisson, des fruits et des légumes. Il s'agit le plus souvent de femmes de plus de 50 ans qui sont influencées par la santé dans la composition de leurs repas ;
- les « petits consommateurs » (15 %) déclarent consommer peu de tous les aliments pris en compte dans cette étude.

Les comportements alimentaires, INRA juin 2010

?

- Présentez les habitudes concernant les heures, la durée et le nombre de prises alimentaires au quotidien. Justifiez ces habitudes.
- À partir du document 7, identifiez les typologies en les classant par ordre croissant et affectez à chacune d'elle l'âge du consommateur et les produits consommés.
- À l'aide des différentes typologies (documents 7 et 8), analysez les conséquences des comportements alimentaires sur la santé.

- Achats
- Prix
- Proximité
- Services
- e-commerce

4. L'approvisionnement

« Provision : achat de choses nécessaires à la vie (nourriture, produits d'entretien) »
Le nouveau petit Robert 2009

DOC 1

Les comportements d'achats alimentaires des Français

Les achats alimentaires sont surtout effectués dans les grandes et moyennes surfaces (GMS) : 83,7 % des personnes âgées de 15 à 75 ans s'y sont rendues au moins une fois au cours des quinze jours précédant l'enquête. Viennent ensuite la boulangerie (79,1 %), les autres commerces de proximité (47,3 %) et le marché (38,2 %). Les autres formes d'achats alimentaires sont peu pratiquées : 8,1 % en commandant par téléphone ou sur Internet, et 5,3 % dans la rue ou auprès d'un vendeur ambulant.
Les achats en GMS sont effectués principalement dans les hyper et supermarchés, puis dans les magasins de hard-discount. Interrogés sur les deux principales GMS dans lesquelles ils effectuent le plus souvent leurs achats alimentaires, 87,8 % des Français déclarent, en premier, aller dans les hyper ou supermarchés, et 12,2 % dans les magasins de hard-discount. En deuxième, 21,8 % citent les magasins de hard-discount et 78,2 % les autres grandes et moyennes surfaces. [...]
Le choix du lieu d'achats est principalement déterminé par la distance de celui-ci (39,6 %), le prix (28,1 %) et la qualité et variété des produits (23,7 %). Viennent loin derrière des critères comme la renommée du magasin (2,7 %) et les horaires d'ouverture (2,3 %). [...]
Pour acheter un produit de qualité en grandes et moyennes surfaces, les personnes âgées de 15 à 75 ans disent faire confiance avant tout à la marque du produit (34,3 %), à la composition de celui-ci (24,5 %) et au label (18,1 %). Le prix (11,3 %), l'enseigne du magasin (6,2 %) et l'aspect ou l'origine des produits (2,4 %) sont beaucoup moins cités. [...]

Baromètre santé nutrition 2008, Inpes.sante.fr, janvier 2010

DOC 2

Où fait-on ses courses ?

Si les très grandes surfaces sont un lieu de courses pour presque tous les consommateurs, il n'y a pas pour autant d'exclusivité de lieu d'achat. Un même ménage achète dans différents lieux.

Lieux d'achat	Type de consommateurs
Supermarché, hypermarché : 94 %	• les plus jeunes : 98 % des 18-24 ans, 96 % des 25-34 ans, 95 % des 35-49 ans ; • les couples avec enfant(s) : 97 % • les plus aisés : 97 % des ménages gagnant entre 1904 et 3809 €/mois et 97 % des ménages gagnant plus de 3 809 €/mois.
Marché : 60 %	• régions : Sud-Ouest (70 %), Sud-Est (69 %), région parisienne (65 %) ; • les plus diplômés : 65 % niveau bac, 69 % bac + 2, 68 % bac + 3 et plus ; • les plus aisés : 76 % des ménages gagnant plus de 3 809 €/mois.
Petits commerces : 56 %	• régions : région parisienne (66 %), Ouest (64 %), Sud-Est (60 %) ; • les plus jeunes : 65 % des 18-24 ans, 57 % des 25-34 ans, 60 % des 35-49 ans ; • professions : agriculteurs, artisans, commerçants (61 %), libérales (69 %) ; • les plus diplômés : 68 % niveau bac + 2, 70 % bac + 3 et plus.
Hard-discount : 46 %	• peu fréquenté : chez les 65 ans et plus (29 %) et chez les plus aisés (27 % des ménages gagnant plus de 3 809 €/mois) ; • régions : banlieue parisienne Est (61 %), Ouest (50 %) et dans l'Est (60 %) • les foyers : avec enfant(s) (52 %) • professions : employés (59 %), ouvriers (62 %) ; • les moins diplômés.
Ferme : 13 %	• les plus âgés : 16 % des 50-64 ans, 16 % des 65 ans et plus ; • régions : Nord (36 %), Oouest (18 %), Méditerranée (15 %), Sud-Ouest (5 %) ; • communes : rurales (18 %) ; • professions : agriculteurs, artisans, commerçants (18 %), retraités (19 %).

Baromètre alimentation 2009, ministère de l'alimentation de l'agriculture et de la pêche, Credoc.

DOC 3

82 % des Français prêts à acheter en hard discount

Avec la baisse du pouvoir d'achat, huit Européens sur 10 (79 %) envisagent de « recourir au hard discount ». C'est ce qui ressort d'une grande étude de l'Observatoire Cetelem interrogeant 10 000 consommateurs Européens. Pour eux, comme pour les 82 % de Français qui ont déclaré envisager des achats en hard discount, recourir à ce type de consommation n'est plus synonyme de « consommation du pauvre » mais plutôt de « consommation maligne ». Autre « consommation maligne » : le e-commerce. 67 % des Européens considèrent l'achat sur Internet comme un moyen d'accroître leur capacité de consommation. Ils sont 62 % à vouloir dénicher le meilleur prix lors d'un achat de produits alimentaires. Preuve que pour ce poste notamment, les consommateurs recherchent sécurité et qualité. [...]

Charline Cardona, SuperNutrition.fr, février 2009

DOC 5

Qu'est-ce qu'une AMAP ?

Une Association pour le Maintien d'une Agriculture Paysanne (AMAP) naît en général de la rencontre d'un groupe de consommateurs et d'un producteur prêts à entrer dans la démarche. Ils établissent entre eux un contrat pour une ou deux saisons (on distingue en général 2 saisons de production : printemps/été et automne/hiver), selon les modalités suivantes :

Ensemble, ils définissent la diversité et la quantité de denrées à produire pour la saison. [...] La diversité est très importante car elle permet aux partenaires de l'AMAP de consommer une grande variété d'aliments, d'étendre la durée de la saison, et de limiter les risques dus aux aléas climatiques et aux éventuels problèmes sanitaires.

Pendant la saison, et ce de manière périodique (ex. une fois par semaine), le producteur met les produits frais [...] à disposition des partenaires qui constituent leur panier. Le contenu de ce dernier dépend des produits arrivés à maturité. [...] Contrairement à la grande distribution, les consommateurs en AMAP accordent moins d'importance à la standardisation des aliments ; tout ce qui est produit est consommé (alors que dans l'autre cas, ce peut être jusqu'à 60 % de la récolte qui reste au champ). Ce principe est d'une part très valorisant pour le producteur, et d'autre part il permet de diminuer le prix des denrées en reportant les coûts sur la totalité de la production. Le groupe de consommateurs et l'agriculteur se mettent également d'accord sur les méthodes agronomiques à employer. Ces dernières s'inspirent de la charte de l'agriculture paysanne et du cahier des charges de l'agriculture biologique (les producteurs possèdent souvent le logo AB). [...] Les AMAP participent ainsi à la lutte contre les pollutions et les risques de l'agriculture industrielle et favorise une gestion responsable et partagée des biens communs.

www.reseau-amap.org

DOC 4

Les circuits courts alimentaires

C'est quoi un circuit court ?

Selon le ministère de l'alimentation, de l'agriculture et de la pêche, est considéré comme circuit court un mode de commercialisation des produits agricoles qui s'exerce soit par la vente directe du producteur au consommateur, soit par la vente indirecte, à condition qu'il n'y ait qu'un seul intermédiaire. [...]

Que vend-on en circuits courts ?

On vend en circuits courts des fruits, légumes, viandes, fromages, vins. [...] Les produits peuvent être transformés sur l'exploitation (conserves de légumes, fruits séchés, confitures, découpe et conserves de viande, etc.). Attention, acheter local ne veut pas dire acheter biologique. Avant de donner aveuglément la préférence à la carotte de l'agriculteur le plus proche, mieux vaut vérifier qu'il ne lui ait pas administré plus de nitrates qu'à celle qui pousse quelques kilomètres plus loin...

Petit retour en arrière

Autrefois, on prenait le lait et le fromage à la ferme et on achetait les fruits et les légumes sur le marché. Dans les années 1950, les agriculteurs ont pu s'affranchir de la vente et se recentrer sur la production. L'arrivée de la grande distribution a permis d'offrir au consommateur, qualité et quantité à un prix plus abordable. Dans les années 1970 et 1980, les hypermarchés contribuaient à la désinflation. Grâce à eux, des ménages modestes ont pu s'acheter un téléviseur, un aspirateur et, surtout, des produits alimentaires frais. La vente en circuit court subsiste mais de manière marginale et militante.

Et aujourd'hui ?

Les hypermarchés sont inadaptés à nos modes de vie et au vieillissement de la population. Plus de 30 % de la population française vit seule, de nombreux ménages n'ont pas d'enfants. Les budgets sont plus serrés et les clients préfèrent des magasins à taille humaine, près de chez eux. Surtout, l'adage du « tous unis contre la vie chère » connaît ses limites. Le consommateur n'est pas dupe et constate que le prix de ses pâtes ne cesse d'augmenter. Comme un défi à la grande distribution et pour répondre à une évolution des modes de vie, les circuits courts reviennent en force...

www.arehn.asso.fr, décembre 2009

?

- Relevez et justifiez les critères de choix effectués par les Français en matière d'approvisionnement.
- Expliquez l'évolution des magasins discount.
- Recherchez et citez des exemples de modes de vente par circuit court.
- Notez l'importance sociale, économique mais aussi culturelle des circuits courts.

>> La consommation des publics en milieu rural

DOC 6

Les petits commerces poussent mieux à la campagne

Il y a davantage de petits commerces en France. La dernière étude de l'Insee sur les « services marchands aux particuliers » montre que le nombre de ces commerces a progressé de 1,2 % en moyenne, entre 1993 et 2008. Restauration rapide et soins de beauté connaissent les plus forts développements. Le rythme de croissance est plus intense à la campagne qu'à la ville.

La campagne est plus dynamique. En zone rurale, le nombre d'établissements par habitant a augmenté en moyenne de 1 % entre 1993 et 2008. À la ville, cette progression est de 0,6 % par an. « L'espace rural tend à être aussi bien équipé que l'espace urbain », souligne l'étude. Mais ce sont surtout les petites agglomérations des zones rurales qui bénéficient de ce développement. Les communes rurales en profitent aussi, mais dans une moindre mesure. En revanche, ces zones rurales isolées sont mieux équipées que les banlieues des villes, petites ou grandes.

Agences immobilières, salons de coiffure et pompes funèbres se multiplient. « Le nombre d'agences immobilières a crû cinq fois plus vite dans l'espace rural que dans l'espace urbain », note l'étude. Les agences de voyage et les salons de coiffure se développent aussi deux fois plus rapidement à la ville qu'à la campagne. Ouvertes à la concurrence depuis 1993, les pompes funèbres se sont beaucoup développées, surtout en zone rurale. Désormais, 43 % des ruraux peuvent trouver des pompes funèbres à moins de 5 km de leur domicile, contre 10 % en 1993.

Une commune sur 10 a vu disparaître son dernier bistrot. Tous les secteurs ne bénéficient pas du dynamisme des services de pompes funèbres. Outre les débits de boissons, les blanchisseries-teintureries et les services de réparation sont en souffrance. Le développement des multiplexes a également porté un coup à de nombreux cinémas.

Dans un rayon de moins de 5 km, le rural trouve plus facilement salons de coiffure (86 %, contre 82 % en 1993), établissements de soins de beauté (55 %, contre 36 %) ou fast-food (54 %, contre 35 %). Ils sont seulement 10 % à habiter à moins de 5 km d'un cinéma ; ils étaient 12 % en 1993.

www.liberation.fr, juillet 2010

DOC 7

Commerces ruraux : espèce en voie de disparition

[...] Il suffit de se balader dans les campagnes de l'arrondissement pour s'apercevoir que les petits commerces de proximité ont presque tous disparu. Reste encore quelques vieilles enseignes boucherie charcuterie qui, faute de repreneurs, ont été laissées à l'abandon. [...] La belle époque ! « Actuellement, nous manquons cruellement d'une boulangerie », témoigne Jean-Claude Pradeilhes. [...] Avec leurs petits budgets, les municipalités de ces petits villages sont unanimes : elles n'ont que très peu de moyens de pression pour conserver ou restaurer un commerce. [...] Et si les communes veulent conserver leur population et un certain dynamisme, elles doivent s'organiser. C'est ce qu'ont fait certains comme Jean-Claude Pradeilhes : « Notre employé communal va chercher du pain à Pierrepont-sur-Avre. Comme ça, les gens ont du pain frais tôt le matin qu'ils viennent chercher à l'agence postale. »

Dans d'autres communes, le seul commerce restant se diversifie en proposant plusieurs services. C'est le cas du dernier commerce ouvert à Méharicourt, commune de 600 habitants.

En plus de ses baguettes et pâtisseries, Claudine Igras, 43 ans, qui a repris il y a cinq ans la boulangerie de la commune, s'occupe également du point postal et presse. Elle propose un peu d'épicerie aussi. « Ça dépanne bien les personnes âgées, confie Claudine Igras. Sinon, elles sont souvent coincées ou doivent demander à chaque fois à leurs petits-enfants de se déplacer. »

Claudine Igras a trouvé la solution : le portage à domicile. [...] C'est aussi le cas du dernier commerce, un café à Hattencourt – commune de 300 habitants – qui fait également dépôt de pain. Là-bas, la municipalité s'est mobilisée pour garder le café et sa licence. [...]

Elise Kergal, *Le courrier picard* – économie – 29 septembre 2011

DOC 8

Ces commerces ruraux qui vendent du service

Le concept «Point Multi-Services», lancé par les chambres consulaires, permet aux commerçants situés en zone rurale d'offrir un bouquet de services supplémentaires à leurs clients. C'est à la fois un moyen de générer du trafic et des ventes tout en fidélisant sa clientèle.

Comment développer sa petite entreprise quand on est situé en zone rurale, en proie à l'évasion de sa clientèle vers les grands pôles? La réponse tient en trois lettres: PMS, pour «Point Multi-Services». [...] Il s'agit, pour les commerçants ruraux, de mettre en place un corner comportant un ordinateur avec un accès Internet et une imprimante multifonctions faisant office de fax, copieur et scanner. [...] «L'intérêt est de dynamiser le commerce et le village, mais aussi de donner accès aux outils de communication aux populations rurales», précise André Marcon, président de la chambre régionale de commerce et d'industrie d'Auvergne. [...]

Régis Petit, cogérant de La Cassotte, un bar-tabac-restaurant-presse situé à Nieuil en Charente: c'est en 2000 que Régis et Andrée Petit ont décidé d'ajouter une nouvelle corde à leur arc en devenant un point multiservices. «Les habitués se connectent au Web pour faire des recherches ou lire des annonces, tandis que la clientèle de passage relève ses e-mails ou fait des opérations bancaires. Plus personne ne peut se passer d'Internet!»

Et c'est une chance pour La Cassotte, puisqu'il n'est pas rare que les clients du PMS profitent de leur passage pour boire un verre ou faire un achat. «J'ai au moins trois clients par jour pour le PMS, tout au long de l'année. Ce n'est pas rien, dans un bourg de moins de 200 habitants», confie le gérant. Forts de cette nouvelle affluence et toujours dans un esprit de service, Régis et Andrée Petit ont, depuis, inauguré un boulodrome. Ils proposent également, depuis cet été, la location de vélos, avec un parc d'une vingtaine de VTC.

L'agrément une fois délivré n'a pas de limite de validité. Il fait partie du fonds de commerce. [...] Les CCI encouragent en effet les commerçants à aller au-delà des services de base du PMS, pour en proposer quantité d'autres: livraisons à domicile, point relais pour les enseignes de vente par correspondance, retrait d'argent, etc. Certains organisent également des «packages résidence secondaire», c'est- à-dire un panier-repas pour les estivants, afin qu'ils aient de quoi se restaurer lorsqu'ils arrivent dans leur maison de campagne. Le but est bien de faire du commerçant un acteur indispensable de son environnement, de maintenir l'esprit du commerce de proximité qui rend service... sans toujours poursuivre un but lucratif. [...]

En devenant «Point Multi-Services», le commerçant bénéficie, entre autres, de publicité sur son lieu de vente et d'une signalétique dans le village.

Olga Stancevic, *Commerce Magazine* n° 99, 1er février 2009

- Présentez l'évolution du commerce de proximité.
- Citez les atouts du commerce de proximité pour le vendeur, les clients et le territoire d'implantation.
- Relevez la présence des commerces sur votre territoire. Analysez l'offre.

DOC 9 Le marché de l'e-commerce : évolution trimestrielle du nombre de sites marchands en France

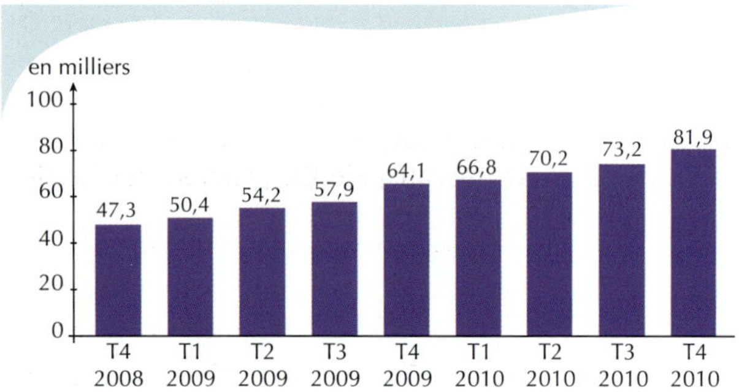

Le nombre de site e-marchands a augmenté de 29 % en un an

La Fevad a recensé 16 000 sites marchands actifs supplémentaires en France en un an, soit une hausse de 29 %. Le montant des paiements en ligne, à 12,7 milliards d'euros, a augmenté de 31 % au cours du premier semestre 2010. Le nombre de transactions est en hausse de 26 %, à 136,9 millions. Et le montant moyen d'une transaction a augmenté de 4 %, à 93 euros contre 89 euros en décembre 2009

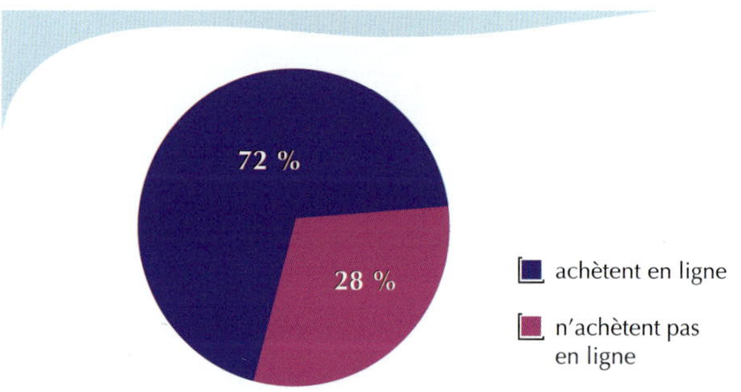

L'e-commerce en France en 2010 pourrait atteindre 30 milliards d'euros - 72 % des français achètent en ligne

Le nombre de cyberacheteurs a augmenté de 17 % en un an, soit de près de 4 millions de français supplémentaires. Les catégories autrefois en retrait rattrapent leur retard comme les plus de 65 ans, en hausse de 35 % sur un an. Parmi les moins de 25 ans, ils sont 30 % de plus qu'il y a un an. 65 % des internautes sont confiants dans l'achat en ligne.

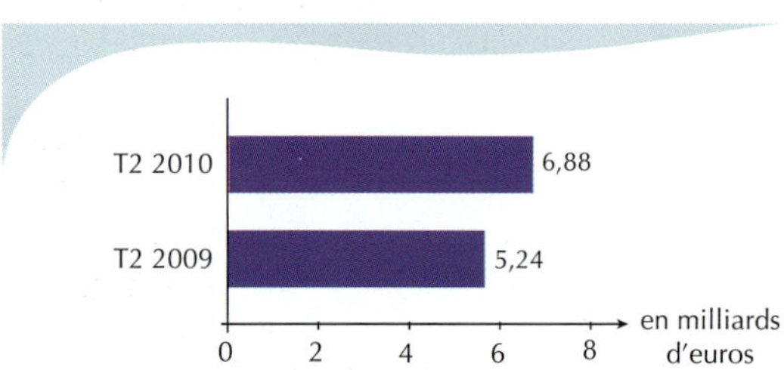

L'e-commerce progresse de 31 % en France au deuxième trimestre

Le chiffre d'affaires global de l'e-commerce en France est en hausse de 31 % entre le deuxième trimestre 2009 et le deuxième trimestre 2010, pour un total de 73,5 millions de transactions (+26 %). Le panier moyen a progressé de 4 euros sur la même période, soit une hausse de 4,4 %.

www.lejournaldunet. com, septembre 2010

DOC 10

Apprendre à consommer autrement : la consommation collaborative

La consommation collaborative désigne un modèle économique où l'usage prédomine sur la propriété : l'usage d'un produit peut être augmenté par le partage, l'échange, le troc, la vente ou la location de celui-ci. Cette optimisation de l'usage en réaction à la sous-utilisation classique supposée des produits est principalement permise par l'échange d'information via Internet.
Rachel Botsman, fondatrice du mouvement aux États-Unis, propose de distinguer trois systèmes de consommation collaborative :
• Les *product service systems* permettent de transformer un produit en service : l'autopartage, les vélos en libre-service ou encore la location (organisée par un intermédiaire ou entre particuliers) seraient à placer dans cette catégorie. Ces plateformes s'inscrivent dans le cadre plus général de l'économie de fonctionnalité.
• Les systèmes de redistribution organisent le passage de biens d'une personne les possédant à une personne les recherchant. C'est le principe du *C to C* et des plateformes comme PriceMinister, LeBonCoin mais aussi du troc, du don, de l'échange...
• Les styles de vie collaboratifs regroupent les formules de partage de ressources immatérielles entre particuliers : espace, temps, argent, compétences. *Couchsurfing*, *Colunching*, *Coworking*, Cohabitat, Prêts entre particuliers, Achats groupés feraient ainsi partie de cette catégorie.

www.ecoattitude.org

DOC 11

Partage, location, troc, un nouveau mode de consommation

Et si, au lieu d'acheter, on partageait ? Cette nouvelle manière de consommer, qui repose sur le principe que l'usage prime sur la possession, rencontre un engouement croissant.
[...] Valeurs montantes constatées : une prise de conscience « verte », un intérêt plus vif pour le commerce équitable et, surtout, la volonté de favoriser le ré-usage des produits. L'année 2011 et son cortège de mauvaises nouvelles en provenance de la sphère financière n'ont fait que confirmer cette tendance. Entre temps, la consommation dite « collaborative » a pris ses marques dans l'Hexagone. Cette idée rencontre un succès croissant si l'on en croit l'inflation des sites Internet proposant de louer ou de troquer biens et services, voire de donner des objets dont on n'a plus l'usage. Car, au-delà des économies réalisées, c'est la volonté d'acheter moins pour protéger la planète et (re) créer du lien social qui est revendiquée.
Identifiée par le magazine *Time* comme l'une des « dix idées qui peuvent changer le monde », la consommation collaborative consiste à transformer un produit en service en mettant en relation des personnes dont l'une recherche un bien et l'autre le possède. Cette nouvelle économie du partage est rendue possible par les technologies, Internet et les réseaux sociaux, qui offrent la possibilité de se réapproprier les valeurs d'entraide tout en se transformant en micro entrepreneur, la création d'échanges s'accompagnant le plus souvent d'un volet financier. La consommation 2.0, comme on l'appelle en référence à la deuxième révolution d'Internet, repose donc sur la capacité à faire confiance à des inconnus, ce qui peut apparaître à première vue comme un frein à son développement. Or, l'incroyable succès d'eBay a démontré qu'il était possible de conduire des transactions commerciales entre des gens qui ne se connaissent pas grâce à un système de notation : pour garantir sa bonne « e-réputation » — et par conséquent ses ventes futures - chacun se doit d'être d'une honnêteté scrupuleuse. Le temps fait le reste... Mouvement encore émergent, la consommation collaborative réunit des acteurs engagés prônant des échanges non lucratifs et de plus en plus d'entreprises - souvent des start-up - qui surfent sur la vague et se rémunèrent sous forme de commissions ou d'abonnements. Elles apportent au système un réel savoir-faire technologique qui lui permet d'émerger du monde associatif et dessinent peut-être l'avenir de la consommation. Sur un mode résolument 2.0.

Pascal Mougenot, *Dossier familial* - Hors-série, janvier 2012

?

- Le cybercommerce est en pleine évolution. Recherchez les types de produits achetés en ligne. Analysez.
- Le cybercommerce répond au besoin d'approvisionnement du milieu rural. Commentez.
- Les familles sont sensibles à l'éco-consommation. Présentez ce principe.

- Étiquetage
- Labels
- Médias Associations
- Droit
- Sécurité

5. L'information et la protection du consommateur

L'achat de biens ou de services doit se faire en toute connaissance de cause. La loi encadre l'information et la protection du consommateur afin que celui-ci puisse réaliser ses acquisitions en toute loyauté et sécurité.

5.1. L'information

DOC 1

Étiquetage des denrées alimentaires

Les denrées alimentaires présentées à la vente doivent comporter un étiquetage pour bien informer le consommateur. Les obligations d'étiquetage sont différentes selon le mode de conditionnement des denrées alimentaires (préemballées ou non).
L'étiquetage des denrées alimentaires préemballées
Il s'agit d'un produit constitué par une denrée alimentaire et l'emballage dans lequel elle a été conditionnée avant sa présentation à la vente.
Les denrées préemballées sont des produits le plus souvent vendus dans les rayons de libre-service et soumis à des règles strictes.

Deux grandes règles doivent être respectées :
a) l'étiquetage doit faire figurer diverses informations qui renseignent objectivement le consommateur. Elles doivent être rédigées au moins en français ;
b) l'étiquetage doit être loyal et ne doit pas induire le consommateur en erreur (composition du produit, origine...)

Les mentions obligatoires devant figurer sur les produits sont :
a) la dénomination de vente qui définit le produit (ex. : confiture extra de framboises) ;
b) l'origine, si son omission risque d'induire le consommateur en erreur (ex. : chorizo espagnol, fabriqué en France), on peut indiquer seulement le pays, ou le département, voire la commune (ex. : fabriqué en Ardèche) ;
c) la liste des ingrédients mis en œuvre par ordre d'importance décroissante (y compris additifs et arômes) ;
d) la quantité de certains ingrédients, par exemple ceux mis en valeur sur l'étiquetage ou dans la dénomination de vente (ex. : gâteau aux fraises, pizza au jambon) ;
e) la quantité nette du produit en volume (produit liquide) ou masse (autres produits). Si le produit est présenté dans un liquide, indication du poids net égoutté ;
f) la date de consommation pour les denrées périssables : Date Limite de Consommation (DLC) « à consommer jusqu'au... » ou pour les produits de conservation : Date Limite d'Utilisation Optimale (DLUO) « à consommer de préférence jusqu'au/avant le... ». Ces mentions doivent figurer en toutes lettres :
g) l'identification du fabricant : nom, adresse. Si conditionnement par un prestataire, indiquer les coordonnées du centre d'emballage (précédé de « emb » (ex. : EMB A07555)) ;
h) le numéro du lot de fabrication, à des fins de traçabilité. Cette mention est obligatoire depuis 2005. En revanche, la dénomination du lot est libre (ex. : lot 0607) ;
i) le mode d'emploi, si la denrée nécessite un usage approprié ou une conservation spécifique (ex. : à conserver dans un endroit sec) ;
j) la marque de salubrité (ou estampille sanitaire), qui identifie les établissements préparant, traitant, transformant, manipulant ou entreposant des denrées animales ou d'origine animale (marque obtenue auprès de la DSV).

Les mentions ou expressions réglementées :
a) « biologique » : produits issus de l'Agriculture Biologique et certifiés par un organisme de contrôle ;
b) « pur » : terme utilisable que pour certains produits (pur jus, pur porc) ;
c) « campagne », « fermier », « paysan » : attention à la prise en compte du caractère fermier lié à l'exploitation agricole ;
d) « artisanal » : produit qui doit être fabriqué par un artisan, inscrit au registre des métiers ;
e) « maison » ou « fait maison » : que si le produit est préparé de manière non industrielle, sur le lieu de vente ;
f) « à l'ancienne », « traditionnel » : seulement si produits fabriqués selon des usages anciens répertoriés. Pas d'additifs ;
g) « naturel » : produit non transformé, non traité, tel qu'on le trouve à l'état naturel ;
h) « du terroir » : signifie l'utilisation de matières premières obtenues à partir de procédés de fabrication, issues d'une aire géographique restreinte. Privilégier l'origine géographique ou le terme « fermier »

www.economie.gouv.fr/dgccrf, décembre 2010

DOC 2

On demande des produits de qualité !

Perdu devant la multitude des logos et des labels ? Les signes officiels de la qualité et de l'origine sont les seuls garantis par l'État. Tour de piste des sept logos à retenir. [...]
Les signes de qualité et d'origine : un dispositif doublement gagnant ! Pour les producteurs qui trouvent là une reconnaissance de leur savoir-faire et de leur exigence, et pour les consommateurs, certains d'acheter un produit de qualité, répondant à des conditions précises et régulièrement contrôlées. Les pouvoirs publics et l'Union Européenne s'engagent, et c'est l'INAO qui est le garant de l'ensemble.
On distingue deux grandes familles de labels : ceux qui attestent d'une origine géographique, d'un terroir, ce sont les AOC, IGP, STG, et ceux, qui comme le Label rouge ou la certification agriculture biologique, sont davantage liés à un mode de production. Leur point commun ? L'engagement de tous les producteurs.

AOC ou Appellation d'Origine Contrôlée. Désigne un produit dont toutes les étapes de fabrication sont réalisées selon un savoir-faire reconnu dans une même zone géographique, qui donne ses caractéristiques au produit.
AOP ou appellation d'origine protégée. Équivalent européen de l'AOC. Elle protège le nom d'un produit dans tous les pays de l'UE. Ex. : Chablis, Roquefort, Huile d'olive de corse, Poulet de Bresse.

IGP ou Indication Géographique Protégée. Désigne un produit dont les caractéristiques sont liées au lieu géographique dans lequel se déroule au moins sa production ou sa transformation selon des conditions bien déterminées. C'est un signe européen qui protège le nom du produit dans toute l'UE.
Ex. : Riz de Camargue, Jambon de Bayonne, Cidre de Bretagne.

Label rouge. Désigne des produits qui, par leurs conditions de production ou de fabrication, ont un niveau de qualité supérieure par rapport aux autres produits similaires. C'est un signe français.
Ex. : saumon fumé, fromage, charcuterie...

STG ou Spécialité Traditionnelle Garantie. Protège une recette traditionnelle.
Ex. : Jambon Serrano, Gueuze.

L'agriculture biologique garantit que le mode de production est respectueux de l'environnement et du bien-être animal. Les règles qui encadrent le mode de production biologique sont les mêmes dans toute l'Europe, et les produits importés sont soumis aux mêmes exigences.
Ex. : Ne concerne que les produits agricoles et agroalimentaires : fruits et légumes, viandes, lait...

www.alimentation.gouv.fr, juin 2011

Riz de Camargue

- À partir des informations du document 1, choisissez une étiquette d'un produit alimentaire.

Repérez et indiquez les mentions obligatoires, les mentions ou expressions réglementées, les mentions facultatives.

Les réponses peuvent apparaître dans un tableau.

>> La consommation des publics en milieu rural

DOC 3 Harcèlement publicitaire

Chaque Français est soumis chaque jour en moyenne à 60 expositions à des publicités à la télévision, soit un peu plus de 20 minutes (10 % de son écoute totale). Il entend également le même nombre de messages à la radio et est confronté à une trentaine dans la presse (TNS MediaIntelligence). Il est donc soumis quotidiennement à quelque 150 stimuli émanant des grands médias.
Il faut y ajouter ceux émanant par les affiches publicitaires placées dans les lieux publics, ceux présents dans les vitrines et à l'intérieur des magasins. [...]
L'exposition se poursuit dans le cadre de la vie quotidienne, avec la lecture de journaux et, surtout, l'utilisation d'Internet (qui peut amener environ une centaine de messages supplémentaires au cours de la journée). [...]
À son domicile, il est alors confronté aux courriers publicitaires (adressés ou anonymes) reçus dans sa boîte à lettres, aux appels téléphoniques à vocation commerciale. [...]
Au total, un Français est donc confronté au minimum à 400 messages commerciaux par jour. [...]

Francoscopie, Gérard Mermet, Larousse, 2010

DOC 4 60 millions de consommateurs

Le site de 60 Millions de consommateurs, 60millions-mag.com, est édité par l'Institut National de la Consommation (INC).

Qu'est-ce que l'Institut national de la consommation ?

Établissement public placé sous la tutelle du ministre chargé de la consommation, l'Institut national de la consommation (INC) assure des missions de service public.
Centre de ressources et d'expertises, l'INC réalise des essais comparatifs de produits et de services, élabore des études juridiques et économiques, conduit des actions de formation auprès des associations de consommateurs et développe un fonds documentaire spécialisé.
Au titre de ses missions d'information et d'éducation, l'INC mène des campagnes de sensibilisation sur les questions de consommation et réalise des études et des outils pédagogiques.

www. 60millions-mag.com

DOC 5 Le Code de la consommation

DOC 6 CONSOmag

Les émissions de janvier 2012

- Appareils électriques : les risques d'incendie **Enquête avec l'Adéic**
- Les contrats de télésurveillance **Enquête avec l'ALLDC**
- Le microcrédit personnel **Enquête avec familles rurales**
- Le Jury de Déontologie Publicitaire (JDP) **Enquête avec l'Afoc**
- Les difficultés de paiement d'une facture d'eau **Enquête avec la CSF**
- Transport : les courses de taxi **Enquête avec familles de France**
- Les livraisons à domicile **Enquête avec l'Orgeco**
- Le paiement par carte bleue **Enquête avec la CNAFC**
- Les mentions alimentaires de qualité **Enquête avec l'Indecosa**
- L'indémnisation des retards d'avion **Enquête avec la Fnaut**

Retrouvez les émissions Consomag sur

	lundi	mardi	mercredi	jeudi	vendredi	samedi
2	13 h 45	13 h 45	13 h 45	13 h 45	13 h 45	13 h 45
3	11 h 30	11 h 30	11 h 30	11 h 30	11 h 30	11 h 30
4			11 h 50			11 h 50
5		8 h 55	8 h 55 22 h 20		8 h 55 9 h 50	9 h 50
rfo	après le journal de France 2					

DOC 7 Les 17 associations de consommateurs

17 associations de consommateurs nationales agréées sont à votre service pour vous représenter et vous défendre. Outre leurs activités au plan national (études, recherches, représentations dans de multiples instances officielles ou privées, information et formation des consommateurs), les mouvements sont présents au niveau local à travers de très nombreuses associations.
Elles sont issues de 3 grands mouvements différents :
- mouvement familial : Cnafal, CNAFC, CSF, Familles de France, Familles rurales, regroupées au sein de l'Unaf
- mouvement syndical : Adeic, AFOC, Asseco-CFDT, Indecosa-CGT, ORGECO, ALLDC
- mouvement consumériste et spécialisé : UFC-Que Choisir et CLCV pour les problèmes de consommation. CGL et CNL pour le logement. Fnaut pour les transports.

La plupart des structures locales tiennent des permanences pour vous aider à résoudre vos problèmes de consommation. Pour le traitement de dossiers litigieux, il vous sera demandé une contribution à la vie de l'association sous forme d'adhésion. [...]

www.conso.net

DOC 8 Les écolabels

FILIERE

- Présentez les différents domaines dans lesquels les associations de consommateurs peuvent informer et agir.
- Pour chaque domaine cité, sélectionnez une association de votre choix puis :
  - présentez-la,
  - indiquez son lieu de permanence le plus proche de votre localité.
- Quels sont les différents moyens d'information que le consommateur peut exploiter ?
- À partir du document 8, qu'est-ce qu'un Écolabel ? Recherchez la signification des logos.

5.2. La protection

DOC 1

Le code de la consommation

Tout acte de vente professionnel, qu'il s'agisse de biens ou de services doit être réalisé en respectant une obligation d'information et de loyauté envers le consommateur (l'acheteur), en particulier sur les informations concernant le prix et les conditions de vente, et la qualité du produit. Le Code de la consommation définit les obligations légales du vendeur et le droit des consommateurs. Le code de la consommation définit également les pratiques commerciales illicites ainsi que les sanctions pénales pour ces infractions, et les recours possibles, entre autre par le biais d'associations de consommateurs.

www.juritravail.com/Code-Consommation

DOC 2

La DGCCRF

La DGCCRF (Direction générale de la concurrence, de la consommation et de la répression des fraudes) est une direction du ministère de l'Économie, des Finances et de l'Industrie.
Comme son nom l'indique, son domaine d'intervention couvre plusieurs secteurs :
- la régulation concurrentielle des marchés : lutte contre les abus de position dominante, les ententes, les pratiques déloyales, contrôle des concentrations, etc.
- la protection des consommateurs : règles d'étiquetage, répression des falsifications et tromperies, publicités mensongères, faux rabais, abus de faiblesse, etc.
- la sécurité des consommateurs : elle est chargée de veiller à la sécurité physique et à la santé des consommateurs pour tous les produits et services.

Concrètement, elle est ainsi amenée à émettre des avis de produits dangereux pour le consommateur, à intervenir auprès d'industriels ou de commerçants dans le cadre de litiges, etc.

www.droit-finances.commentcamarche.net

DOC 3

Les assises de la consommation, octobre 2009

Objectif : examiner les moyens de mieux protéger le consommateur en renforçant les associations et les organismes publics du secteur.
[...] À l'issue de la restitution des conclusions des différents groupes de travail, dont on peut retrouver les conclusions sur le site de la Direction générale de la concurrence, de la consommation et de la répression des fraudes, Hervé Novelli a tracé les grandes lignes d'une politique globale de la consommation » qui placerait le consommateur au centre du marché. Pour y parvenir, il a fixé trois priorités :
- mieux connaître les associations les plus représentatives et rénover les institutions publiques de la consommation ;
- renforcer les droits des consommateurs français ;
- renforcer les outils permettant de traiter les litiges entre les entreprises et les consommateurs.

La création d'un super agrément

La France compte dix-sept associations de consommateurs agréées qui reçoivent au total 5 millions d'euros de subventions publiques. Cet éclatement est souvent jugé responsable de la faiblesse de leurs actions. Afin de mieux distinguer les associations les plus actives et les plus représentatives, le secrétaire d'État a proposé la création d'un « super agrément ». Une concertation va d'ailleurs se poursuivre dans les prochaines semaines pour en fixer les modalités.
Basé sur des critères transparents et simples, le nouvel agrément devrait donner droit à un siège permanent au CNC et à davantage de voix au conseil plénier. Surtout, il permettra, le cas échéant, d'actionner la future procédure des actions de groupes. À terme, toutes les associations pourront se porter candidates à ce super agrément en se regroupant. Par ailleurs, l'agrément actuel continuera à donner droit comme aujourd'hui à une subvention et à un siège au Conseil National de la Consommation (CNC).

Un Institut national de la consommation rénové

« Tous les acteurs qui ont participé à nos travaux demandent de conforter la DGCCRF dans ses missions et ses moyens », s'est félicité Hervé Novelli, qui a rendu hommage au travail de cette administration.
« À côté, de cette administration régalienne, dotée de pouvoirs d'enquêtes, nous avons besoin d'une entité publique forte qui serait plus orientée vers l'information, c'est-à-dire l'éducation, la formation et la mise en garde des consommateurs », a-t-il poursuivi. Or l'action publique d'information consumériste est très éclatée. Le secrétaire d'État envisage donc de rassembler, autour d'un Institut national de la Consommation (INC) rénové, les commissions de sécurité des consommateurs et des clauses abusives et les dix-huit centres techniques régionaux de la consommation (CTRC).

www.gouvernement.fr

DOC 4

L'État renforce les droits des consommateurs

Le projet de loi texte législatif déposé au Parlement à l'initiative du gouvernement a été adopté en première lecture par le Sénat, avec modification, le 22 décembre 2011. [...]

Ce texte se présente sous la forme d'une énumération de « mesures concrètes » visant à renforcer la protection des consommateurs dans les principaux secteurs de la vie courante. Les mesures annoncées concernent notamment :

- les télécommunications : possibilité de déblocage du téléphone mobile après seulement trois mois, offre d'au moins un forfait sans durée d'engagement, offre d'un tarif social pour l'internet haut débit, etc.
- l'énergie : offre de « conseils tarifaires personnalisés » par les fournisseurs comme EDF ou GDF, possibilité de suspension du paiement de l'abonnement en cas de litige ;
- le logement : obligation de respecter le délai de deux mois suivant le départ du logement lorsqu'un dépôt de garantie doit être restitué au locataire, possibilité d'un réajustement du loyer si l'information sur la surface louée est manquante ou fausse ;
- la mise en place d'un label de type « AOC » pour les produits manufacturés avec précision de l'origine géographique ;
- le commerce électronique : possibilité plus large pour le consommateur de vérifier l'état des produits livrés, renforcement de la protection des données personnelles de l'acheteur ;
- la grande distribution : dans le but de stimuler la concurrence, changement d'enseigne plus facile pour supermarchés et supérettes gérés par des indépendants franchisés ou affiliés à un groupement ;
- la restauration : un amendement, voté par l'Assemblée nationale, fait obligation aux restaurants de signaler dans les menus les plats élaborés avec des produits frais ;
- la lutte contre la fraude : renforcement des moyens attribués à la Direction générale de la concurrence, de la consommation et de la répression des fraudes (DGCCRF).

Le Sénat a profondément remanié le texte lors du débat en première lecture. Les dispositions suivantes ont notamment été introduites dans le texte par les sénateurs :

- instauration d'une possibilité d'action de groupe (procédure permettant à un grand nombre de consommateurs se considérant victimes d'intenter une action en justice en vue d'une indemnisation) ;
- nouvelles mesures de lutte contre le surendettement (baisse du taux de l'usure, création d'un crédit bancaire destiné aux populations défavorisées, etc.) ;
- mise en place d'un système de tarification progressive pour le gaz et l'électricité ;
- interdiction des coupures de gaz et d'électricité durant l'hiver ;
- réduction de vingt-quatre à douze mois de la durée maximale d'engagement proposée par les opérateurs de télécommunications.

www.vie-publique.fr

DOC 5

Le 500e d'UFC que choisir

Sans avoir le culte du chiffre rond, *Que Choisir* célèbre ce mois-ci son 500e numéro. Que de chemin parcouru depuis sa création dans une quasi-indifférence en décembre 1961 par ce qui était alors l'Union fédérale de la consommation. [...] L'éditorial de l'époque résume bien la volonté de ses créateurs : « Au lieu de vous livrer à des expériences coûteuses – et parfois décevantes – vous pourrez juger du produit qui vous convient le mieux en vous fondant sur des essais de caractère scientifique effectués par des laboratoires compétents, sous le contrôle d'une association indépendante et sans but lucratif. [...] Le travail entrepris aujourd'hui avec vous doit vous permettre de traiter de pair avec les producteurs et les vendeurs. [...] En vous aidant à mieux choisir, cette publication contribue à entraîner la production et le commerce dans la voie du progrès. » [...] Des numéros ont très bien illustré ce souci de défendre les consommateurs. 1967, *Que Choisir* dénonce les dangers du diphényle dans les agrumes. 1970, le magazine publie la première carte de France des plages propres. 1979, notre première enquête prix prouve le besoin d'une information indépendante sur le sujet. 1980, c'est l'appel au boycott du veau aux hormones. 1986, le non aux chèques payants que veulent imposer les banques. 1987, nos analyses prouvent que le nuage de Tchernobyl ne s'est pas arrêté aux frontières hexagonales. Les années 90 sont ponctuées de dossiers qui dénoncent la pollution de l'eau du robinet et ses factures tout aussi scandaleuses, les OGM, la vache folle, les contaminations par les dioxines, les dangers de l'aluminium, les excès de sel ou de sucre dans l'alimentation. En 2002, *Que Choisir* révèle le « Yalta » des opérateurs de téléphonie mobile pour se partager le marché sur le dos des consommateurs, entente lourdement sanctionnée trois ans plus tard par le Conseil de la concurrence sur saisine de l'UFC-Que Choisir. [...]

www.quechoisir. org/Éditorial du 23 janvier 2012

?

- Recherchez parmi tous les organismes assurant la protection des consommateurs ceux qui relèvent du secteur privé et ceux qui relèvent du secteur public.
- Pourquoi la protection des consommateurs est-elle encadrée par une loi ? Justifiez à partir d'exemples précis.
- À partir du document 3, repérez les rôles des organismes tels que « Que choisir ».
- Listez en quoi les mesures annoncées renforcent-elles la protection du consommateur. Justifiez sur au moins 4 mesures.

Partie 2

L'accompagnement des publics en milieu rural

éthique aide prestations dépendance sécurité santé protection déontologie solidarité portage des repas estime de soi secret professionnel échange aménagement logement décent équipement ergothérapie transport à la demande orientation prévention prise en charge confort bientraitance qualité de vie accueil animation à domicile maison de santé

PLAN

Chapitre 3

LA PRISE EN CHARGE DES DEMANDES D'AIDE

- Prestations
- Aide
- Protection

1. Le logement

«Le logis, c'est le temple de la famille», Le Corbusier

La protection sociale

[...] Ensemble des dispositifs mis en place pour assurer et aider les individus devant les risques majeurs de l'existence (chômage, maladie, vieillesse, famille). La protection sociale a donc à la fois des objectifs matériels (permettre aux individus de survivre quand ils sont malades, ou âgés, ou chargés de famille nombreuses, par exemple) et des objectifs sociaux (réduire l'inégalité devant les risques de la vie et assurer aux individus un minimum de revenus leur permettant d'être intégrés à la société).
Elle est assurée par des institutions : c'est d'abord la Sécurité sociale (protection contre la maladie, la vieillesse, etc.), mais pas seulement elle. Il s'agit aussi de l'État lui-même dont le budget assure certaines dépenses (bourses scolaires, indemnisation des chômeurs en fin de droits, par exemple) et des collectivités territoriales (les Communes peuvent prendre en charge certaines dépenses des retraités ayant peu de ressources, comme les dépenses de transport, par exemple). [...]

www.brises.org

DOC 1

Direction et services de la Caisse Nationale d'Allocations Familiales (Cnaf)

Nommé par décret du président de la République par le Conseil des ministres, le directeur de la Cnaf a pour missions :
- de préparer et d'exécuter les décisions du conseil d'administration ;
- d'ordonner les dépenses ;
- d'exercer une tutelle, notamment budgétaire, sur les Caf ;
- de nommer les directeurs et agents comptables des caisses. [...]

Faciliter l'accès au logement
La branche Famille aide les familles dans le domaine du logement :
- par le versement de prestations ;
- par des actions d'accompagnement comme :
  . l'information des ménages,
  . la prévention des expulsions,
  . la lutte contre l'indécence des logements.

La tutelle de l'État
L'État détermine les missions de la Branche, les prestations qu'elle sert et ses ressources. Depuis 1996, une Convention d'objectifs et de gestion (Cog), signée tous les quatre ans, contractualise les relations entre l'État et la Cnaf.
La branche Famille est placée sous la tutelle :
- du ministère des Solidarités et de la Cohésion sociale ;
- du ministère du Budget ;
- du ministère du Logement pour les aides relevant de sa compétence.

www.rapportdactivite-caf.fr

DOC 2

Le ministère de l'Écologie, du développement durable, des transports et du Logement.

[...] Au niveau central, le ministère est composé d'un secrétariat général, d'un commissariat général au développement durable, de cinq directions générales et d'une délégation à la sécurité et la circulation routières.
En région [...], le ministère repose sur les Directions Régionales de l'Environnement, de l'Aménagement et du Logement (DREAL). [...]
Dans chaque département métropolitain [...], les précédents échelons départementaux de deux ministères, le ministère du Développement durable [...] et le ministère de l'Agriculture [...], sont fusionnés depuis le 1er janvier 2010, afin de former une direction interministérielle unique en charge des territoires : la direction départementale des territoires. [...]

www.developpement-durable.gouv.fr – 25 mai 2011

DOC 3 L'ANIL

L'ANIL/Agence Nationale pour l'Information sur le Logement est chargée de l'animation et du développement du réseau. Elle suscite la création des ADIL, accorde un avis favorable ouvrant droit à l'agrément du ministère chargé du logement, et apporte un appui permanent au fonctionnement des ADIL existantes, en matière de documentation, d'information, de formation et d'études.

L'ANIL est une association qui regroupe le ministère chargé du Logement, les collectivités locales, l'Union Sociale pour l'Habitat, Action Logement (1 % logement), la Caisse Nationale des Allocations Familiales (CNAF), les représentants des professionnels du logement, les associations familiales et d'usagers.

Les ADIL/Agences Départementales d'Information sur le Logement assurent au plan local le conseil aux particuliers. Elles sont présentes dans la plupart des départements.

Chaque ADIL offre gratuitement aux particuliers un conseil complet sur les aspects juridiques, financiers et fiscaux liés au logement. Nombre d'entre elles disposent d'un fichier des logements neufs à la vente, à la location et des lotissements. Les ADIL analysent en outre l'information recueillie auprès du public et de ses partenaires. [...]

www.anil.org

DOC 4 L'organigramme de la CNAF

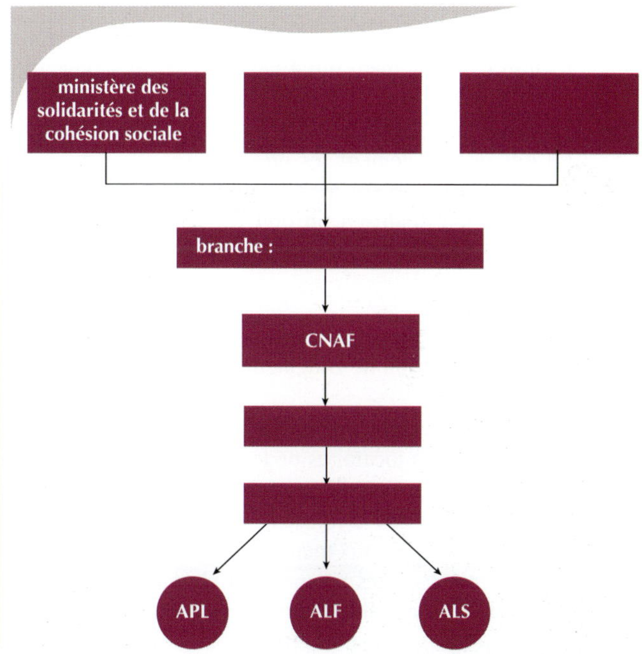

- Recopiez et complétez d'une couleur différente le schéma correspondant à l'organigramme de la CNAF (document 4).
- Nommez l'actuel ministère chargé de l'ensemble des actions liées au logement.
- Réalisez, à partir du document 2, le schéma des instances du logement à différents niveaux.
- Recherchez, pour votre localité, l'ADIL correspondante et annoncez ses missions.

DOC 5

L'APL (Aide Personnalisée au Logement)

L'Aide Personnalisée au Logement (APL) est destinée aux locataires d'un logement qui a fait l'objet d'une convention avec l'État (HLM, foyers ou propriétaires privés qui ont signé des conventions avec l'Anah).
L'APL vise également les propriétaires qui remboursent un prêt d'accession sociale (Pas), un prêt aidé à l'accession à la propriété (Pap) ou un prêt conventionné contracté pour l'acquisition d'un logement, son agrandissement ou son aménagement. [...]

www.dossierfamilial.com, mardi 08 février 2011

DOC 7

L'ALF (Allocation de Logement à caractère Familial)

L'Allocation de Logement à caractère Familial (ALF) s'adresse aux personnes locataires de leur résidence principale, ou qui remboursent un crédit souscrit pour acheter ou réaliser des travaux dans celle-ci lorsqu'ils ne bénéficient pas de l'APL.
L'ALF est réservée aux ménages avec enfants (nés ou à naître) ou certaines autres personnes à charge. Elle est également ouverte aux couples mariés depuis moins de cinq ans (le mariage ayant eu lieu avant que chacun des conjoints atteigne 40 ans). [...]

www.dossierfamilial.com, mardi 08 février 2011

DOC 9

La répartition des bénéficiaires des aides au logement, par âge au 31 décembre 2010 (en %)

	ALF	ALS	APL	Total
Moins de 25 ans	8	38	8	19
De 25 à 29 ans	14	12	8	11
De 30 à 39 ans	39	9	22	21
De 40 à 49 ans	30	9	23	19
De 50 à 59 ans	7	11	15	12
De 60 ans et plus	-	22	24	18

www.rapportdactivité-caf. fr

DOC 10

Prime de déménagement

Vous déménagez à l'occasion de la naissance de votre troisième enfant ou plus, ou vous avez au moins trois enfants à charge, le dernier a moins de deux ans et vous déménagez. Vous avez peut-être droit à la prime. [...]
Vous devez :
- déménager entre le 1er jour du mois civil suivant votre 3e mois de grossesse et le dernier jour du mois civil qui précède les 2 ans de votre 3e, 4e... enfant ;
- dans les 6 mois du déménagement : recevoir une aide au logement (APL ou AL) pour votre nouvelle résidence et demander la prime de déménagement.

www.caf.fr

DOC 6

L'ALS (Allocation de Logement à caractère Social)

L'Allocation de Logement à caractère Social (ALS) s'adresse aux locataires, pour leur résidence principale, aux personnes résidant en foyer, et aux propriétaires qui remboursent un prêt contracté pour acquérir ou faire des travaux dans leur résidence principale, qui ne remplissent pas les conditions pour bénéficier de l'APL ou de l'ALF.
C'est le cas des ménages qui n'ont pas d'enfants à charge. L'ALS est ainsi souvent versée aux retraités dont les ressources sont modestes, aux personnes handicapées, aux jeunes travailleurs ou encore aux étudiants. [...]

www.dossierfamilial.com, Mardi 08 février 2011

DOC 8

Les conditions d'attribution de l'APL, l'ALF et l'ALS

Pour bénéficier des aides au logement, il faut respecter les conditions suivantes :
• Le logement doit être occupé à titre de résidence principale et ce au moins 8 mois par an,
• Le ménage ne doit pas avoir de lien de parenté (ascendant/descendant) avec le propriétaire,
• Le ménage ne doit pas dépasser un plafond de ressources réglementé.

Isabelle Leroux

DOC 11

Avance loca-pass (avance gratuite du dépôt de garantie)

[...] L'avance loca-pass est une aide qui permet de financer le dépôt de garantie demandé par le propriétaire au locataire au moment de l'entrée dans les lieux.
Elle se présente sous la forme d'un prêt, accordé par un organisme d'Action logement (ex -1 % logement), sans intérêt pour le locataire et sans frais de dossier. [...]
L'avance loca-pass s'adresse :
• aux salariés des entreprises du secteur privé non agricole (y compris les travailleurs saisonniers),
• aux retraités depuis moins de 5 ans d'une entreprise du secteur privé non agricole,
• aux jeunes de moins de 30 ans [...]
L'avance loca-pass concerne :
• les baux d'habitation à usage de résidence principale, y compris les locations meublées,
• les baux d'habitation mixtes (habitation et professionnel),
• les logement-foyer et résidences hôtelières à vocation sociale.
[...]

www.vosdroits.service-public.fr

DOC 12 Fonds de Solidarité pour le Logement (FSL)

[...] Le Fonds de Solidarité pour le Logement (FSL) accorde des aides financières aux personnes en difficulté pour leur permettre d'accéder à un logement ou de s'y maintenir.
Elles s'appliquent à tous les secteurs locatifs (parc public ou privé). [...]
Elles sont réservées en particulier aux personnes et aux familles :
- sans logement,
- menacées d'expulsion sans relogement,
- hébergées ou logées temporairement dans des habitations insalubres.
Conditions d'attribution : les aides du FSL sont soumises à des conditions de ressources évaluées dans le cadre d'un budget dans les conditions fixées par le règlement intérieur du FSL. [...]

www.vosdroits.service-public.fr

DOC 13 Garantie loca-pass

La garantie loca-pass est une garantie de paiement qui peut couvrir jusqu'à 18 mensualités de loyers et de charges en cas d'impayés.
Elle se présente sous la forme d'une aide, accordée par les organismes d'Action Logement (ex -1 % logement), sans intérêt pour le locataire et sans frais de dossier. Contrairement à la Garantie des Risques Locatifs (GRL), la garantie loca-pass ne concerne que les logements appartenant à des personnes morales (organismes HLM, par exemple). [...]
Ce dispositif concerne :
- les salariés d'une entreprise du secteur privé non agricole, quels que soient leur âge, leur ancienneté, leur salaire, la nature de leur contrat de travail ;
- les retraités depuis moins de 5 ans, qui travaillaient auparavant dans une entreprise privée non agricole ;
- les jeunes de moins de 30 ans, en formation en alternance ou recherchant un emploi ou en situation d'emploi, quel que soit leur employeur (y compris le secteur agricole), à l'exception des fonctionnaires titulaires ;
- les étudiants. [...]
Remboursement : le locataire dispose d'un délai maximal de trois ans pour rembourser le montant de sa dette. [...]

www.vosdroits.service-public.fr

?

- Recherchez la définition du logement social.
- Repérez, dans le tableau du document 9, les trois grandes catégories de bénéficiaires et justifiez-les. Justifiez ensuite ces pourcentages en fonction des allocations.
- Répertoriez, sous forme de tableau, les aides en faveur du logement en indiquant l'intérêt de l'aide ; les bénéficiaires ; les conditions d'attribution.
- Répondez aux questions des situations suivantes :

– Thomas, 22 ans est à la recherche d'un logement. Il a repéré une annonce pour la location d'un appartement F1 dans le secteur privé. Son budget, déjà bien restreint, lui permettra tout juste de payer le loyer et les charges correspondantes.
Dites si Thomas peut bénéficier d'une garantie loca-pass.

– Monsieur Blanc, retraité depuis 2 ans, est locataire d'un logement privé. Depuis 4 mois, il n'arrive plus à payer son loyer et les charges dont celles du chauffage.
Précisez à quelle(s) aide(s) il peut prétendre.

– Monsieur et madame Pierron sont mariés depuis 15 ans et ont 2 enfants. M. Pierron est ouvrier dans une entreprise et Mme Pierron est à la recherche d'un emploi. Propriétaires depuis peu, ils remboursent un prêt aidé à l'accession à la propriété. Ils éprouvent des difficultés financières pour rembourser le prêt.
Nommez les aides auxquelles ils peuvent prétendre.

– Madame Cantova a 3 enfants : Louanne 10 ans, Sacha 6 ans et Charline qui aura 2 ans le 19 du mois prochain. Elle va prochainement déménager et s'interroge sur la prime de déménagement.
Indiquez la date limite du déménagement pour bénéficier de la prime.
Précisez l'autre condition qu'elle devra respecter pour bénéficier de cette prime.

- Prestations
- Protection
- Suivi

2. La santé

« La santé, c'est le plus grand des biens » Cardinal de Bernis

DOC 1 La Sécurité sociale

Créée il y a 60 ans, l'Assurance Maladie est devenue un acteur majeur du système de soins : retour sur l'origine de notre système de protection sociale et sur son organisation. [...] L'Assurance Maladie s'est construite depuis 1945 sur trois principes fondamentaux : l'égalité d'accès aux soins, la qualité des soins et la solidarité. [...]

À l'origine réservé aux salariés et à leur famille, le régime général de l'Assurance Maladie s'est progressivement élargi à d'autres catégories de la population (jeunes libérés du service militaire, femmes divorcées ne travaillant pas, anciens détenus, etc.).

L'Assurance Maladie permet ainsi à chacun de se faire soigner selon ses besoins, quel que soient son âge et son niveau de ressources. Aujourd'hui, elle garantit l'accès aux soins de près de 55 millions de personnes.

www.ameli.fr

DOC 2 La carte vitale

Fiable, pratique et sûre, votre carte Vitale est à présenter à tous les professionnels de santé. Plus de feuille de soins à envoyer, plus de vignette à coller, elle vous garantit le remboursement de vos soins sous cinq jours. [...]

La nouvelle carte Vitale bénéficie des dernières avancées technologiques en matière de sécurité. Elle dispose ainsi d'une sécurité renforcée pour l'authentification de la carte et de son titulaire, et pour la signature des feuilles de soins électroniques. C'est aussi la première carte à puce conforme au standard défini par l'État pour l'administration électronique. [...]

La nouvelle carte Vitale est désormais diffusée par toutes les caisses d'Assurance Maladie. Cette diffusion progressive concerne aujourd'hui, les personnes qui n'ont pas de carte Vitale (nouveaux bénéficiaires, jeunes de 16 ans) et celles qui ont besoin de remplacer leur carte Vitale actuelle (carte Vitale perdue, volée ou défectueuse).

Ensuite, la diffusion de la nouvelle carte concernera le renouvellement des anciennes cartes Vitale. [...]

www.ameli.fr

DOC 3 Comment se faire rembourser par la sécurité sociale ?

Pour être remboursé des frais médicaux il suffit simplement de présenter sa carte Vitale lors de la consultation. [...]

Dans tous les cas, une partie des frais médicaux reste à la charge de l'assuré : il s'agit du « ticket modérateur ». Le ticket modérateur peut être pris en charge par une mutuelle. [...]

Il est possible, dans de nombreux cas, de ne pas avancer les frais remboursés par la sécurité sociale, en ne payant que la part non prise en charge par la sécurité sociale. Il s'agit du tiers payant. Dans certaines pharmacies, il est possible de ne pas faire l'avance des frais, à condition d'avoir une mutuelle et que celle-ci soit « reconnue » par le pharmacien. [...]

www.pratique.fr

DOC 4

Parcours de soins coordonnés

Tous les bénéficiaires d'une couverture maladie sont invités, à partir de 16 ans, à choisir un médecin traitant qui leur permet de s'inscrire dans un parcours de soins coordonnés. Ce parcours tend à rationaliser les différentes interventions des professionnels de santé pour un même assuré. Le respect de ce dispositif par l'usager de la santé conditionne la prise en charge normale de ses dépenses de santé par la sécurité sociale. [...]

Accès direct à certains spécialistes

L'accès direct spécifique est une facilité réservée aux patients qui ont déjà déclaré un médecin traitant à la sécurité sociale. Elle leur permet d'accéder directement à certains soins d'ophtalmologie (prescription de lunette, suivi d'un glaucome) et de gynécologie (suivi périodique, grossesse, IVG médicamenteuse) sans orientation préalable du médecin traitant et sans minoration de leurs remboursements par l'assurance maladie. Si le patient n'a pas déclaré de médecin traitant, les mêmes consultations sont prises en charge au niveau d'une consultation de spécialiste « hors parcours de soins ». [...]

À savoir: les chirurgiens-dentistes et les sages-femmes ne sont pas concernés par le parcours de soins. Ils peuvent être consultés directement: la prise en charge de leurs soins est invariable, que le patient ait un médecin traitant ou non.

Cas d'urgence et d'éloignement

Dans les situations d'urgence et lorsque l'assuré se trouve éloigné de sa résidence habituelle, il peut consulter un médecin autre que son médecin traitant sans risque de minoration de ses remboursements. [...]

Cependant, toute personne qui n'a pas déclaré de médecin traitant ou qui ne respecte pas le parcours de soins coordonnés doit assumer une majoration de sa participation aux frais d'assurance maladie (ticket modérateur) de 40 %.

www.vosdroits.service-public.fr, juillet 2010

DOC 5

La mutuelle

[...] En matière de complémentaire santé, il y a peu de différence notable entre une mutuelle et une mutuelle d'assurance en termes de remboursements. Cependant, une mutuelle se distingue d'une assurance par sa vocation non lucrative.

Qu'est-ce qu'une mutuelle?

Une mutuelle désigne une société de personnes dont les fonds proviennent des cotisations de ses membres et est à but non lucratif, c'est-à-dire que tout excédent budgétaire est réparti au sein de la mutuelle entre ses membres.

Toutes les mutuelles sont régies par le Code de la Mutualité et ont pour vocation d'organiser la solidarité entre leurs membres « afin de contribuer au développement culturel, moral, intellectuel et physique de leurs membres et à l'amélioration de leurs conditions de vie » (Source : Code de la Mutualité). L'objectif premier d'une mutuelle est donc de collecter des cotisations et de rembourser des prestations en complément de la Sécurité Sociale, d'où le terme « complémentaire santé ». [...]

Qu'est-ce qu'une mutuelle d'assurance?

À l'origine, les compagnies d'assurances ne proposaient que des contrats d'assurance habitation, automobile, etc. Elles se sont ensuite diversifiées, particulièrement dans le secteur de la santé et aujourd'hui la plupart des compagnies d'assurances proposent des complémentaires santé. Les compagnies d'assurances, régies par conséquent par le Code des Assurances, diffèrent des mutuelles par leur statut qui se veut à but lucratif. Une compagnie d'assurance proposant des contrats de complémentaire santé recourt souvent à une sélection plus ostentatoire de ses adhérents: en effet, il n'est pas rare de devoir remplir un questionnaire médical préalable, ce qui est interdit dans le cas d'un contrat de complémentaire santé avec une mutuelle. [...]

www.lavismedical.com

?

- Madame Leclerc est en vacances. Elle a fait une chute et souffre de la cheville. Elle consulte le médecin de la commune où elle a loué un gîte.

À la fin de la consultation, elle sort sa carte Vitale. Le numéro inscrit dessus est 2 67 08 60 286 059 61.

– Présentez la carte Vitale : son intérêt, son utilisation, sa mise à jour, ses composants de sécurité…

– Recherchez à quoi correspondent les chiffres inscrits sur la carte Vitale de Mme Leclerc.

– Dites si le montant des remboursements de cette consultation sera minoré. Justifiez votre réponse.

De retour chez elle, elle consulte sa situation sur ameli.fr. Pour une consultation à 23 euros, elle a été remboursée à hauteur de 70 %.

– Calculez et nommez la somme remboursée par l'assurance maladie.

– Nommez la somme non remboursée par l'assurance maladie.

– Précisez dans quelle condition cette partie non remboursée peut être prise en charge.

- Baptiste, 17 ans, doit s'affilier à la caisse d'assurance maladie. Il se pose beaucoup de questions et aimerait comprendre davantage certaines notions afin de réaliser les bons choix.

– Dites pourquoi il faut déterminer puis respecter le choix du médecin traitant.

Citez les conséquences du non-respect du parcours de soins.

– Précisez si toute consultation médicale doit être suivie et/ou orientée par son médecin traitant. Justifiez.

– Présentez l'intérêt de souscrire à une complémentaire santé.

– Afin d'aider Baptiste dans ses choix, dressez un tableau comparatif entre mutuelle et assurance.

DOC 6

La CMU

La Couverture Maladie Universelle de base permet l'accès à l'assurance maladie pour toutes les personnes résidant en France de manière stable et régulière depuis plus de trois mois, et qui n'ont pas droit à l'assurance maladie à un autre titre (activité professionnelle, etc.). [...]
Bon à savoir : « les personnes qui cessent de remplir les conditions pour relever d'un régime obligatoire bénéficient, à compter de la date à laquelle ces conditions ne sont plus remplies, d'un maintien de droit aux prestations des assurances maladie, maternité, invalidité et décès » (article L. 161-8 du code de la Sécurité sociale).
Ce maintien de droits pour les prestations en nature est de 12 mois (article R. 161-3 du code de la Sécurité sociale). Les chômeurs non indemnisés, les jeunes sans activité cessant d'être ayants droit de leurs parents, les personnes séparées de leur conjoint se trouvent le plus souvent dans cette situation et n'ont pas besoin de faire jouer le critère de résidence pour être assuré social car ils bénéficient du maintien de droits.
La couverture maladie universelle complémentaire [...] permet d'avoir le droit à une protection complémentaire santé gratuite. C'est donc la possibilité d'accéder aux médecins, à l'hôpital, etc., sans dépense à charge et sans avance de frais.
La CMU complémentaire [...] est accordée pour un an sous conditions de ressources : l'ensemble des ressources du foyer des 12 mois précédant la demande est pris en compte et ne doit pas dépasser un plafond.
La CMU complémentaire prend en charge le ticket modérateur en soins de ville (consultation et prescriptions) ou à l'hôpital, le forfait hospitalier et, dans certaines limites fixées par la réglementation, les dépassements tarifaires pour prothèses ou appareillages (principalement en dentaire et en optique). [...]
Les dossiers de demande de CMU complémentaire sont instruits par les caisses d'assurance maladie.

www.cmu.fr

DOC 7

Les aides à l'acquisition d'une complémentaire santé

Cette aide est possible pour les personnes qui ont de faibles revenus mais qui ne remplissent pas les conditions pour accéder à la CMU-C, c'est-à-dire que leurs revenus dépassent le plafond prévu pour l'obtention de cette dernière. Toutefois, pour pouvoir bénéficier de l'Aide à l'Acquisition d'une Complémentaire Santé, ces personnes ne devront pas excéder par leurs revenus la limite de 26 % au-dessus du plafond de la CMU-C.
Pour obtenir l'ACS, il est nécessaire de compléter le formulaire « Aide pour une Complémentaire Santé » (formulaire n°S3715 de la Sécurité Sociale). Une fois obtenue, la demande d'ACS doit être renouvelée chaque année auprès de l'Assurance Maladie Obligatoire. [...]

www.courtage-sante.com

DOC 8

L'Aide Médicale d'État

L'Aide Médicale de l'État (AME) vise à permettre l'accès aux soins des personnes étrangères résidant en France, de manière irrégulière (absence de titre de séjour ou de récépissé de demande), depuis une durée ininterrompue de trois mois minimum et ayant sur le territoire français leur foyer ou leur lieu de séjour principal.
À titre exceptionnel, l'aide médicale peut être accordée à des personnes de passage sur le territoire français dont l'état de santé le justifie (maladie ou accident survenu de manière inopinée), sur décision individuelle du ministre chargé de l'action sociale.
La demande d'aide médicale est instruite par les caisses d'assurance maladie du régime général.
L'aide médicale est accordée pour un an sous les mêmes conditions de ressources que la CMU complémentaire.
Les soins de maladie et de maternité sont pris en charge à 100 % pour les bénéficiaires de l'AME, de même que le forfait hospitalier.
En revanche, sont exclus de la prise en charge par l'AME, les frais relatifs aux cures thermales, aux actes techniques, examens, médicaments et produits nécessaires à la réalisation d'une aide médicale à la procréation. [...]
Le droit aux prestations de l'AME est conditionné par le paiement d'un droit annuel de 30 € par bénéficiaire majeur (article 968 E du code général des impôts). Cette somme est acquittée par la remise d'un timbre fiscal au moment du retrait du titre d'admission à l'AME. Le droit de timbre n'est pas dû pour les bénéficiaires mineurs et les bénéficiaires de l'AME complémentaire, mineurs ou majeurs. [...]

www.cmu.fr

DOC 9

Les Français et la pauvreté

[...] Dans le cadre de la seconde vague du baromètre, Ipsos et le Secours populaire ont consacré un volet spécifique aux questions de santé et plus particulièrement aux problèmes d'accès aux soins qu'ils soient liés à des questions de coût ou de distance.

Deux Français sur cinq ont déjà retardé ou renoncé à des soins à cause de leur coût

L'enquête révèle qu'à cause de leur coût, près de deux Français sur cinq (39 %) ont déjà retardé ou renoncé à des soins, cette proportion montant à 52 % dans les foyers les plus pauvres [...]. Ainsi, près d'un Français sur trois a déjà retardé ou renoncé à l'achat de prothèses dentaires (31 %) ou de lunettes (29 %). Et il faut souligner qu'en ce qui concerne l'achat de produits d'optique, cette proportion est deux fois plus élevée dans les foyers les plus pauvres (40 %) que dans les foyers les plus riches (20 %).

Pour le reste, il y a moins de difficultés d'accès aux soins même s'il faut souligner qu'à cause de leur coût, un quart des Français a déjà retardé ou a renoncé à une consultation chez un spécialiste (24 %) ou chez un dentiste (23 %). Cette proportion passe à 19 % pour une consultation chez un ophtalmologiste, à 18 % pour l'achat de médicaments, à 16 % pour des radios ou des analyses en laboratoires et tombe à 14 % pour une consultation chez un médecin généraliste. À noter que si cette proportion n'est que de 11 % pour une consultation chez un psychiatre ou chez un psychologue, c'est aussi parce qu'une part importante (36 %) déclare ne pas être concernée par ce type de soins.

De plus en plus de Français renoncent à consulter leur médecin en raison de la distance

L'étude révèle que 17 % des Français ont déjà renoncé à une consultation chez un médecin pour des raisons d'éloignement géographique. Mais dans un contexte de hausse du prix des carburants, l'enquête montre aussi que leur nombre a sensiblement augmenté par rapport à l'an dernier.

[...]La proportion de personnes ayant déjà renoncé à une consultation est toujours plus importante pour les consultations de spécialistes que pour les consultations de généralistes. Sans doute que la densité du maillage territorial des médecins traitants n'y est pas étrangère.

Dans le détail des résultats, on note pour les consultations de généralistes que cette proportion décroît avec l'âge et le niveau social des répondants. Et en termes d'évolution, leur proportion connaît une croissance d'autant plus forte que les répondants sont jeunes, résidant en milieu rural ou issus de foyers aux revenus modestes. Par exemple, en un an, la proportion de personnes y ayant renoncé a augmenté de 8 points dans les foyers les plus pauvres, contre seulement 1 point dans les foyers les plus riches.

www.ipsos.fr

DOC 10

Carte des déserts médicaux

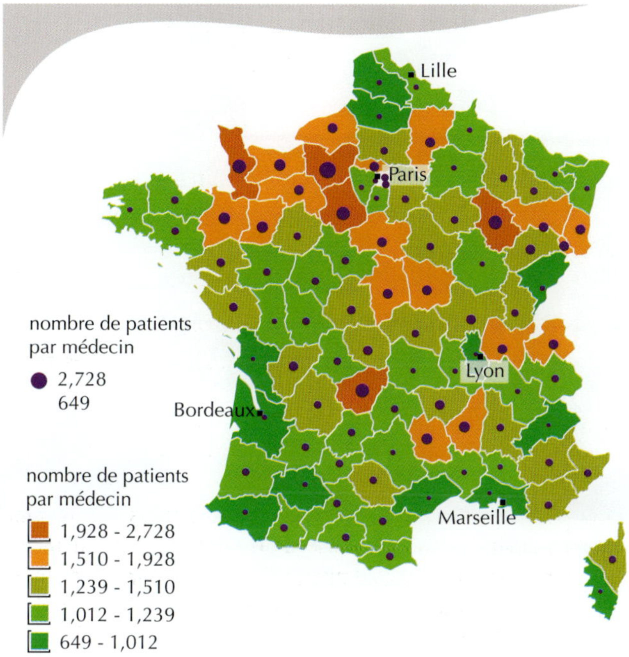

D'après targetmap, avril 2001

?

- Des aides existent pour les personnes qui ne peuvent bénéficier du régime obligatoire ou d'une complémentaire santé ordinaire. Indiquez pour chaque aide : son nom, les bénéficiaires, les conditions d'admission.
- Réalisez un dépliant reprenant un lexique des termes employés par la Caisse Primaire d'Assurance Maladie pour faciliter la vie des assurés sociaux.
- Retrouvez les trois principes fondamentaux sur lesquels repose la sécurité sociale dans le document 1. Précisez s'ils sont encore de nos jours respectés, argumentez votre réponse.

- Accompagnement
- Suivi
- Orientation

3. L'emploi et l'insertion professionnelle

« Toute personne a droit au travail, au libre choix de son travail, à des conditions équitables et satisfaisantes de travail et à la protection contre le chômage. [...] »

Article 23 de la Déclaration universelle des droits de l'homme de 1948

DOC 1 La DGEFP

Placée sous l'autorité du ministre du Travail, de l'emploi et de la santé et du ministère chargé de l'apprentissage et de la formation professionnelle, la Délégation Générale à l'Emploi et à la Formation Professionnelle est chargée de proposer les orientations de la politique pour l'emploi et la formation professionnelle continue.

Elle en construit le cadre juridique en concertation avec les départements ministériels et les partenaires sociaux, elle conduit et coordonne la mise en œuvre des dispositifs. Elle veille à l'inscription de cette politique dans la stratégie européenne pour l'emploi et de lutte contre la pauvreté et l'exclusion sociale. Elle assure la gestion des programmes soutenus par le Fonds social européen en France.

Ces politiques sont relayées et mises en œuvre sur le territoire national par l'action du Service public de l'emploi : les DIRECCTE – Directions régionales des entreprises, de la concurrence, de la consommation, du travail et de l'emploi – (ex-directions départementales et directions régionales du travail, de l'emploi et de la formation professionnelle), Pôle emploi, l'AFPA, l'Unédic, l'Agefiph, les organismes spécialisés de placement Cap emploi et les missions locales pour l'emploi des jeunes.

D'autres partenaires, tels que les collectivités territoriales (régions, départements, communes) et leurs groupements y participent, dans le cadre de leurs compétences respectives.

La DGEFP prépare, organise et anime les travaux des différentes instances de concertation dans le domaine de l'emploi et de la formation professionnelle continue. Rassemblant les partenaires sociaux, les collectivités territoriales et les départements ministériels concernés, ces instances sont régulièrement consultées sur les orientations et la mise en œuvre de la politique en faveur de l'emploi et du développement de la formation professionnelle continue. [...]

www.emploi.gouv

L'entrée d'une agence Pôle emploi lyonnaise

DOC 2 Le SPE

Le Service Public de l'Emploi est chargé de l'application de la politique de l'emploi et de la formation professionnelle que conduit le ministre de l'emploi et de la formation professionnelle, sous la direction de la Délégation Générale à l'Emploi et à la Formation Professionnelle (DGEFP). Il assure le placement, l'indemnisation, l'insertion, la formation et l'accompagnement des demandeurs d'emploi.
Il comprend :
- les services extérieurs du travail et de l'emploi, chargés de la coordination des actions au niveau territorial ;
- Pôle emploi ;
- l'AFPA ;
- les déléguées régionales et chargées de missions départementales aux droits des femmes.

Trois cercles sont définis :
Le premier cercle comprend l'État, Pôle emploi et l'AFPA. Ils assurent tout ou partie des missions entrant dans le champ du service public de l'emploi, à savoir : le placement, l'indemnisation, l'accompagnement, l'orientation et la formation des demandeurs d'emploi et la prévision des besoins de main d'œuvre.
Le 2e cercle comprend d'autres organismes publics et privés qui peuvent être amenés à participer, de façon plus ponctuelle, au SPE. Il s'agit notamment des organismes de formation, des structures de l'insertion par l'activité économique et des entreprises d'intérim.
Le 3e est constitué des collectivités territoriales et leurs groupements, qui concourent au SPE, notamment en étant des partenaires des groupements « maison de l'emploi » [...]

L'échelon national
Il effectue un suivi mensuel des programmes régionaux. Il réalise chaque trimestre un examen détaillé du déroulement des programmes. L'analyse nationale est adressée chaque mois aux SPE régionaux.

L'échelon régional
Il a la responsabilité de définir la stratégie, d'élaborer le programme régional à partir des projets départementaux, de coordonner, d'animer et de piloter la démarche. Il assure le suivi des programmes départementaux. L'échelon régional (DRTEFP, Pôle emploi, l'AFPA) fournit aux services départementaux et aux groupes locaux les éléments statistiques, de bilan, de prospective leur permettant d'établir les diagnostics locaux, les plans d'actions locaux et la programmation départementale. Le préfet de Région définit les grandes orientations stratégiques : publics cibles, articulations avec d'autres politiques, priorités d'action favorisant le retour à l'emploi.

L'échelon départemental
Il a la responsabilité de l'information sur la stratégie régionale et les axes prioritaires départementaux, en amont de la démarche. Il arbitre, après le travail de hiérarchisation des plans d'actions menés par les équipes locales, et structure un projet de programme départemental cohérent avec les besoins et les potentiels d'emploi des territoires. [...]

www.carif-idf.org

DOC 3 L'UNEDIC

Un peu d'histoire
C'est en 1958, sous l'impulsion du Général de Gaulle, que les Partenaires sociaux (c'est-à-dire les organisations d'employeurs et les syndicats de salariés) créent un système national d'aide aux salariés involontairement privés d'emploi : l'Assurance chômage. Fin 2008, le réseau opérationnel de l'Assurance chômage fusionne avec celui de l'ANPE et donne naissance à Pôle emploi. L'Unédic conserve la gestion de l'Assurance chômage. [...]
L'Unédic est un organisme paritaire chargé d'assurer la gestion de l'Assurance chômage. Association de loi 1901, l'Unédic est dirigée par les Partenaires sociaux signataires d'accords prévus à l'article L. 5422-20 du *Code du travail*. [...]
L'Assurance chômage est financée par les salariés et les entreprises du secteur privé qui y cotisent. Elle vise à assurer un revenu de remplacement aux salariés involontairement privés d'emploi et à accélérer leur retour à l'emploi par le financement d'aides et de prestations adaptées. [...]
La loi du n° 2008-126 du 13.02.2008 relative à la réforme de l'organisation du service public de l'emploi confirme la gestion de l'Assurance chômage par l'Unédic et prévoit la création de Pôle emploi chargé, pour le compte de l'Unédic, du versement de l'allocation chômage et du recouvrement des contributions à titre transitoire. [...]

www.unedic.org

?
- Définissez la politique en faveur de l'emploi (instances, échelons, décisions, actions).
- Expliquez comment l'assurance chômage est gérée.
- Recherchez sur une fiche de paie les cotisations chômage.

DOC 4 Les contrats aidés

Les contrats aidés sont des dispositifs des politiques publiques mis en place pour faciliter l'accès ou le retour à l'emploi des jeunes et des personnes confrontées à des difficultés d'insertion sociale et professionnelle. [...]
Contrat de professionnalisation
Contrat d'accompagnement dans l'emploi (CAE)
Contrat unique d'insertion (CUI)
Contrat initiative emploi (CIE)
Contrat d'insertion dans la vie sociale (CIVIS)
Contrat d'insertion revenu minimum d'activité (CI-RMA)
Contrat par alternance
Contrat d'apprentissage.

www.emploi.gouv

DOC 5 L'ARE (Allocation d'aide au Retour à l'Emploi)

Les conditions d'attribution de l'ARE
Vous devez justifier de périodes d'affiliation correspondant à des périodes d'emploi accomplies dans une ou plusieurs entreprises entrant dans le champ d'application du régime d'assurance chômage.
Condition d'affiliation pour une ouverture de droits
Le demandeur d'emploi doit justifier de 122 jours d'affiliation ou 610 heures de travail au cours des :
- 28 mois qui précèdent la fin du contrat de travail (terme du préavis) pour les moins de 50 ans
- 36 mois qui précèdent la fin du contrat de travail (terme du préavis) pour les 50 ans et plus
Le nombre d'heures pris en compte pour la recherche de la durée d'affiliation requise est au maximum de 260 heures par mois. [...]
Vous devez :
- Être inscrit comme demandeur d'emploi ou accomplir une action de formation inscrite dans le Projet Personnalisé d'Accès à l'Emploi (PPAE) ;
- être à la recherche effective et permanente d'un emploi [...] ;
- ne pas avoir atteint l'âge légal de départ à la retraite (60 ans pour les personnes nées avant le 30/06/1951, 60 ans et 4 mois ou plus selon l'année de naissance) [...] ;
- être physiquement apte à l'exercice d'un emploi ;
- être en situation de chômage involontaire ;
- résider sur le territoire relevant du champ d'application du régime d'assurance chômage visé à l'article 4, alinéa 1, de la convention. [...]
L'Allocation d'aide au Retour à l'Emploi (ARE) est calculée à partir de vos anciens salaires, y compris les primes. Seuls les salaires soumis aux contributions de Pôle emploi sont retenus. [...]

www.pole-emploi.fr

DOC 6 Le Revenu de Solidarité Active (RSA)

Le revenu de solidarité active remplace le Revenu Minimum d'Insertion (RMI), l'Allocation de Parent Isolé (API) et les différents dispositifs d'incitation au retour à l'emploi (prime de retour à l'emploi, intéressement forfaitaire...). Il garantit un revenu minimum et soutient le retour à l'emploi en complétant les revenus liés à une activité professionnelle. Le bénéficiaire du RSA reçoit également un accompagnement social et professionnel destiné à faciliter son insertion durable dans l'emploi. [...]
Peuvent bénéficier du revenu de solidarité active :
- Les personnes de 25 ans et plus et celles de moins de 25 ans ayant un enfant né ou à naître, sans activité, ou exerçant ou reprenant une activité professionnelle ne leur apportant que des ressources limitées.
- Depuis septembre 2010, les personnes de moins de 25 ans ayant exercé une activité professionnelle d'une durée totale de 2 ans (sans obligation de continuité) sur les trois dernières années. [...]

Votre demande est à adresser à la CAF (Caisse d'Allocations Familiales), à la CMSA (Caisse de Mutualité Sociale Agricole), au conseil général ou au Centre Communal ou Intercommunal d'Action Sociale dont vous dépendez. [...]

www.pole-emploi.fr

DOC 7

Les autres allocations

L'Allocation de Solidarité Spécifique (ASS)

Les demandeurs d'emploi qui arrivent au terme de leurs droits à l'ARE (Allocation d'aide au Retour à l'Emploi) peuvent bénéficier de l'ASS. De même, les demandeurs d'emploi âgés de 50 ans et plus peuvent opter pour l'ASS à la place de l'ARE. Pour bénéficier de l'allocation de solidarité spécifique, vous devez :

- être à la recherche effective d'un emploi,
- justifier de 5 ans d'activité salariée dans les 10 ans précédant la fin du contrat de travail,
- ne pas dépasser un plafond de ressources mensuelles (valeur au 1er janvier 2011 : 1 075,90 € pour une personne seule – 1 690,70 € pour un couple).

L'allocation de solidarité spécifique est assortie d'incitations à la reprise d'activité : l'exercice d'une activité professionnelle ou le fait de suivre une formation rémunérée ne fait pas obstacle à la reprise du versement de l'ASS. [...]

L'Allocation Temporaire d'Attente (ATA)

L'Allocation Temporaire d'Attente (ATA) est une allocation versée à certaines catégories d'étrangers et de personnes en attente de réinsertion. Elle a pour objet de procurer un revenu de subsistance, sous réserve que soient remplies des conditions propres à chaque catégorie de bénéficiaires et une condition de ressources. Pour bénéficier de l'ATA, il faut venir s'inscrire et déposer une demande d'allocation à Pôle emploi. [...] La personne éligible doit justifier de ressources mensuelles inférieures au montant du revenu de solidarité active (RSA). [...]

L'Aide Différentielle de Reclassement (ADR)

Une Aide Différentielle de Reclassement est créée pour les personnes âgées de 50 ans ou plus ou indemnisées depuis plus de 12 mois en continu ou discontinu, qui reprennent une activité salariée (pas chez le dernier employeur) en contrat à durée indéterminée ou en contrat à durée déterminée d'au moins 30 jours.

L'Allocation de préretraite progressive

Une préretraite à mi-temps c'est possible à partir de 55 ans si votre employeur a passé une convention de préretraite « FNE » (Fonds National à l'Emploi) avec la DDTE (Direction Départementale du Travail et de l'Emploi) avant le 1er janvier 2005.

Le dispositif CATS

L'adhésion au dispositif CATS permet aux salariés âgés de 55 ans ou plus qui connaissent des difficultés d'adaptation aux technologies nouvelles ou qui, au cours de leur carrière professionnelle, ont eu à accomplir des travaux pénibles, dû cesser leur activité avant 60 ans. Ils perçoivent une allocation de Cessation d'Activité des Travailleurs Salariés (CATS) et bénéficient d'une protection sociale jusqu'à leur retraite. L'employeur en assure le financement, l'État pouvant, dans certains cas, participer au financement des allocations versées à partir de 57 ans et prendre en charge les cotisations obligatoires de retraite complémentaire. [...]

L'Allocation de préretraite de licenciement (ASFNE)

Vous pouvez prétendre à cette allocation si vous avez 57 ans ou plus et que votre employeur a passé une convention FNE.

L'allocation de préretraite licenciement (ASFNE) est financée par l'État avec la participation de l'employeur, du salarié et de l'assurance chômage. [...]

www.pole-emploi.fr

?

- Vous êtes employé(e) dans une maison des services qui regroupe un ensemble d'organismes publics. Vous avez en charge le nouveau service d'insertion professionnelle. Pour ce faire, un bureau et une salle d'attente vous ont été attribués pour recevoir le public. Lors de vos permanences, vous recevez diverses personnes :

• Christine, une jeune femme de 25 ans habite dans la commune. Elle vous dit que, sans moyen de transport, il lui est difficile de se rendre au pôle emploi. Chez elle, elle n'est pas équipée d'ordinateur. Aidez Christine pour son inscription et son information en recherchant :

– les conditions générales d'inscription,
– les modalités à respecter pour une première inscription,
– les pièces à fournir et les conditions à respecter pour bénéficier d'une allocation d'assurance chômage,
– les services dont peut bénéficier Christine en tant que demandeur d'emploi,
– les engagements que Christine est tenue d'accomplir.

• Olivier, pour son retour à l'emploi, a quelques difficultés pour distinguer les différents contrats aidés existants. Recherchez, à partir du document 4, les caractéristiques de ces contrats.

• Thomas a des difficultés de compréhension de vocabulaire. Aidez-le à comprendre la signification de :

– Personne éligible.
– Affiliation de 122 jours.
– Plafond de ressources.
– Revenu de subsistance.

- Plusieurs personnes vous ont questionné à propos des allocations liées à l'emploi. Établissez un tableau récapitulatif des différentes allocations permettant de repérer, pour chacune, les bénéficiaires et les conditions à respecter pour y prétendre.

>> La prise en charge des demandes d'aide

DOC 8

Pôle emploi

Les missions de Pôle emploi :
- l'accueil et l'inscription des demandeurs d'emploi,
- le versement des allocations des demandeurs d'emploi indemnisés,
- l'accompagnement de chaque demandeur d'emploi dans sa recherche d'emploi jusqu'au placement,
- l'orientation et la formation des demandeurs d'emploi,
- la prospection du marché du travail en allant au-devant des entreprises,
- la prospection du marché du travail en allant au-devant des entreprises.

www.pole-emploi.org

DOC 9

La mission locale

La mission locale est un espace d'intervention au service des jeunes. Chaque jeune accueilli bénéficie d'un suivi personnalisé dans le cadre de ses démarches. Les structures d'accueil doivent apporter des réponses aux questions d'emploi, de formation mais aussi sur le logement ou la santé. [...] Assurer des fonctions d'accueil, d'information, d'orientation et d'accompagnement pour aider les jeunes de 16 à 25 ans à résoudre l'ensemble des problèmes que pose leur insertion sociale et professionnelle.

www.mission-locale.fr

DOC 10

L'AFPA

L'Association pour la Formation Professionnelle des Adultes (AFPA) est le premier organisme de formation professionnelle qualifiante pour adultes, demandeurs d'emploi, des salariés et des jeunes en France et en Europe. Elle intervient sur l'ensemble des questions d'orientation professionnelle, de formation professionnelle, de validation des acquis professionnels et de conseil en matière de ressources humaines. [...] Son rôle est d'informer, d'évaluer et d'orienter. [...] L'AFPA propose des formations flexibles et diverses. Elles peuvent se dérouler en continue ou en alternance soit dans leurs centres, soit en entreprise ou soit à distance. [...]

www.orientation.fr

DOC 11

L'APCE

L'Agence pour la Création d'Entreprises est une association Loi 1901. Créée en 1996 à l'initiative des pouvoirs publics, l'Agence pour la création d'entreprises intervient dans le processus d'aide à la création, à la transmission et au développement des entreprises. [...]

www.apce.com

DOC 12

L'APEC

Acteur majeur du marché de l'emploi cadre en France, l'APEC est le partenaire des entreprises pour le recrutement de leurs cadres, et accompagne les cadres à toutes les étapes de leur vie professionnelle (premier emploi, mobilité, évolution professionnelle...). [...]

www.cadres.apec.fr

DOC 13

L'intérim

Les organismes publics ne suffisent plus à répondre à la demande sans cesse grandissante. [...] Il faut diversifier ses recherches et ses méthodes afin de trouver enfin un travail. [...] Il est impensable d'imaginer le monde de demain sans les emplois que l'on qualifie de premier niveau. L'agriculture, le service public, la manutention, les ouvriers en général ne peuvent disparaître car ce sont les emplois les plus indispensables à la vie de tout un chacun. C'est donc sur ce dernier point que misent les boîtes d'intérim pour permettre au plus grand nombre d'accéder à l'emploi. [...]

www.offre-emploi-interim.fr

DOC 14

L'AFIJ

L'AFIJ, Association pour Faciliter l'Insertion professionnelle des Jeunes diplômés, est née du désir des organisations étudiantes représentatives et des mutuelles étudiantes d'intervenir concrètement pour apporter des solutions au problème de l'insertion professionnelle des jeunes diplômés issus de l'enseignement supérieur. [...] L'AFIJ s'adresse à TOUS les étudiants d'établissements d'enseignement supérieur : STS, universités, grandes écoles, écoles supérieures privées... et aux jeunes issus de l'enseignement supérieur de tous niveaux de formation. [...]

www.afig.org

On ne trouve pas moins de 290 GRETA répartis sur tout le territoire français.

DOC 15 Le GRETA

Groupement d'établissements publics locaux d'enseignement, ils fédèrent leurs ressources humaines et matérielles pour organiser des actions de formation continue pour adultes. Ces établissements peuvent être : des collèges, des lycées d'enseignement général et technologique, des lycées professionnels. [...] Les services que proposent les Greta sont multiples, on peut : poursuivre ou reprendre une formation générale ou professionnelle, se former en langues, préparer un diplôme professionnel, préparer un concours, élever son niveau de qualification, s'adapter aux évolutions technologiques, faire un bilan de compétences, élaborer un projet professionnel, se remettre à niveau et se reconvertir. [...] Les Greta assurent la préparation des diplômes professionnels du CAP au BTS. Ils proposent également des modules de qualification dans la plupart des domaines. [...] Des remises à niveau sont organisées si nécessaire. [...] Les formations dispensées sont payantes : mais des possibilités de financement existent, elles sont liées au statut des personnes qui ont suivi les formations.

www.orientation.fr

DOC 17 La VAE

La Validation des Acquis de l'Expérience (VAE) permet à toute personne de faire reconnaître son expérience professionnelle (salariée, non salariée ou bénévole) d'au moins trois ans afin d'obtenir une certification, c'est-à-dire un diplôme, un titre ou un certificat de qualification à finalité professionnelle. La validation des acquis de l'expérience peut être réalisée dans le cadre du plan de formation de l'entreprise ou à l'initiative du salarié. [...]

www.emploi.gouv.fr

DOC 16 Le CIDJ

Créé en 1969 à l'initiative du ministère de la Jeunesse et des Sports, le Centre d'Information et de Documentation Jeunesse (CIDJ) est une association qui accueille, informe et conseille gratuitement les jeunes sur tous les sujets qui les intéressent (études, métiers, emploi, mobilité internationale, initiatives et projets, vie pratique). [...]

www.actuel-cidj.info

Le site internet du CIDJ

Pour faire patienter et renseigner les usagers qui demandent à être reçus lors de vos permanences à la maison des services, réalisez une affiche présentant les caractéristiques et les coordonnées des différents organismes et services chargés de l'accompagnement à la recherche d'emploi et la formation professionnelle sur votre territoire.

- Recherchez ce qu'est un plan de formation.

- Pour chaque situation suivante, orientez l'usager vers le(s) organisme(s) :

Situation 1 : Sybille, 17 ans, n'a pas encore pris de décision pour son orientation professionnelle après le bac. Elle voudrait consulter des fiches métiers et n'écarte pas l'idée d'études à l'étranger.
Situation 2 : Stéphane, 39 ans est salarié. Il aimerait concrétiser son projet professionnel : créer son entreprise de fabrication artisanale de savons.
Situation 3 : Marie-Laure est une jeune diplômée en BTS Hôtellerie-Restauration. Elle a besoin d'aide pour réussir les étapes clés de l'entrée dans la vie active et notamment le recrutement.
Situation 4 : Marion, 18 ans a interrompu ses études. Elle recherche un hébergement et souhaite être renseignée et guidée pour reprendre une formation.
Situation 5 : Patrick, cariste, vient de terminer son contrat à durée déterminée. Il s'attache aussitôt à rechercher un nouvel emploi.
Situation 6 : Gisèle tient un salon de coiffure/esthétique. À partir du mois prochain, elle souhaite employer une nouvelle coiffeuse.
Situation 7 : Cyril, 27 ans, est diplômé en informatique. Il est à la recherche de son premier emploi d'ingénieur et aimerait recevoir des conseils.
Situation 8 : Matthieu, 19 ans, voudrait préparer un BTS PME/PMI par alternance. Mais, avant cela, son état de santé nécessite un suivi.
Situation 9 : Delphine, 40 ans, voudrait faire un bilan de compétences et éventuellement préparer un diplôme professionnel dans le domaine de l'audiovisuel.
Situation 10 : Jocelyne, 45 ans, travaille dans un service de restauration collective. Depuis 15 ans, elle est bénévole dans une association où elle est responsable de la comptabilité. Elle voudrait obtenir tout ou partie d'un diplôme dans le domaine de la comptabilité.

- Prise en charge
- Prestations
- Aides

4. La famille

Famille : « personnes vivant sous le même toit »

Le Petit Robert, 2009

DOC 1 Une offre globale au service des familles

Les politiques mises en œuvre par la branche Famille reposent sur le versement de prestations légales et sur une action sociale familiale. Cette dernière contribue à l'épanouissement des familles et les accompagne en cas de difficultés. La combinaison de ces interventions permet d'apporter des réponses adaptées à la diversité des situations et des besoins des allocataires.

Ces aides relèvent :

– soit des prestations légales familiales. Ces aides financières sont fixées par l'État, en association avec la Cnaf, selon les priorités des politiques familiales et sociales. Elles sont versées par les Caf aux familles ;

– soit de l'action sociale familiale. Les Caf développent des mesures d'action sociale en faveur des familles allocataires, tout particulièrement celles qui rencontrent des difficultés financières ou sociales. Cette aide prend des formes différentes : financements accordés à des partenaires qui développent des équipements et services destinés aux familles (structures d'accueil des jeunes enfants, centres sociaux, etc.) ; offre directe de services (accompagnement par des travailleurs sociaux...) ; aides financières pour appui des projets familiaux (départ en vacances, naissances multiples, etc.).

La complémentarité entre les prestations légales familiales et l'action sociale familiale constitue une offre globale de services qui s'articule autour de quatre missions :

– aider les familles à concilier vie familiale, vie professionnelle et vie sociale ;

– soutenir la fonction parentale et faciliter les relations parents-enfants ;

– accompagner les familles dans leurs relations avec l'environnement et le cadre de vie ;

– créer les conditions favorables à l'autonomie, à l'insertion sociale et professionnelle des personnes et des familles [...]

www.caf.fr

DOC 2 Les partenaires : relais de proximité indispensables

La coopération avec des partenaires locaux constitue un mode d'action privilégié par les Allocations familiales. En effet, ces acteurs de terrain se retrouvent « en première ligne » pour préserver la cohésion sociale et aider les populations en difficulté. [...]

- L'État : les Caf contribuent à la mise en œuvre de politiques publiques pour le compte de l'État. Elles soutiennent, par exemple, des actions en direction des jeunes, du logement ou de l'aide à la fonction parentale.
- Les collectivités territoriales publiques (conseils généraux, communes, centres communaux ou intercommunaux d'action sociale) : les Caf gèrent le versement de minima sociaux pour le compte des départements. Grâce à l'établissement de contrats spécifiques, elles contribuent à la réalisation des projets des collectivités territoriales (contrat partenarial, plan d'aide à l'investissement, contrat enfance et jeunesse pour l'accueil des enfants de 0 à 18 ans, pour les activités périscolaires des 6-18 ans)...
- Les associations : les Caf accordent des financements à des associations pour la gestion de services au bénéfice des familles. Ces financements concernent l'animation de la vie sociale, la petite enfance, le temps libre, l'aide au foyer, l'information sur le logement, etc. Les familles trouvent dans ces associations un relais essentiel d'information sur leurs droits sociaux.
- Les entreprises : pour accélérer le développement de nouvelles solutions d'accueil pour les jeunes enfants, la Cnaf met en place différents dispositifs réglementaires pour aider les entreprises privées à financer et à exploiter des crèches. [...]

www.caf.fr

DOC 3

Le CCAS

Lorsque les familles sont à la recherche d'information, lorsqu'une personne ne sait pas à quelle aide elle a droit ni comment la solliciter, le Centre Communal d'Action Sociale (CCAS) le plus proche est souvent la meilleure adresse. [...]
Tout en étant souvent situés dans les mairies, les CCAS en sont distincts et de plus en plus fréquemment localisés dans des locaux indépendants, en fonction du nombre d'habitants qu'ils desservent.
Le rôle du CCAS : le Centre Communal d'Action Sociale (CCAS) est un service administratif dont les attributions sont nombreuses.
Promoteur de l'action sociale locale, le CCAS gère l'attribution de l'aide sociale légale, ainsi que, parallèlement, l'animation des actions de prévention sociale et la distribution de l'aide sociale dite facultative.
Essentiellement, le CCAS fournit aux familles des informations pour les orienter au mieux dans le foisonnement des diverses aides et subventions existantes.
Son personnel intervient également pour aider les familles à constituer les dossiers de demande d'aide. Le CCAS transmet alors le dossier au service départemental compétent pour traiter la demande d'attribution.
Le CCAS participe aussi à la lutte contre l'exclusion et la pauvreté, en œuvrant de concert avec les institutions menant des actions de développement social.
Le CCAS a également pour fonction de créer différentes structures d'aide sociale, telles que crèches, résidences pour personnes âgées, dispensaires, services d'aide aux handicapés, etc.
Il revient enfin au CCAS de soutenir dans l'urgence les administrés, attribuant des aides de secours en cas de besoin, sous forme de versements monétaires ou de prestations en nature. [...]

www.capretraite.fr

DOC 4

Du bureau de bienfaisance au Centre Communal d'Action Sociale

Deux cents ans d'histoire. Le traitement de la pauvreté et l'aide aux personnes en difficulté ne datent pas d'hier. De la charité chrétienne aux bureaux de bienfaisance, jusqu'aux bureaux d'aide sociale, l'action sociale s'est progressivement organisée. Le 6 janvier 1986, quand les bureaux d'aide sociale deviennent les Centres Communaux d'Action Sociale, l'État leur délègue une compétence globale dans le vaste champ de l'action sociale et médico-sociale, consécutivement aux lois de décentralisation. Aujourd'hui, ce sont les CCAS qui aident et soutiennent les plus défavorisés dans un contexte cependant beaucoup plus large d'interventions de développement social local. Ils s'imposent à présent comme un outil politique incontournable de l'action sociale locale. Ils sont le moyen privilégié par lequel la solidarité publique, nationale et locale peut réellement s'exercer.

www.unccas.org

- Des aides sont attribuées aux familles. Précisez respectivement les intérêts pour l'État puis pour les familles.
- Présentez tous les moyens mis en place par la Caf en vue d'aider les familles.
- L'aide sociale peut être légale ou facultative. Expliquez la différence. Présentez l'importance des CCAS (Centre Communaux d'Action Sociale) pour ces aides.

DOC 5

La protection administrative de l'enfance

Depuis la Loi de Décentralisation (22/07/1983) les missions de protection de l'enfance ont été confiées au président du conseil général. Ce sont ses services qui en assurent la gestion, le financement et l'organisation. Ils remplacent ce que l'on appelait avant la DASS. Si chaque département a sa propre organisation, on y retrouve quand même des fonctionnements similaires, à savoir trois services intervenant :
- le Service Départemental d'Action Sociale (SDAS) ;
- la Service de Protection Maternelle et Infantile (PMI) ;
- le Service de l'Aide Sociale à l'Enfance (ASE).

Tous ces services sont sectorisés, ce qui signifie que pour un quartier donné on y trouvera par exemple une assistante sociale du SDAS, une puéricultrice de la PMI et un éducateur de l'ASE.

www.allo119.gouv.fr

DOC 6

Le Service Départemental d'Action Sociale (le SDAS)

Le SDAS (Service Départemental d'Action Sociale) ou SSD (Service Social Départemental), son nom change d'un département à l'autre. Il est chargé de mettre en place la politique d'aide à la famille du département.

Chaque assistante sociale intervient sur un secteur de 5000 à 10000 habitants. Elle a des permanences durant lesquelles elle reçoit des familles qui ont des difficultés. [...]

Son rôle est vaste et aussi polyvalent :

Elle accueille, informe et oriente la population de son secteur. Par exemple, si une famille ne perçoit pas une allocation à laquelle elle a droit, l'assistante sociale l'aidera pour qu'elle puisse l'obtenir (accès aux droits). L'assistante sociale peut aussi organiser un suivi social (global) d'une famille, c'est-à dire qu'elle ira au domicile pour aider, conseiller ou proposer des interventions sociales, avec l'accord de cette famille. Enfin l'assistante sociale intervient dans la protection de l'enfance. Tout d'abord elle évalue les situations d'enfant en danger... Elle doit apprécier si l'enfant ou les enfants de la famille sont maltraités et quelles sont les conséquences sur leur évolution physique ou psychologique. Elle regarde si les parents sont en mesure de changer de comportement. Enfin elle propose des aides en fonction de la situation (intervention d'une travailleuse familiale, Aide Éducative en Milieu Ouvert, suivi social...). Si la situation est grave, elle informe par la voie hiérarchique la Justice qui prendra d'autres mesures voire le placement de l'enfant.

Une conseillère en économie sociale et familiale peut également intervenir pour aider les familles à gérer leur budget. [...]

www.allo119.gouv.fr

DOC 7 L'Aide Sociale à l'Enfance

L'Aide Sociale à l'Enfance s'inscrit dans le dispositif général de l'aide sociale destinée aux personnes qui ne peuvent faire face à leurs besoins à cause de leur handicap, de leur âge ou de difficultés économiques ou sociales. [...] Depuis les lois de décentralisation, les missions de l'aide sociale à l'enfance relèvent de la compétence du président du conseil général. Elles sont définies dans le Code de l'action sociale et des familles :

- mission générale : apporter un soutien matériel, éducatif et psychologique aux mineurs, à leur famille, aux mineurs émancipés et aux majeurs âgés de moins de vingt et un ans confrontés à des difficultés sociales susceptibles de compromettre gravement leur équilibre ;
- mission de prévention collective : organiser, dans les lieux où se manifestent des risques d'inadaptation sociale, des actions collectives visant à prévenir la marginalisation et à faciliter l'insertion ou la promotion sociale des jeunes et des familles ;
- mission de protection : mener en urgence des actions de protection en faveur des mineurs ;
- mission d'éducation et d'entretien : pourvoir à l'ensemble des besoins des mineurs confiés au service et veiller à leur orientation, en collaboration avec leur famille ou leur représentant légal ;
- mission de prévention des mauvais traitements : mener, notamment à l'occasion de l'ensemble de ces interventions, des actions de prévention des mauvais traitements à l'égard des mineurs et, sans préjudice des compétences de l'autorité judiciaire, organiser le recueil des informations relatives aux mineurs maltraités et participer à la protection de ceux-ci.

Par rapport aux questions d'adoption, le conseil général a deux rôles :

– prendre en charge les pupilles de l'État, enfants qui, parce qu'ils sont privés de famille, font l'objet de projets d'adoption ;
– instruire les demandes d'agrément des adoptants. [...]

www.santesocial-ra.org, juillet 2011

DOC 8 Les centres de Protection Maternelle et Infantile (PMI)

Ils ont pour vocation d'accueillir, d'informer et de suivre médicalement, mais de façon préventive, les enfants de 0 à 6 ans et pour certains les femmes enceintes également. [...] C'est un service de santé publique ouvert à tous.

Un rôle de prévention

La prévention est au cœur de la mission de santé des centres de PMI. Elle se décline sur plusieurs plans :

– le suivi du développement de l'enfant (consultations médicales, vaccinations, visites à domicile, bilans de santé des 3 à 4 ans, accueil pesée, entretiens avec un psychologue) ;
– l'organisation d'actions collectives au sein des centres de PMI (accueils jeux pour les familles ou les assistantes maternelles, préparation à la naissance, les rencontres futurs parents, carrefours allaitement, etc.) ;
– le dépistage des handicaps des enfants de moins de 6 ans et l'orientation des parents vers des services adaptés ;
– le dépistage précoce en école maternelle, en particulier des troubles visuels ;
– l'information sur les modes d'accueil, l'agrément et le suivi des assistantes maternelles et des crèches.

Les services départementaux de la PMI prennent également en charge la formation des assistantes maternelles.

Un rôle de protection

Le personnel des centres de PMI participe aux actions de prévention des mauvais traitements, au dépistage et à l'évaluation d'enfants en danger et en risque de danger. [...]

www.hauts-de-seine.net

?

- Relevez les rôles d'une assistante sociale au sein d'un service départemental d'action sociale.
- Listez les missions de l'ASE.
- Mme Deroux souhaite obtenir des renseignements sur le métier d'assistante familiale agréée. Présentez les conditions d'exercice de cette profession et l'organisme à contacter.
- Vous travaillez à la mairie d'une commune rurale de 794 habitants. Un camion de la PMI assure des permanences dans la localité les premiers mardis de chaque mois près de la salle des fêtes. Monsieur le maire vous demande de :

– réaliser une affiche pour présenter les rôles de la PMI, les jours, heures et lieu de stationnement du véhicule,
– lister les lieux où vous pourrez apposer cette affiche,
– rechercher et présenter le personnel exerçant au sein de la PMI afin d'apporter des réponses aux administrés.

- La famille Bahuzo vient de s'agrandir avec la naissance d'un troisième enfant. Les parents hésitent entre congés parentaux, travail à temps partiel ou aide à la garde.

– Précisez les atouts et contraintes de chaque solution après avoir noté les conditions d'attribution de ces aides, les organismes à contacter.
– Expliquez l'intérêt de la carte famille nombreuse, ses conditions d'attribution.

- Prise en charge
- Aide
- Accompagnement

5. La personne handicapée

« Agis de telle sorte que tu traites l'humanité aussi bien dans ta personne que la personne d'autrui toujours en même temps comme une fin et jamais comme un moyen », Kant

DOC 1 La Maison Départementale des Personnes Handicapées (MDPH)

Créé par la loi du 11 février 2005, cet organisme autorise un accès unique aux droits et aux prestations prévues pour les personnes handicapées. Les organismes membres de droit de la MDPH sont le département, trois représentants des services de l'état, les organismes locaux d'assurance maladie et des caisses d'allocations familiales. D'autres organismes, tels que les organismes gestionnaires d'établissements ou de services destinés aux personnes handicapées, peuvent demander à en être membres.

Les missions de la MDPH

La Maison Départementale des Personnes Handicapées exerce une mission d'accueil, d'information, d'accompagnement et de conseil des personnes handicapées et de leur famille, ainsi que la sensibilisation de tous les citoyens au handicap.

La MDPH reçoit le dépôt de toutes les demandes de droits ou prestations qui relèvent de la compétence de la Commission des Droits et de l'Autonomie des Personnes Handicapées (CDAPH).

La MDPH met en place et organise l'équipe pluridisciplinaire chargée :

- d'évaluer les besoins de compensation de la personne handicapée et de son incapacité permanente sur la base de son projet de vie ;
- de proposer un plan personnalisé de compensation du handicap.

L'équipe pluridisciplinaire réunit des professionnels ayant des compétences médicales et paramédicales et dans les domaines de la psychologie, du travail social, de la formation scolaire et universitaire, de l'emploi et de la formation professionnelle.

Le fonds départemental de compensation du handicap est géré par la Maison Départementale des Personnes Handicapées. [...]

www.fnvr-handicap-indemnisation.org

DOC 2 Commissions des Droits et de l'Autonomie des Personnes Handicapées (CDAPH)

Les Commissions des Droits et de l'Autonomie des Personnes Handicapées (CDAPH) ont été créées par la loi n° 2005-102 du 11 février 2005 pour « l'égalité des droits et des chances, la participation et la citoyenneté des personnes handicapées ». Elles résultent de la fusion des Commissions Techniques d'Orientation et de Reclassement Professionnel (COTOREP) et des Commissions Départementales d'Éducation Spéciale (CDES).

Les CDAPH sont compétentes pour :

- se prononcer sur l'orientation de la personne handicapée et les mesures propres à assurer son insertion scolaire ou professionnelle et sociale ;
- désigner les établissements ou les services correspondant aux besoins de l'enfant ou de l'adolescent ou concourant à la rééducation, à l'éducation, au reclassement et à l'accueil de l'adulte handicapé et en mesure de l'accueillir ;
- l'attribution, pour l'enfant ou l'adolescent, de l'allocation d'éducation de l'enfant handicapé et, éventuellement, de son complément,
- l'attribution de la carte d'invalidité,
- l'attribution de l'Allocation aux Adultes Handicapés (AAH) et du complément de ressources,
- l'attribution de la prestation de compensation,
- reconnaître la qualité de travailleur handicapé (RQTH),
- statuer sur l'accompagnement des personnes handicapées âgées de plus de soixante ans hébergées dans les structures pour personnes handicapées adultes.

www.travail-emploi-sante.gouv.fr

DOC 3

Rôle et objectifs de la CNSA

La CNSA est chargée de financer l'accompagnement de la perte d'autonomie des personnes âgées et des personnes handicapées. Elle doit garantir le respect du principe d'égalité sur tout le territoire et pour l'ensemble des handicaps. Elle assure également une mission d'expertise, d'information et d'animation.

www.cnsa.fr

DOC 4

Le GEVA : Guide d'EVAluation des besoins de compensation de la personne handicapée

L'équipe pluridisciplinaire est chargée au sein de la maison départementale des personnes handicapées d'évaluer les besoins de la personne à partir notamment de son projet de vie. Cette équipe est composée de professionnels aux compétences différentes et complémentaires : médecins, ergothérapeutes, psychologues mais aussi professionnels du travail social, de l'accueil scolaire ou de l'insertion professionnelle. Sa composition varie en fonction de la nature des besoins ou du handicap de la personne concernée.
Cette équipe rencontre la personne handicapée, ses parents s'il s'agit d'un enfant, ou son représentant légal. Elle peut se rendre sur son lieu de vie. [...]
Le guide d'évaluation des besoins de compensation des personnes handicapées est devenu officiel par la parution de deux textes réglementaires : un décret et un arrêté du 6 février 2008, la parution du second datant du journal officiel du 6 mai 2008.
Cet outil, très attendu des associations de personnes handicapées et des professionnels des MDPH vient en appui de l'appréciation individualisée et globale de la situation de la personne, élément fondamental introduit par la loi du 11 février 2005. [...]
Ni mesure quantifiée du handicap, ni outil d'éligibilité, le GEVA constitue le support à cette démarche. Il permet d'explorer, avec la personne handicapée, les dimensions nécessaires à l'évaluation des besoins, notamment les champs professionnel, scolaire, médical, environnemental... Il ne se substitue pas aux bilans ou expertises qui pourraient être réalisés par ailleurs, il les synthétise dans un document unique et commun à toute l'équipe pluridisciplinaire.
Appui de la fonction d'évaluation, il se conclut par un volet de synthèse qui détaille les points saillants de la situation de la personne repérés pendant l'évaluation, les éléments nécessaires pour apprécier l'éligibilité aux principales prestations et surtout l'identification des besoins de compensation. Et c'est sur cette base que des réponses seront proposées à la personne par l'équipe pluridisciplinaire dans le cadre d'un autre outil fondamental prévu par la loi du 11 février 2005, le Plan Personnalisé de Compensation (PPC).
L'outil GEVA est un support de la mise en place de l'égalité de traitement des demandes de compensation sur l'ensemble du territoire et de la culture commune autour du handicap, portée par la loi du 11 février 2005. En effet, si les réponses doivent être adaptées à la situation propre de la personne, les besoins, eux, doivent pouvoir être évalués avec la même intention globale et avec une même méthode tenant compte à la fois des facteurs personnels (les altérations de fonction) et des facteurs environnementaux (facilitateurs ou obstacles à la réalisation des activités), pour identifier le handicap, c'est-à-dire selon la définition donnée par la loi, les limitations d'activité et restrictions de participation que la personne subit, compte tenu de son projet de vie. [...]

www.cnsa.fr, mai 2011

?

- Favoriser l'accès des personnes handicapées au monde du travail participe à leur insertion sociale. Recherchez les différents organismes intervenant pour l'insertion professionnelle des personnes handicapées. Indiquez ensuite les missions de chacun.
- Le degré du handicap peut être établi grâce au calcul du taux d'incapacité. Définissez ce qu'on entend par taux d'incapacité, notez les critères pris en compte pour l'établir.
- Les cartes pour personnes handicapées ont été conçues pour améliorer principalement leur vie quotidienne, que ce soit en termes de transport ou d'accès aux lieux publics. Listez ses différentes cartes, leurs conditions d'attribution.
- Monsieur Nily, paraplégique, voudrait aménager un parcours reliant son garage à l'entrée de sa maison. Il se déplace en fauteuil roulant et possède un véhicule automatique adapté, ce qui lui permettrait des déplacements hors de son domicile en autonomie. Dites si ces travaux pourraient être financés par l'ANAH. Justifiez votre réponse.

DOC 5

La protection juridique des majeurs

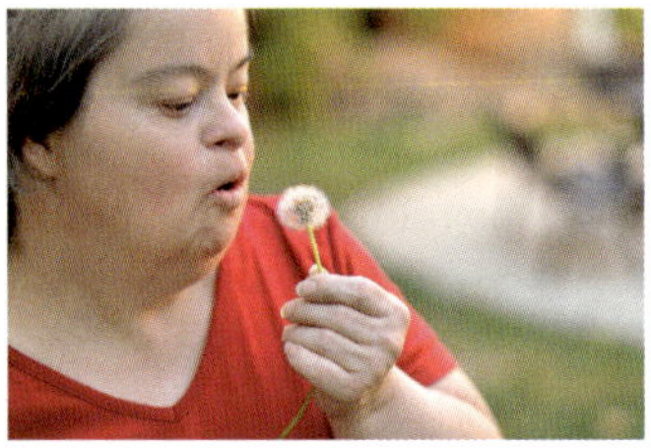

Le passage à la majorité d'une personne handicapée mentale soulève une interrogation forte : cette personne, désormais majeure, est-elle à même d'assumer seule l'exercice de ses droits, sachant que l'autorité parentale a pris fin ?

Dans la négative, une mesure de protection juridique peut être envisagée. Sa nature, son étendue ou sa durée vont dépendre de la situation personnelle et du degré du handicap de la personne à protéger.

C'est pourquoi le droit français a créé trois régimes de protection : la sauvegarde de justice, la tutelle et la curatelle.

Compte tenu de leur caractère attentatoire aux libertés fondamentales, les mesures de protection émanent toujours (sauf cas particulier de la sauvegarde par déclaration médicale) d'une décision de justice prononcée par un magistrat : le juge des tutelles. En amont, la protection suppose néanmoins une requête de recevabilité. Elle répond à des règles strictes et nécessite une réflexion préalable sur le choix du tuteur ou du curateur le plus adapté à la situation et à la personne concernée. [...]

Le juge des tutelles ne peut prononcer l'ouverture d'une mesure de protection que si l'altération des facultés mentales a été constatée par un certificat d'un médecin spécialiste.

Il faut entendre par médecin spécialiste celui qui figure sur une liste officielle comprenant les médecins habilités à délivrer un tel certificat, et qui est « agréé » comme le stipule la loi du 5 mars 2007. Cette liste réunit des psychiatres, des gériatres, des traumatologues, des généralistes, des neurologues, tantôt libéraux tantôt hospitaliers. Elle est établie chaque année par le procureur de la République après consultation du Préfet, et tenue à la disposition des requérants dans chaque greffe de tribunal d'instance.

Le certificat du médecin agréé doit être circonstancié et oblige donc le médecin à se prononcer sur plusieurs points. Il doit décrire avec précision l'altération des facultés personnelles du majeur et donner au juge tout élément d'information sur l'évolution prévisible de cette altération. Il doit aussi préciser les conséquences de cette altération sur la nécessité d'une assistance ou d'une représentation dans les actes de la vie civile, tant patrimoniaux que personnels, ainsi que sur l'exercice du droit de vote. Attention les honoraires plafonnés à 160 euros ne peuvent donner lieu à un remboursement de la sécurité sociale.

www.unapei.org/

DOC 6

Le congé de présence parentale

En cas d'accident, de maladie ou de handicap grave d'un enfant à charge, les parents concernés bénéficient d'un compte de 310 jours d'absence autorisée, à prendre pendant une période maximale de trois ans. En cas de rechute ou de récidive de la maladie de l'enfant, une loi du 17 mai 2011 prévoit également la possibilité pour le salarié de prendre à nouveau un congé de présence parentale au-delà de la période de 310 jours.

Le salarié doit envoyer le certificat et le dossier médical à son employeur au moins quinze jours avant sa première absence. À chaque absence, il doit ensuite le prévenir au moins deux jours à l'avance.

Pendant cette période, le parent absent peut bénéficier de l'Allocation Journalière de Présence Parentale (AJPP) en envoyant attestation de l'employeur et certificat médical à son organisme de prestations familiales. [...]

www.droit-finances.commentcamarche.net

DOC 7

Le congé de soutien familial

Tout salarié ayant au moins deux ans d'ancienneté peut bénéficier d'un congé de trois mois, renouvelable dans la limite d'un an au plus, pour s'occuper d'un proche victime d'une perte d'autonomie ou d'un handicap (conjoint ou concubin, et parent jusqu'au 4e degré inclus). [...]

www.droit-finances.commentcamarche.net

DOC 8

Prestation de Compensation du Handicap (PCH)

La prestation de compensation est une aide personnalisée destinée à financer les besoins liés à la perte d'autonomie des personnes handicapées.
Ces besoins doivent être inscrits dans un plan personnalisé défini par l'équipe pluridisciplinaire de la Maison Départementale des Personnes Handicapées (MDPH), sur la base du projet de vie exprimé par la personne. Il est possible de bénéficier de la Prestation de Compensation du Handicap (PCH) à domicile, ou en établissement. [...]

Principe

La prestation de compensation du handicap est une aide financière, versée par le conseil général, destinée à financer les besoins liés à la perte d'autonomie des personnes handicapées.
Son attribution est personnalisée.
Pour pouvoir bénéficier de la PCH, la personne handicapée doit remplir un certain nombre de conditions de handicap et de résidence. [...]

Aides couvertes par la prestation

La PCH permet de couvrir les besoins suivants :
- aides humaines,
- aides techniques,
- aides liées à l'aménagement du logement et du véhicule de la personne handicapée, de même qu'à d'éventuels surcoûts dus à son transport,
- aides spécifiques ou exceptionnelles,
- aides animalières.

Les besoins de compensation de la personne handicapée sont définis par l'équipe pluridisciplinaire de la maison départementale des personnes handicapées, sur la base du projet de vie exprimé par la personne handicapée et sont inscrits dans un plan personnalisé.

Bénéficiaires

Toute personne handicapée âgée d'au maximum 75 ans dont le handicap est survenu avant l'âge de 60 ans peut bénéficier de la PCH. Les enfants et adolescents handicapés peuvent bénéficier de la PCH dès lors qu'ils répondent aux critères d'attribution de l'AEEH et de son complément, dans le cadre du droit d'option entre le complément d'AEEH et la PCH.

Conditions d'attribution

Pour bénéficier de la PCH, il faut que le handicap de la personne concernée génère, de façon définitive ou pour une durée prévisible d'au moins 1 an :
- une difficulté absolue pour réaliser au moins 1 activité essentielle. La difficulté à accomplir ces activités est qualifiée d'absolue lorsqu'elles ne peuvent pas du tout être réalisées par la personne elle-même,
- ou une difficulté grave pour réaliser au moins 2 activités essentielles. La difficulté à accomplir ces activités est qualifiée de grave lorsqu'elles sont réalisées difficilement et de façon altérée par rapport à l'activité habituellement réalisée par une personne du même âge et en bonne santé.

La liste des activités concernées est répartie en 4 grands domaines :
- la mobilité (exemples : les déplacements à l'intérieur et à l'extérieur du logement),
- l'entretien personnel (exemples : la toilette, l'habillage, l'alimentation),
- la communication (exemples : la parole, l'ouïe, la capacité à utiliser des moyens de communication),
- la capacité générale à se repérer dans l'environnement et à protéger ses intérêts (exemples : savoir se repérer dans le temps et dans l'espace, assurer sa sécurité). [...]

La PCH est exonérée de l'impôt sur le revenu.

www.vosdroits.service-public.fr

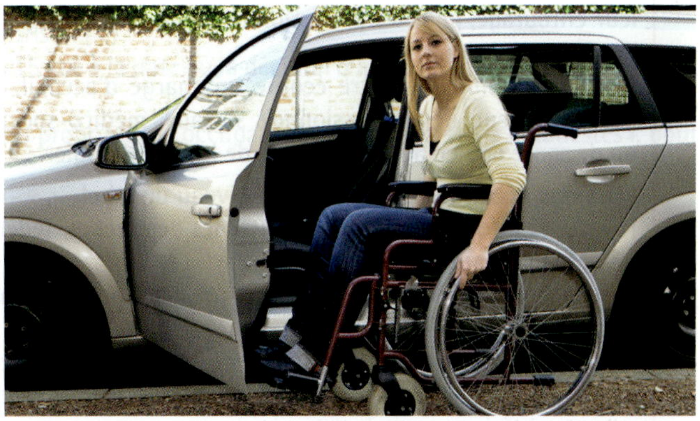

Aménagement d'un véhicule pour être autonome

- La sauvegarde de justice, la tutelle et la curatelle sont les trois formes de protection juridique qu'il est possible de mettre en place pour protéger la personne handicapée. Recherchez chacune d'elles afin de les distinguer et relevez les personnes qui peuvent être concernées.
- Recherchez des exemples d'aides pouvant être financés par la PCH.
- Des aides financières peuvent donc être proposées aux personnes handicapées ou à leurs proches. Listez, sous forme de tableau, les différentes aides, leur but, leurs conditions d'attribution, l'organisme de dépôt de la demande, celui du paiement.

DOC 9

L'Allocation Personnalisée d'Autonomie (APA)

L'Allocation Personnalisée à l'Autonomie remplace la Prestation Spécifique Dépendance. L'APA est une prestation en nature affectée à une personne âgée en perte d'autonomie pour l'achat de biens et de services définis par un PLAN d'AIDE personnalisé élaboré par une équipe médico-sociale. [...]

Qui peut la demander?
Toute personne âgée de 60 ans:
- résidant en France;
- qui atteste d'une résidence stable;
- qui a besoin d'une aide pour accomplir les actes essentiels de la vie quotidienne (se laver, se déplacer, se nourrir...) ou dont l'état nécessite une surveillance régulière. [...]

Qui l'attribue?
L'APA est servie par le département, sur décision du président du conseil général après avis d'une commission présidée par le président du conseil général ou son représentant. [...]

Où retirer les dossiers?
- Au Centre Communal d'Action Sociale (CCAS) de votre mairie.
- Au bureau «personnes âgées» des services sociaux du département
- Au Centre Local d'Information et de Coordination [...]

Ce dossier est adressé au président du conseil général qui dispose d'un délai de dix jours pour en accuser réception et pour informer de son dépôt le maire de la commune de résidence du demandeur.
Si le dossier présenté est incomplet, le président du conseil général fait connaître au demandeur dans le délai de dix jours à compter de la réception de la demande le nombre et la nature des pièces justificatives manquantes.

Comment le dossier est-il instruit?
Chaque demandeur dont le dossier est accepté reçoit la visite d'un membre au moins d'une équipe médico-sociale qui comprend au minimum un médecin et un travailleur social (art 13). Cette équipe dite «commission médico-sociale» est chargée d'évaluer le degré de perte d'autonomie du demandeur et d'élaborer un plan d'aide.
La personne âgée peut demander à être assistée de son médecin traitant.
Le président du conseil général décide du plan d'aide.
Au cours de la visite à domicile effectuée par l'un au moins des membres de l'équipe médico-sociale, l'intéressé et, le cas échéant, son tuteur ou ses proches reçoivent tous conseils et informations en rapport avec le besoin d'aide du postulant à l'allocation personnalisée d'autonomie. [...]
Dans un délai de trente jours à compter de la date du dépôt du dossier de demande complet, l'équipe médico-sociale adresse une proposition de plan d'aide à l'intéressé, assortie de l'indication du taux de sa participation financière.
La personne âgée ou son représentant dispose d'un délai de dix jours, à compter de la date de réception de la proposition, pour présenter ses observations et en demander la modification; dans ce cas, une proposition définitive lui est adressée dans les huit jours.
En cas de refus exprès ou d'absence de réponse de l'intéressé à cette proposition dans le délai de dix jours, la demande d'allocation personnalisée d'autonomie est alors réputée refusée. [...]

www.clic-respa.fr

DOC 10

L'Allocation de solidarité aux personnes âgées

L'Allocation de solidarité aux personnes âgées (Aspa) remplace, depuis le 1er janvier 2006, le «minimum vieillesse». Accordée sous condition de ressources, elle est destinée à assurer un minimum de revenus aux personnes d'au moins 65 ans (ou ayant atteint l'âge légal de départ en retraite en cas d'inaptitude au travail ou de situations assimilées). [...]
Comment faire sa demande?
La demande doit être déposée à la caisse d'assurance vieillesse qui verse la retraite et pour les veufs ou veuves à celle qui versait la retraite au conjoint. [...]

www.travail-emploi-sante.gouv, 29 décembre 2011

DOC 11

L'action sociale des caisses de retraite

Lorsque la personne âgée n'est pas éligible à l'APA, elle peut bénéficier d'aides versées par la Caisse Nationale d'Assurance Vieillesse (CNAV) ou les Caisses de retraite complémentaire, si elle y est affiliée.
À qui s'adresser? À la Caisse qui verse la pension. [...] Elle peut servir à l'emploi d'une aide à domicile, à des travaux d'amélioration de l'habitat, à des prestations d'hébergement temporaire. [...]

www.doctissimo.fr

DOC 12

L'aide sociale aux personnes âgées

Les personnes démunies peuvent solliciter l'aide sociale du département, après épuisement de tous les autres moyens de recours.
Conditions d'attribution : être âgé d'au moins 65 ans (60 ans en cas d'inaptitude au travail) – avoir besoin d'une aide pour rester à domicile – ne pas bénéficier de l'APA – avoir des ressources mensuelles inférieures à 708,95 € (en 2010) pour une personne seule et 1 157,46 € pour un ménage.
À qui s'adresser? Déposez un dossier au Centre Communal d'Action Sociale (CCAS) de votre commune.
L'aide sociale permet de financer l'emploi d'une aide-ménagère à domicile. Elle permet également, dans certaines communes, de bénéficier de foyers restaurants à prix modérés et du portage de repas. Une participation financière, déterminée en fonction des ressources, pourra être demandée. [...]

www.doctissimo.fr

?

Vous recevez au CCAS dans lequel vous travaillez monsieur Bourgeois puis madame Monin. Monsieur Bourgeois vient retirer un dossier APA.

- Rappelez les caractéristiques de cette aide.
- Présentez schématiquement à monsieur Bourgeois les différentes étapes qui vont se succéder et qu'il faudra respecter pour bénéficier de cette aide.

Madame Monin n'a pu être éligible à l'APA dans la grille AGGIR, elle a été classée au niveau 6. Elle éprouve quand même quelques difficultés pour certains actes de la vie quotidienne.

- Recherchez les niveaux de dépendance qui constituent la grille AGGIR (Autonomie Groupe Iso-Ressources).
- Recherchez les niveaux de dépendance qui permettent de bénéficier de l'APA.
- Présentez les aides financières dont pourrait bénéficier madame Monin qui ne peut prétendre à l'APA.
- Précisez, pour chaque aide citée, les conditions à respecter et l'organisme à contacter.

L'essentiel

Élaborer un dépliant reprenant les coordonnées des organismes qui répondent à la prise en charge des demandes d'aide pour un public de votre choix sur votre territoire.

élargissement Pour aller plus loin

Contre les risques sociaux, il existe la protection englobant l'assurance sociale, l'aide sociale et l'action sociale.
Les assurances sociales, dites obligatoires, ont pour but de protéger les individus et leur famille contre certains risques entraînant une perte ou une diminution du revenu (arrêt de travail, coût de l'enfant, frais médicaux...). La prise en charge de ces risques par la sécurité sociale s'effectue grâce à des prestations en espèces (indemnités journalières en cas de maladie, allocations familiales...) ou en nature (remboursement des soins médicaux...). Ces prestations sont versées par des régimes auxquels appartiennent les assurés sociaux selon leur activité professionnelle (régime général pour la plupart des salariés, régime agricole des exploitants et salariés agricoles...). Aussi, chaque risque social s'intègre à une «branche» maladie, vieillesse, famille. Actuellement, la branche maladie connaît un déficit tel qu'une réforme s'est imposée pour une meilleure maîtrise des dépenses médicalisées. Les principales ressources des régimes de protection sociale émanent des cotisations (salariales et patronales) versées, par l'employeur, à l'URSSAF et gérées par l'ACOSS. En plus de ces cotisations, l'État et certains impôts participent aux financements de certaines prestations.
Lorsque certaines personnes rencontrent des difficultés spécifiques, c'est l'aide sociale, apportée par les collectivités publiques, qui attribue des prestations dites légales (APA, RSA,...). Celles-ci, octroyées sous certaines conditions, complètent ou suppléent les prestations de la sécurité sociale. L'aide sociale qui se destine principalement aux personnes âgées et handicapées, aux indigents, aux enfants, permet de faire face à leur entretien ou aux soins que nécessite leur état.
Enfin, en plus des prestations légales et pour limiter les risques d'inadaptation ou d'exclusion, un ensemble de mesures est mis en œuvre et constitue l'action sociale. L'action sociale, à caractère facultatif, assure des services en faveur de toutes les familles, propose des équipements collectifs (centres sociaux), des services sociaux, des services d'aide à domicile. L'action sociale est gérée et organisée tant au niveau du département et de la commune que par des associations ou la CAF.
Pour compléter des frais non couverts par la sécurité sociale ou pour faire face à certains aléas de la vie tels que des risques matériels (vol, incendie, accident de voiture...), des organismes privés existent et proposent leurs services. Ceux-ci relèvent soit de sociétés d'assurances soit de mutuelles pour lesquelles il est de l'intérêt des assurés de bien connaître les avantages, les inconvénients et les limites des contrats proposés qui s'étendent des assurances obligatoires à celles qui sont facultatives.

Le centre d'accueil d'urgence Sadi-Carnot à Dijon

bibliographie À consulter

- *Personnes handicapées, le guide pratique*, éditions Prat
- *Dossier familial*
- *Les actualités sociales hebdomadaires*

www.conseil-general.com
www.solidarite.gouv
www.vosdroits-service-public.fr
www.caf.fr
www.ameli.fr
www.msa.fr
www.pratique.fr
www.emploi.gouv
www.pole-emploi.org
www.handicap.gouv
www.handroit.com
www.mdph.fr
www.personnes-agees.gouv.fr
www.servicesalapersonne.gouv.fr

Chapitre 4

L'ADAPTATION DU CADRE DE VIE

- Logement décent
- Confort
- Surface habitable
- Maison passive
- Assainissement individuel

Dans toute une vie on peut habiter dans des logements, peut-être différents, mais répondant néanmoins aux mêmes besoins principaux. Une même habitation peut évoluer au fil du temps en fonction des caractéristiques de ses occupants ou de la règlementation. L'habitat ou les locaux d'accueil collectif, outre le fait de présenter des spécificités liées au public présent, doivent aussi répondre à des normes précises.

1. Les lieux et leurs fonctions

« L'espace de l'habitat [...] : c'est un agencement spatial et non pas un cadre inerte qui va « du logement, unité spatiale de base, [...] aux lieux et aires connus et fréquentés ».

Les lieux du quotidien et « bassins de vie familiaux, P. Michel-Courty, 2007

DOC 1

Caractéristiques d'un logement décent

Est décent un logement qui répond aux caractéristiques fixées par le décret du 30 janvier 2002 (JO du 31.1.02).

Le logement doit comporter les éléments d'équipement et de confort suivants :
1. une installation permettant un chauffage normal [...] ;
2. une installation d'alimentation en eau potable [...] ;
3. des installations d'évacuation des eaux ménagères et des eaux-vannes [...] ;
4. une cuisine ou un coin cuisine aménagé de manière à recevoir un appareil de cuisson et comprenant un évier raccordé à une installation d'alimentation en eau chaude et froide et à une installation d'évacuation des eaux usées ;
5. une installation sanitaire intérieure au logement comprenant un WC, séparé de la cuisine et de la pièce où sont pris les repas, et un équipement pour la toilette corporelle, comprenant une baignoire ou une douche [...], alimenté en eau chaude et froide et muni d'une évacuation des eaux usées ;
6. un réseau électrique permettant l'éclairage suffisant de toutes les pièces et des accès ainsi que le fonctionnement des appareils ménagers courants indispensables à la vie quotidienne.

Le logement doit satisfaire aux conditions suivantes, au regard de la sécurité physique et de la santé des locataires :
1. il assure le clos et le couvert [...] ;
2. les dispositifs de retenue des personnes, dans le logement et ses accès, tels que garde-corps des fenêtres, escaliers, loggias et balcons, sont dans un état conforme à leur usage ;
3. la nature et l'état de construction, des canalisations et des revêtements du logement ne présentent pas de risques manifestes pour la santé et la sécurité physique des locataires ;
4. les réseaux et branchements d'électricité et de gaz et les équipements de chauffage et de production d'eau chaude sont conformes aux normes de sécurité définies par les lois et règlements [...] ;
5. les dispositifs d'ouverture et de ventilation des logements permettent un renouvellement de l'air adapté aux besoins d'une occupation normale du logement et au fonctionnement des équipements.

Normes de surface et de volume

Le logement doit disposer au moins d'une pièce principale ayant soit une surface habitable au moins égale à 9 m^2 et une hauteur sous plafond au moins égale à 2,20 m, soit un volume habitable au moins égal à 20 m^3.

Agence nationale pour l'information sur le logement (ANIL)

DOC 2

Un confort de plus en plus important

Augmentation des surfaces

On constate actuellement que le confort des constructions est en constante amélioration et connaît des progrès continus. En France, les surfaces des maisons individuelles augmentent alors que celles des appartements stagnent. La surface moyenne d'une nouvelle maison en 2002 était de 208 m². La surface des logements progresse alors que la taille des foyers se réduit ce qui fait que chaque individu dispose de plus en plus d'espace pour son confort et ses activités. La surface moyenne par personne a augmenté de près de 20 % en 20 ans.

Préoccupations environnementales

Aujourd'hui, après la tenue du « Grenelle Environnement » et la connaissance accrue des populations sur les questions relevant de la préservation de l'environnement, les acquéreurs de maisons individuelles manifestent des préoccupations environnementales. Ils font des choix stratégiques pour l'environnement dont le coût est en partie pris en charge par des crédits d'impôts : panneaux solaires, puits canadiens,... Malgré tout, les dernières études révèlent qu'il manque de 15 000 à 30 000 € à chaque futur propriétaire pour que son pavillon individuel soit construit « totalement durable ».

Le choix de l'habitat pavillonnaire en France

[...]. Plus de 82 % de la population française souhaite vivre, et mieux, acquérir un logement individuel dont elle serait propriétaire et qui puisse être un patrimoine financier à léguer à ses héritiers. Les statistiques montrent la progression du modèle pavillonnaire sur le territoire français. [...]. Le désir d'habiter un pavillon vient également du fait que la population adopte divers comportements et modes de vies en fonction de sa résidence au sein d'un logement collectif ou individuel. L'espace est approprié et marqué par les habitants à travers des aménagements spécifiques, comme les clôtures, la distribution des différentes pièces de la maison, le jardin,... [...]
Posséder un pavillon individuel reste toujours un rêve et un but que l'on poursuit. Mais est-il réellement l'habitat le plus adapté à l'époque et aux conjonctures actuelles ? Correspond-t-il aux besoins et aux attentes des foyers français de par les coûts financiers induits, les transports allongés pour trouver du foncier encore disponible et à un coût accessible, de la situation de plus en plus précaire d'une part toujours plus importante de salariés.

Les Cahiers de l'Oise n° 103, DDE de l'Oise, mars 2008

DOC 3

Plan de maison individuelle (rez-de-jardin et étage)

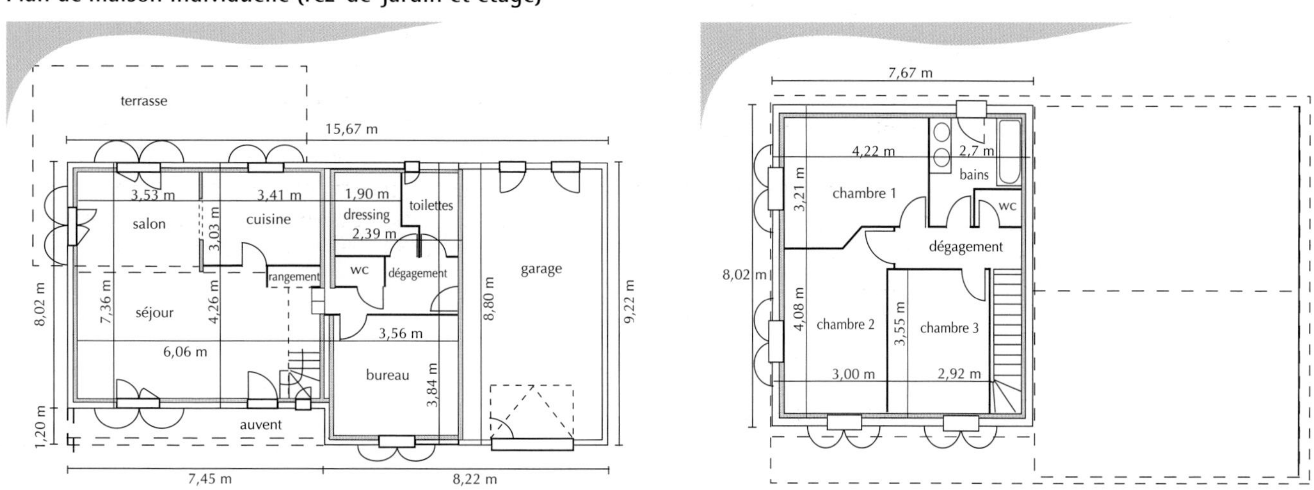

DOC 4 Les espaces de vie à domicile

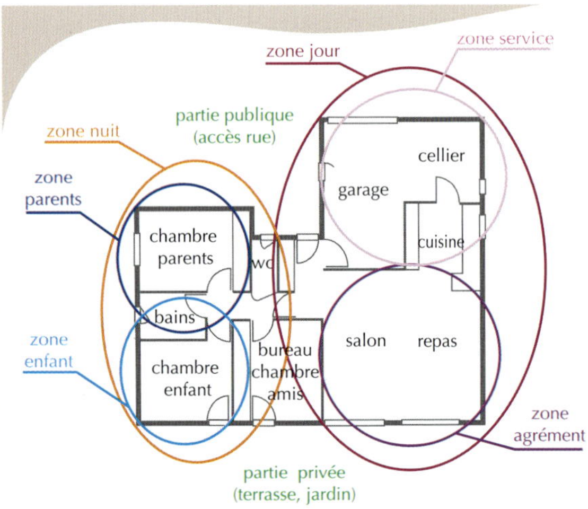

DOC 6 Utilisation des ressources naturelles et techniques pour une bonne maîtrise de l'énergie

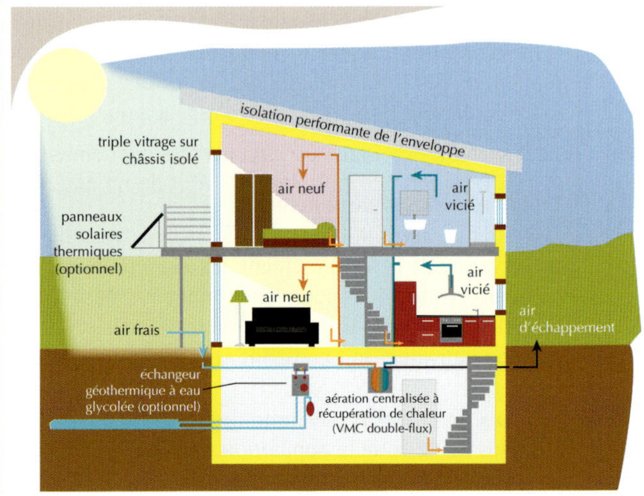

D'après « Maison passive »

DOC 5 Utilisation de ressources naturelles par une bonne orientation

La façade nord d'une habitation ne voit jamais le soleil. On va donc y installer en priorité des pièces qui n'en ont pas besoin (buanderie, garage, atelier).
Du milieu de la matinée jusqu'au milieu de l'après-midi, le soleil est au sud. En exposant et en ouvrant au maximum la maison au sud, on profite des apports caloriques du soleil et de la lumière.
Pour éviter que l'été le soleil ne chauffe trop à l'intérieur des pièces orientées au sud, nous pouvons prolonger la toiture par ce qui s'appelle une casquette. On peut ainsi utiliser une végétation saisonnière (un arbre ou un lierre) qui va perdre ses feuilles en hiver. De cette manière, la lumière est arrêtée et pénètre beaucoup moins dans la maison. Il fait donc moins chaud.

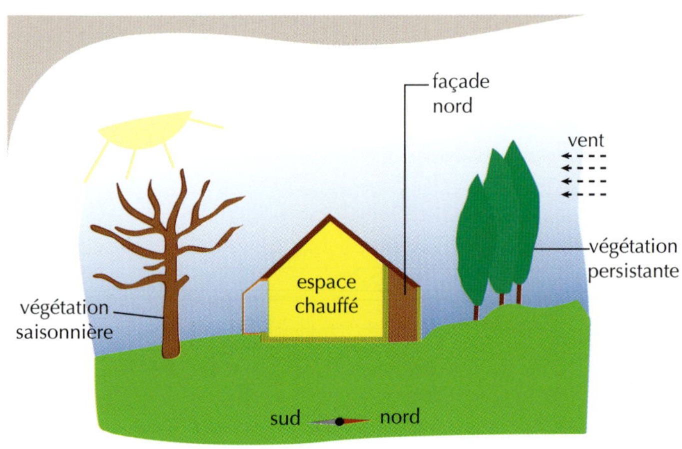

D'après schéma habitat-ecologique.org

DOC 7

L'assainissement individuel

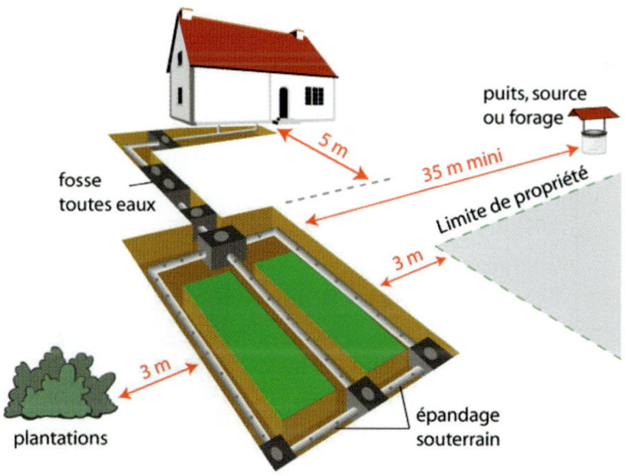

Schéma d'assainissement autonome, Periplast-Entreprise écologique

Les étapes de l'assainissement non collectif sont la collecte, le prétraitement et le traitement. Pour ce qui est de la première étape, il faut d'abord collecter les eaux usées produites dans la maison (eaux des WC, eaux de cuisine, eaux de salle de bains, eaux de machines à laver) afin de les diriger vers la fosse septique. Ne sont pas considérées comme des eaux usées, les eaux de pluie : eaux de toiture et eaux de terrasse, par exemple ; celles-ci sont rejetées séparément. Dans le cadre de l'étape du prétraitement, il faut savoir que les eaux usées collectées contiennent des particules solides et des graisses qu'il faut éliminer afin de ne pas perturber le traitement ultérieur, c'est pourquoi le passage en fosse septique ou fosse toutes eaux est indispensable. En sortie de la fosse, les eaux sont débarrassées des particules indésirables et peuvent ainsi être traitées par le sol. Enfin, s'agissant du traitement, un dispositif de tuyaux puis de drains permet de mettre en contact les eaux prétraitées avec les bactéries naturellement présentes dans le sol ou dans un massif de sable. C'est l'action de ces micro-organismes qui assurent la dépollution des eaux usées avant dispersion par écoulement dans le sous-sol.

www.travaux.com

DOC 8

Assainissement non collectif : réglementation

Les propriétaires de maisons individuelles ont une obligation de moyen, dans le domaine de l'assainissement. Elle est établie par la réglementation de l'assainissement non collectif (on parle aussi d'assainissement individuel ou autonome, par opposition à l'assainissement collectif, c'est-à-dire au tout-à-l'égout).
Les techniques et modalités de mise en œuvre sont inscrites dans les textes stipulant l'obligation de moyens en matière d'assainissement (voir l'Arrêté du 6 mai 1996 fixant les prescriptions techniques applicables aux systèmes d'assainissement non collectif).

Assainissement non collectif, une réglementation précise

La loi sur l'eau et les milieux aquatiques du 30 décembre 2006 impose aux particuliers, propriétaires de maisons non raccordées au réseau de collecte des eaux usées :
- d'entretenir leurs installations d'assainissement ;
- de les mettre en conformité d'ici 2012 ;
- de s'équiper d'une installation fiable :
  - filières historiques : fosse septique, fosse toutes eaux, micro-station d'épuration ;
  - filière innovante : toilettes sèches.

Dans le cas d'une installation neuve à mettre en œuvre, il suffit pour le propriétaire de s'adresser à un bureau d'études d'assainissement qui, selon les contraintes du site, proposera une filière adaptée.

www.assainissement.comprendrechoisir.com

?

Le logement du document 3 peut accueillir une famille :
- Calculez la surface au sol de la maison ainsi que la surface habitable de l'étage.
- Évaluez le nombre maximum d'occupants que peut accueillir cette maison et justifiez.
- Recherchez les besoins couverts par cet habitat.
- Recherchez et expliquez les différents dispositifs utilisant une énergie renouvelable dans une maison individuelle.
- Précisez l'objectif de la règlementation de l'assainissement individuel.

DOC 9

Lieu d'accueil petite enfance

Construction d'un lieu d'accueil pour 3 groupes de 13 enfants, soit un maximum de 40 enfants, services et locaux du personnel entourant un jardin intérieur « Atrium ».

Surfaces utiles

Espaces des enfants = 363 m^2
Accueil = 40 m^2
Personnel (étage) = 23 m^2
Services = 55 m^2
Circulations = 30 m^2
Shon = 511 m^2
Surface utile totale = 434 m^2

Description technique

Le bâtiment sera un bâtiment HQE à faible dépense d'énergie pouvant prétendre au label THPE (Très Haute Performance Énergétique). C'est un bâtiment en structure bois, entièrement préfabriqué en atelier et monté sur place dans des temps records : menuiseries extérieures en bois avec double vitrage ; chauffage par pompe à chaleur air/eau, chauffage au sol dans les lieux de vie, les lieux du personnel et dans les bureaux ; ventilation en double flux entre Atrium et lieux de vie ; puits canadien dans l'Atrium ; eau chaude solaire par panneaux sur les lieux de vie.

Le principe bioclimatique

C'est la volonté de limiter au maximum la consommation d'énergie en utilisant les apports énergétiques naturels. Un jardin intérieur dans la crèche permet de créer un équilibre climatique naturel pour l'ensemble du bâtiment grâce à une circulation d'air par double flux naturel d'air chaud et d'air froid.

Le jardin

En été :

- Arbre et protections solaires
- Appoint de chauffage par un poêle à bois
- Traitement de l'air par un puits canadien
- Humidification par un filet d'eau et bassin intérieur

En hiver :

- Apports solaires par une grande façade vitrée au sud
- Rafraîchissement par une « tour des vents » côté nord et un puits canadien

La maison de change

Elle est un élément central du projet crèche « Maison Bleue », commune à deux espaces de vie et permet de créer un lien entre eux. Elle est largement vitrée pour favoriser un suivi visuel continu avec l'ensemble des enfants. [...] Sa conception permet de maintenir une intimité et une relation privilégiée avec l'enfant. Son isolation phonique et olfactive est particulièrement soignée. Les plus grands auront des petits WC séparés les uns des autres, mais aussi du reste de la cabane par des cloisons basses, ceci afin de respecter leur pudeur. Des casiers disposés en escalier et percés de trous pour l'aspect ludique sont disposés dans les cabanes pour laisser à proximité de la zone de change quelques effets personnels aux enfants. De petites structures motrices viennent aussi s'adosser aux cabanes et agrémentent les façades ainsi qu'une discrète fresque florale.

Les salles de repos

Reliées aux espaces de vie, les pièces de sommeil sont étudiées pour le confort et le repos des tout petits mais aussi pour assurer une surveillance continue de leur sommeil. Les lits sont réalisés sur mesure entièrement en bois et structurés les uns aux autres pour créer un environnement à l'échelle des enfants. Un montage de toits intérieurs illuminés permet une lumière tamisée indirecte, idéale pour le sommeil de jour des enfants.

Les jeux d'eau

Ils sont constitués de jets d'eau avec un bassin et de petits bacs à eau à la hauteur des enfants. Des activités en maillot de bain ou des activités de manipulations ou de peintures y sont organisées.

Le petit théâtre

C'est un lieu calme et propice à l'écoute d'histoires et au spectacle de marionnettes.

La place centrale et sa colonne Morris

Comme dans une ville, la colonne Morris est le support de l'information. Située dans l'accueil, c'est la « place » centrale, les usagers du lieu s'y retrouvent, se regroupent pour s'informer mais aussi pour se réunir. Les structures psychomotrices dans le hall sont propices à la relation enfants-parents dans l'enceinte de la crèche et permettent aux parents de s'approprier avec leurs enfants un espace de vie dans la crèche.

Des aménagements ergonomiques

- Escaliers d'accès aux tables de change
- Des lits en hauteur pour les plus petits
- Une lumière non fatigante
- Une bonne acoustique
- Une ventilation naturelle

La Maison bleue

DOC 10 Plan type de crèche de 40 places

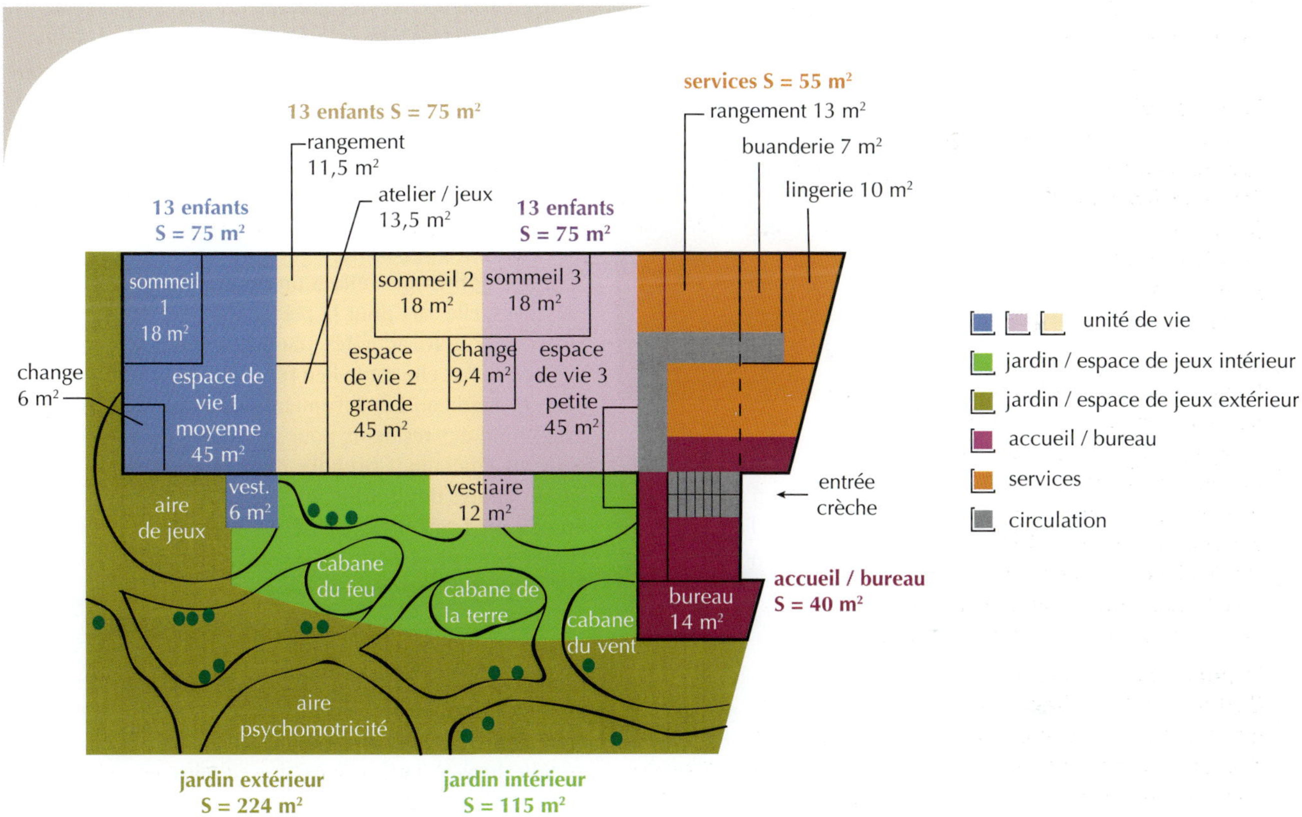

D'après La Maison bleue

DOC 11

«La clairière», Établissement d'Hébergement pour Personnes Âgées Dépendantes

Constitué d'un bâtiment en forme de «U», sur trois niveaux desservis par deux ascenseurs, «La Clairière» dispose d'une capacité d'accueil de 64 places. L'établissement bénéficie d'un jardin de 800 m², ombragé et fleuri, accessible aux personnes en perte d'autonomie, et offrant un panorama magnifique sur les collines du Beaujolais, au cœur du vignoble mondialement connu.

Espaces collectifs

Accueil : situé à l'entrée de l'établissement, il est ouvert tous les jours de la semaine. Il constitue un lieu ressource pour l'aide aux résidents et à leur famille, ainsi que pour les démarches administratives.

Salons, bibliothèque : l'établissement offre deux salons à la disposition des résidents. L'un d'eux, équipé d'une kitchenette et d'un récepteur de télévision, est particulièrement apprécié des familles. Espace de tranquillité, la bibliothèque offre un choix de plus d'un millier d'ouvrages. Elle est complétée, chaque mardi, par le passage d'une personne bénévole proposant des livres ou des revues en gros caractères aux résidents.

Salle à manger : lumineuse et climatisée en été, la salle à manger offre aux résidents un espace de restauration très convivial.

Salle polyvalente : la salle polyvalente remplit pleinement son rôle puisqu'elle est utilisée à la fois pour les diverses animations, les rencontres et les réunions. Climatisée en été, il est agréable de s'y retrouver pour participer aux différentes activités quotidiennes ou exceptionnelles.

Salon de coiffure : deux coiffeuses professionnelles interviennent chaque semaine pour les résidents qui le désirent. Ce salon est également à la disposition des familles souhaitant occasionnellement coiffer leur parent.

Salle d'ergothérapie : elle a un double usage : équipée de barres parallèles, elle sert pour la rééducation par les kinésithérapeutes ainsi que pour les activités manuelles pratiquées par les résidents.

Salle de soins : elle est le lieu ressource pour tout ce qui concerne l'aspect médical. Les infirmières et aides-soignantes sont à la disposition des résidents pour un conseil ou un soin. Les familles peuvent également prendre des nouvelles de la santé de leur parent auprès des infirmières.

Bureau médical : il est utilisé par le médecin coordonnateur de l'établissement et pour les consultations des médecins traitants des résidents.

Espaces privatifs

Logement : l'établissement dispose de 53 chambres individuelles de 16 m² (dont 36 accessibles aux personnes à mobilité réduite) et de 4 chambres doubles de 23 m², chacune possédant un cabinet de toilette avec lavabo et WC. Les couples peuvent être accueillis, selon leur choix, en chambre double ou en chambre individuelle. Les animaux de compagnie ne sont pas admis.

Équipement : chaque chambre est équipée d'un appel-malade, d'une ligne téléphonique directe et d'une prise radio-télévision permettant la réception des chaînes nationales.

Mobilier : les chambres sont meublées en style rustique avec lit, table de chevet, placard avec penderie, étagère, fauteuil, table et chaise. Cependant, chaque résident a la possibilité de remplacer ou de compléter ce mobilier par du mobilier personnel, dans la limite de la place disponible. [...]

www.laclairiere.apeb.fr

DOC 12 Plan EHPAD de Caudéran : caractéristiques des pièces

www.badggiopiechaud.com

- À partir des documents 9, 10, 11, 12 recherchez la spécificité des lieux de vie concernant des structures telles que école maternelle, centre de loisirs, résidence senior, MAS.
- Collectez des plans de structures et analysez leur aménagement. Inventoriez pour chacun les équipements nécessaires en les justifiant.

- ERP
- Sécurité incendie
- Registre de sécurité
- Commission de sécurité
- Transmission
- CHSCT

2. La réglementation dans les établissements publics

Les établissements recevant du public doivent répondre à des obligations réglementaires en matière de sécurité et d'hygiène

DOC 1

Définition

Le terme Établissement Recevant du Public (ERP) désigne les lieux publics ou privés accueillant des clients ou des utilisateurs autres que les employés (salariés ou fonctionnaires). Cela regroupe un très grand nombre d'établissements comme les cinémas, théâtres, magasins (de l'échoppe à la grande surface), bibliothèques, écoles, universités, hôtels, restaurants, hôpitaux... que ce soient des structures fixes ou provisoires (chapiteau, structures gonflables).

www.techno-science.net

DOC 2

Classement des ERP

Les ERP sont classés suivant leur activité et leur capacité.

L'activité, ou « type » est désignée par une lettre définie par l'article GN1 du règlement de sécurité incendie dans les ERP :

J : structures d'accueil pour personnes âgées et personnes handicapées

L : salles d'auditions, de conférences, de réunions, de spectacles ou à usage multiple

M : magasins de vente, centres commerciaux

N : restaurants et débits de boissons

O : hôtels et pensions de famille

P : salles de danse et salles de jeux

R : établissements d'enseignement, colonies de vacances

S : bibliothèques, centres de documentation

T : salles d'exposition

U : établissements sanitaires

V : établissements de culte

W : administrations, banques, bureaux

X : établissements sportifs couverts

La capacité, ou « catégorie » est désignée par un chiffre défini par l'article R123-19 du Code de la construction et de l'habitation :

1re catégorie : au-dessus de 1 500 personnes ;

2e catégorie : de 701 à 1 500 personnes ;

3e catégorie : de 301 à 700 personnes ;

4e catégorie : 300 personnes et au-dessous, à l'exception des établissements compris dans la 5e catégorie ;

5e catégorie : établissements accueillant un nombre très réduit de personnes (inférieur à un seuil dépendant du type d'établissement).

Pour les ERP de la 1re à la 4e catégorie, le nombre de personnes pris en compte pour la détermination de la catégorie comprend le public et le personnel n'occupant pas des locaux indépendants qui possèderaient leurs propres dégagements. Pour les ERP de 5e catégorie (petits établissements), il ne comprend que le public (et pas le personnel).

www.techno-science.net

DOC 3

La commission de sécurité

Chaque département dispose d'une « commission consultative départementale de la protection civile ». Ces commissions ont été instituées par le décret n° 65-1048 du 2 décembre 1965, modifié par le décret n° 70-818 du 10 septembre 1970. Le préfet crée, après consultation de cette commission, des commissions de sécurité d'arrondissement et éventuellement des commissions communales ou intercommunales. Ce sont ces commissions « locales « qui effectuent les visites.

Elle est composée notamment d'un sapeur-pompier préventionniste, d'un représentant des autorités ayant pouvoir de police (préfet, maire) et de représentants d'associations de défense des handicapés. Les commissions examinent les plans et effectuent des visites à l'ouverture puis de manière régulière et éventuellement inopinée, ainsi qu'après des travaux importants, afin de rendre un avis favorable ou défavorable à l'ouverture du site. L'autorisation d'ouvrir un site est prise par le maire par arrêté municipal. La décision de fermer un site peut être prise par le maire par arrêté municipal, ou éventuellement par le préfet par arrêté préfectoral si le maire refuse la fermeture malgré une mise en demeure. En cas de manquement à des points de sécurité qui ne peuvent être corrigés, la commission peut proposer des mesures de sécurité complémentaires pour compenser la situation (par exemple augmenter les issues de secours, les détecteurs d'incendie...). C'est le cas par exemple si un bâtiment ne possède pas assez d'issues de secours mais ne peut pas en rajouter car sa façade est classée monument historique, ou bien si les piliers porteurs ne possèdent pas une résistance suffisante au feu, ce qui ne pourrait se régler qu'en reconstruisant le bâtiment... [...]

www.techno-science.net

DOC 4

Règlementation spécifique

Selon la législation française, ces établissements doivent être accessibles aux handicapés, et les propriétaires doivent mettre en œuvre des mesures de prévention contre l'incendie et faciliter l'évacuation du public, tout en évitant la panique :
• **prévention** (mesures passives pour éviter la survenue d'un incendie et limiter sa propagation) :
– le bâtiment doit être stable au feu afin qu'il ne s'effondre pas pendant l'évacuation des personnes, ni pendant l'intervention des sapeurs-pompiers ;
– les matériaux utilisés pour la construction et la décoration doivent être résistants au feu, la réaction au feu des matériaux dépend du lieu (les matériaux sont classés de M0, incombustible, à M4, facilement inflammable dans la classification française, et A, incombustible à F, très facilement inflammable, dans la classification européenne) ;
– le bâtiment doit disposer de portes et cloisons coupe-feu afin de ralentir la progression d'un éventuel incendie au sein du bâtiment et vers les bâtiments voisins ;
– le stockage de matériaux inflammables, explosifs ou toxiques est normalement interdit ;
– toutes les installations techniques [...] doivent être régulièrement vérifiées, entretenues et subir des visites techniques de conformité par des organismes de contrôle ;
– l'établissement doit faire respecter l'interdiction de fumer [...] ;
– si des travaux sont susceptibles de générer un danger ou de gêner l'évacuation, tout ou partie de l'établissement doit être fermé au public ;
• **prévision** (mesures actives prises au cas où un sinistre surviendrait) :
– l'établissement doit comporter un système d'alarme, complété par des Systèmes de Sécurité Incendie (SSI) ;
– l'éclairage doit être électrique :
> il doit y avoir au moins deux circuits normaux séparés par salle, chaque circuit permettant d'éclairer toute la salle (cela évite une extinction accidentelle de toutes les lumières) ; ils doivent être allumés en présence du public (en dehors des théâtres et cinémas) ;
> il doit y avoir un éclairage de secours (anti-panique) permettant d'éclairer la salle en cas de défaillance électrique et balisant le cheminement vers les sorties de secours ; cet éclairage doit pouvoir tenir une heure ;
– le bâtiment doit disposer de sorties de secours suffisantes en nombre et en largeur, signalisées et balisées, bien réparties, lorsque l'effectif dépasse 50 personnes les portes doivent s'ouvrir dans le sens d'évacuation ;
– les locaux techniques doivent être isolés afin d'éviter la propagation d'un incendie qui pourrait y survenir, et d'éviter que la fumée empêche l'évacuation [...] ;
– le bâtiment doit disposer de dispositifs de surveillance, de détection et de moyens de lutte contre l'incendie (extincteurs, sprinkleurs, colonnes sèches et humides, robinet d'incendie).

www.technoscience.net

DOC 5

Le registre de sécurité

Les mesures dépendent du type d'activité et du nombre de personnes que peut recevoir l'établissement. L'exploitant du bâtiment doit tenir un registre de sécurité dans lequel sont consignés tous les documents liés à la sécurité de l'établissement : les formations des personnels, les consignes particulières, les travaux avec leur nature, l'entreprise les ayant effectués, les certificats de réaction au feu des matériaux, les rapports de vérification des installations techniques, etc.
Pour les bâtiments neufs, ces mesures sont à prendre dès la conception. Le permis de construire n'est délivré qu'après avis de la commission de sécurité. L'autorisation d'ouverture n'est délivrée qu'après la visite de l'ERP et un avis favorable de la commission de sécurité.

www.techno-science.net

?

- Notez le type d'ERP auquel appartient un établissement scolaire ; une structure d'accueil pour personnes âgées et personnes handicapées.
- Repérez sur votre lieu de stage les différents éléments consignés dans le registre de sécurité pour l'année écoulée.
- Précisez le rôle de la commission de sécurité. Quel est le rythme de ses contrôles ?

DOC 6

Le comité d'hygiène, de sécurité et des conditions de travail (CHSCT)

Constitué dans tous les établissements occupant au moins 50 salariés, le CHSCT a pour mission de contribuer à la protection de la santé et de la sécurité des travailleurs ainsi qu'à l'amélioration des conditions de travail. Composé notamment d'une délégation du personnel, le CHSCT dispose d'un certain nombre de moyens pour mener à bien sa mission (information, recours à un expert...) et les représentants du personnel, d'un crédit d'heures et d'une protection contre le licenciement. Ces moyens sont renforcés dans les entreprises à haut risque industriel. En l'absence de CHSCT, ce sont les délégués du personnel qui exercent les attributions normalement dévolues au comité.

Quel est le rôle du CHSCT?

Le comité contribue à la protection de la santé et de la sécurité des travailleurs de l'établissement et de ceux mis à sa disposition par une entreprise extérieure et à l'amélioration des conditions de travail, notamment par:

- l'analyse des conditions de travail et des risques professionnels auxquels peuvent être exposés les travailleurs. Il procède également à l'analyse des risques professionnels auxquels peuvent être exposées les femmes enceintes et à l'analyse de l'exposition des salariés à des facteurs de pénibilité;
- la vérification, par des inspections et des enquêtes, du respect des prescriptions législatives et réglementaires et de la mise en œuvre des mesures de prévention préconisées;
- le développement de la prévention par des actions de sensibilisation et d'information. Il peut, par exemple, proposer des actions de prévention en matière de harcèlement sexuel ou moral;
- l'analyse des circonstances et des causes des accidents du travail ou des maladies professionnelles ou à caractère professionnel;
- dans les établissements de 50 salariés et plus dépourvus de CHSCT, les délégués du personnel assument les missions dévolues au comité;
- dans les établissements de moins de 50 salariés, l'inspecteur du travail peut imposer la création d'un CHSCT en raison notamment de la nature des travaux, de l'agencement ou de l'équipement des locaux.

Le CHSCT est notamment consulté avant toute décision d'aménagement important modifiant les conditions d'hygiène et de sécurité ou les conditions de santé. [...]

www.travail-emploi-sante.gouv.fr, 2 février 2012

DOC 7

Système d'alarme

L'équipement d'alarme incendie est un dispositif qui permet d'avertir le public et le personnel qu'un incendie ou autre événement vient de se produire, afin qu'ils évacuent les lieux. Sa performance et donc son coût dépendent du type d'établissement.

Au minimum, un Établissement Recevant du Public doit être équipé de:

- un extincteur à eau pulvérisée + additif par tranche de 200 m² de plancher avec un minimum d'un appareil par étage.

Un extincteur est généralement suffisant pour 200 à 300 m² de surface, et par niveau. Mais pour certaines activités, les règles peuvent être plus contraignantes: ne pas hésiter à contacter un conseiller en sécurité;

- un extincteur pour couvrir chaque danger localisé (ou groupe de dangers localisés de même nature):

. pour feux d'origine électrique (armoire électrique, ensemble de matériel informatique, machinerie d'ascenseur, compresseur, moteur électrique etc.) prévoir un extincteur type CO_2 ou dioxyde de carbone de 2 kg dans un rayon au plus de 5 mètres du danger ou au moins un par étage;

. pour stockage de carburant, de peintures et solvants, de polystyrène, graisse, huiles, prévoir un extincteur à poudre polyvalente de 6 kg dans un rayon au plus de 5 mètres du danger ou au moins un par étage;

. pour stockage sur une hauteur de plus de 3 mètres, ou pour un stockage permanent de palettes, cartons, plastiques, déchets, bennes à ordures, à moins de 10 mètres d'un bâtiment, prévoir un extincteur supplémentaire type eau pulvérisée + additif de 9 litres, voire un extincteur à eau pulvérisée + additif de 45 litres sur roues;

- une alarme incendie de type 4 autonome, et dans certains cas de type 1, 2 ou 3;
- un plan d'évacuation avec consignes de sécurité par niveau desservis par une cage d'escalier, indiquant à la fois les itinéraires d'évacuation vers l'extérieur, mais aussi les barrages (ou robinet de coupure) du gaz, de l'eau et de l'électricité, l'emplacement des extincteurs lorsqu'il y en a, des dangers localisés, avec utilisations des symboles tels qu'ils sont prévus par la norme Afnor NFS 60-303;
- consignes de sécurité affichées dans toutes les salles ou 5 personnes au moins peuvent être réunies, et si l'établissement comporte des locaux à sommeil consignes de sécurité avec cheminement vers la sortie la plus proche obligatoire, ainsi que dans les vestiaires et salle de repos du personnel;
- signalisation de sécurité apposée sur les portes (en particulier «sortie» «sans issue» «flèche»);
- un registre de sécurité.

www.protectionincendie.com

DOC 8

Systèmes de sécurité incendie

Sécurité des Établissements Recevant du Public : les Établissements Recevant du Public (ERP) sont soumis à une réglementation particulière concernant la sécurité incendie. [...]

Article R-123-2 du Code de la Construction et de l'Habitation

L'Arrêté du 25 juin 1980 portant approbation des dispositions générales du règlement de sécurité contre les risques d'incendie et de panique dans les établissements recevant du public comporte de nombreuses dispositions relatives aux effectifs, à l'utilisation de produits dangereux, à la stabilité au feu des structures et à la conception des bâtiments pour l'évacuation en cas d'incendie (largeur des dégagements, escaliers, etc.). [...]

Les Systèmes de Sécurité Incendie (SSI) sont classés en 5 catégories : A, B, C, D, E. Ces catégories de SSI sont déterminées par l'établissement auquel ils sont destinés (L, M, N, O,...) et le nombre admissible dans cet établissement.

La catégorie du SSI détermine le type d'équipement d'alarme à installer. Les équipements d'alarme sont classés par type par ordre de sécurité décroissante, appelés 1, 2 a ou 2 b, 3 et 4. Tous les équipements d'alarme doivent être certifiés, homologués et répondre à des normes spécifiques de l'AFNOR. Les ECS (Écran de Contrôle et de Signalisation) et les CMSI (Centre de Mise en Sécurité Incendie) doivent être estampillés.

www.protectionincendie.com

DOC 9

Les extincteurs

Un extincteur est un appareil de lutte contre l'incendie capable de projeter ou de répandre une substance appropriée – appelée « agent extincteur » – afin d'éteindre un début d'incendie. On distingue les extincteurs exclusivement destinés aux sapeurs-pompiers de ceux destinés au grand public. Ces derniers se scindent en trois catégories : portatifs, mobiles et fixes.

L'extincteur contient un agent qui peut être projeté sur une flamme par l'action d'une pression interne. [...]

Un agent extincteur est un produit agissant sur le feu en s'opposant à la réaction de combustion. Il peut être : l'eau + additif, la poudre, le gaz carbonique.

Les extincteurs portent une date de péremption – après laquelle ils risquent de ne plus être utilisables (en raison des fuites, du tassement de l'agent ou de la rouille) – et parfois une date de révision [...]

Dans les ERP le règlement de sécurité prévoit que « les appareils mobiles doivent être vérifiés, au moins une fois par an dans les conditions prévues à la section II du chapitre premier » (MS 73), soit, s'agissant des extincteurs portatifs « par des techniciens compétents, sous la responsabilité du constructeur et de l'exploitant ».

Actu-environnement. com et www.sdis60.fr

Extincteur au dioxyde de carbone (CO_2)

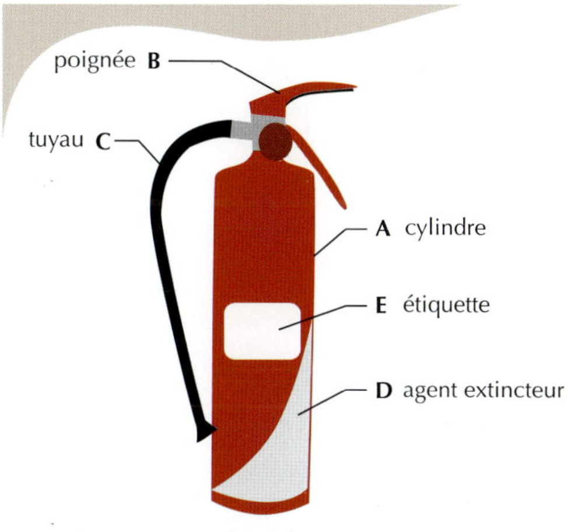

Extincteur portatif

DOC 10 **Arrêté du 4 juin 1982**
(Intérieur et Décentralisation : Sécurité civile)

Article R 33 Exercices d'évacuation en établissement scolaire
Des exercices pratiques, ayant pour objet d'entraîner les élèves et le personnel sur la conduite à tenir en cas d'incendie, doivent avoir lieu au moins trimestriellement.
Le premier exercice doit obligatoirement se dérouler au cours du premier mois de l'année scolaire.

www.ac-lille.fr/hygienesecurite

DOC 11 **Plan d'évacuation**

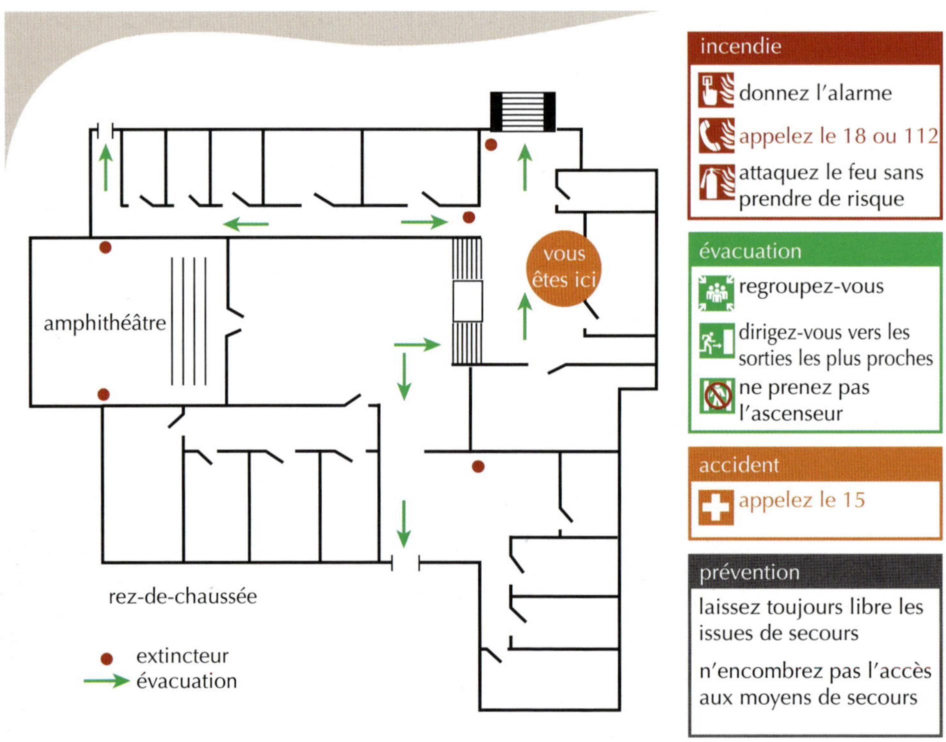

DOC 12 **Norme ISO Plan d'évacuation**

La norme ISO 23601 : 2009, Identification de sécurité – Plans d'évacuation et de secours, établit des principes de conception pour des plans d'évacuation affichés qui contiennent des informations vitales pour la sécurité incendie, le secours, l'évacuation et le sauvetage des occupants d'un local ou d'un établissement.
Les plans d'évacuation ont pour but d'aider les personnes à s'orienter par rapport à l'itinéraire d'évacuation planifié. De cette façon, le plan d'évacuation complète le système de guidage pour cheminement d'évacuation de sécurité. Ces plans, qui peuvent être affichés sous forme de panneaux sur les lieux de travail et dans les lieux publics, peuvent aussi être utilisés par les équipes de pompiers, de secours et les équipes médicales ainsi que par les forces d'intervention en cas d'attaque terroriste.

www.iso.org

DOC 13

Le cadre bâti

Le chapitre III du titre IV de la loi 2005-102 du 11 février 2005 pour l'égalité des droits et des chances, la participation et la citoyenneté des personnes handicapées s'intitule : cadre bâti, transports et nouvelles technologies. L'article 41 dit que les « [...] établissements recevant du public [...] doivent être tels que ces locaux et installations soient accessibles à tous, et notamment aux personnes handicapées, quel que soit le type de handicap [...] ». [...]

La loi du 11 février 2005 dite loi « handicap » concernant le cadre bâti prévoit :

1. Le principe d'accessibilité généralisée sans rupture de la chaîne du déplacement
2. L'attestation de conformité aux règles d'accessibilité obligatoire
3. L'obligation d'accessibilité pour les établissements recevant du public neufs
4. Des délais : établissements recevant du public existants : 11 février 2015 avec diagnostic avant 1er janvier 2011 (proposition de réduction du délai diagnostic au 31 décembre 2008 à suivre)
5. Les délais pour les préfectures et universités : 1er janvier 2011
6. Tous les types de handicap pris en compte dans la conception bâtiment
7. Que les règles des établissements recevant du public neufs s'appliquent aux établissements recevant du public existants
8. Modalité particulière (dérogation) si contrainte liée à la solidité du bâtiment
9. Sanction en cas de non-respect des règles d'accessibilité.

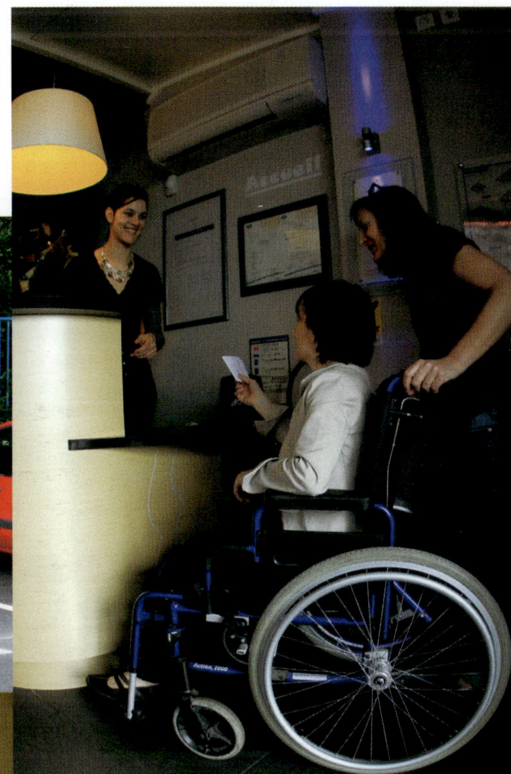

Du parking aux établissements, la même accessibilité pour tous

- Recherchez les membres composant la CHSCT de votre établissement, de votre lieu de stage.
- Repérez les différents systèmes de sécurité incendie mis en place dans votre établissement.
- Comparez avec la règlementation en vigueur.
- Sur le lieu de votre stage, repérez les plans d'évacuation et d'intervention et indiquez les consignes à suivre en cas d'évacuation.
- Recherchez les principales normes d'accessibilité des lieux publics.

- Détecteur de fumée
- Détecteur de monoxyde de carbone
- Consuel
- APAVE

3. La réglementation au domicile

Les obligations réglementaires en matière de sécurité et d'hygiène doivent également s'appliquer au domicile

DOC 1

Le détecteur de fumée

Le décret rendant obligatoire les détecteurs de fumée a été publié. L'installation d'au moins un détecteur de fumée dans chaque logement, à la charge de son occupant, qu'il soit propriétaire ou locataire, sera obligatoire à partir de mars 2015, selon un décret publié mardi au Journal officiel (JO). L'occupant du logement devra veiller à l'entretien et au bon fonctionnement du Détecteur Autonome Avertisseur de Fumée (DAAF), d'après ce décret d'application de la loi adoptée en mars 2010. Pour les locations saisonnières, les logements meublés, les logements de fonction et les foyers, l'installation et l'entretien du détecteur de fumée incomberont au propriétaire. Dans les parties communes des immeubles à usage d'habitation, les propriétaires sont par ailleurs « tenus de mettre en œuvre des mesures de sécurité contre l'incendie », précise le décret. Il s'agit d'« indiquer les consignes à respecter en cas d'incendie et d'éviter la propagation du feu des locaux à risques vers les circulations et dégagements ».

Libération, 11 janvier 2011

DOC 2

Comment équiper son logement ?

■ quand ?
au plus tard le 11 janvier 2016

■ quel appareil ?
un détecteur certifié selon la norme européenne EN 14604

■ où ?
Au **plafond** de préférence dans le **couloir** menant aux chambres, ou dans le **salon.**

Éviter la **cuisine** et la **salle de bain** (des vapeurs peuvent déclencher l'alarme), et les endroits proches d'un **courant d'air.**

deux détecteurs dans une maison (un à chaque étage)

un seul détecteur pour un appartement inférieur à 80 m²

■ pose et maintenance
le fixer avec des vis, vérifier une fois par mois la sonnerie et l'aspirer régulièrement

● protection renforcée ● protection de base

D'après *60 millions de consommateurs*, 3 juillet 2008

DOC 3

Les appareils de détection

LE DAAF (Détecteur Autonome Avertisseur de Fumée) est un appareil autonome qui fonctionne avec une pile de 9 volts. Lorsqu'il détecte de la fumée il émet un signal sonore de 85 décibels. Son objectif premier est de réveiller les occupants pendant la nuit. Contrairement à ce que l'on peut croire, la fumée est la première cause mortelle, bien avant les flammes.

Caractéristiques du détecteur de Monoxyde de carbone : l'émanation du CO provient d'appareils de chauffage mal réglés (chaudière, chauffe-eau, poêle, insert de cheminée...) fonctionnant au bois, fioul, gaz ou charbon. Un appareil défectueux, une cheminée bloquée, une chaudière mal entretenue, une aération inadéquate, peuvent produire une concentration dangereuse et même mortelle de monoxyde de carbone. Du même type que les détecteurs de fumée, il existe sur le marché des détecteurs avertisseurs de monoxyde de carbone détectant les gaz invisibles et inodores. Petit appareil alimenté par des piles et mesurant en permanence la concentration en monoxyde dans l'air.

www.valdoiservices.fr

DOC 4

Mise en sécurité du domicile

[...] Les accidents de la vie courante causent, chaque année, 20 000 décès, entraînent l'admission dans un service des urgences de 4,5 millions de personnes. Ils frappent fortement les personnes âgées.
Pourtant, nombre de ces accidents pourraient être facilement évités par des réflexes de vigilance, des gestes simples, des mesures de bon sens ou des petits travaux.
L'Agence Nationale de Services à la Personne – ANSP – et la Commission pour la Sécurité des Consommateurs – CSC – ont été missionnées pour initier avec de nombreux acteurs une démarche de prévention des accidents domestiques au domicile des personnes âgées.
Inscrit dans le cadre du Plan 2 des Services à la personne, ce programme mis en œuvre par la convention comporte trois grands volets :
- prévention des risques avec une aide au repérage des risques chez les publics fragiles et à la réalisation de petits travaux permettant la mise en sécurité du logement qui ouvre droit aux avantages fiscaux liés aux Services à la personne ;
- expérimentations locales des mesures de prévention : six opérations test seront menées auprès de quelque 21 000 personnes âgées pendant un an, et sont destinées à être généralisées en cas de réussite ;
- information et sensibilisation du grand public, notamment des seniors et de leur entourage, avec notamment diverses publications et sites Internet.

www.e-securisation.com

DOC 5

L'intoxication par le plomb

L'intoxication par le plomb peut revêtir différentes formes : ingestion de peintures anciennes et dégradées, qui sont la source principale du saturnisme chez l'enfant, passage de l'eau potable dans des canalisations en plomb... L'intoxication par le plomb des jeunes enfants est un problème de santé publique en France. Les peintures anciennes et dégradées sont la source principale du saturnisme chez l'enfant. La présence de plomb dans l'eau potable a pu être corrélée avec des anomalies dans le développement psychomoteur chez les enfants. Cette présence résulte essentiellement de la dissolution du plomb présent dans certains éléments constitutif du réseau d'adduction d'eau, notamment ceux réalisés jusque dans les années 1960. Elle peut aussi résulter de travaux sur le réseau avec réalisation de soudure contenant du plomb.
Attention ! Les peintures utilisées dans les immeubles construits avant 1948 peuvent contenir du plomb. Lorsqu'elles s'écaillent, elles peuvent rendre les jeunes enfants très malades. Aucun signe précis ne permet de le voir.

www.ajaccio.fr/L-Hygiene-de-l-habitation

DOC 6

Le CONSUEL ou Comité National pour la Sécurité des Usagers de l'Électricité

Expérience et fiabilité sont les deux piliers de l'action du Consuel, dont l'objectif est de satisfaire à sa mission d'intérêt général : garantir la sécurité des installations électriques.
Tout distributeur d'électricité, avant de procéder à la mise sous tension d'une installation nouvelle ou rénovée, est tenu d'exiger une attestation de conformité de cette installation aux règles de sécurité en vigueur. Ces attestations – établies sur des formulaires officiels (Cerfa) – sont remplies par les installateurs eux-mêmes, sous leur responsabilité. Puis elles sont visées par le Consuel, moyennant une participation aux frais de visite qui constitue l'unique ressource financière de l'organisme.

www.consuel.com

DOC 7

L'APAVE

L'Apave est un organisme de contrôle destiné à assurer la sûreté des installations, mais aussi le contrôle technique de construction.
Le métier d'Apave c'est la maîtrise des risques, avec une offre complète de prestations techniques et intellectuelles : inspection, bâtiment, essais et mesures, formation, conseil. Toutes visent à augmenter la sécurité des hommes et des biens et à optimiser la performance des organisations. Le Groupe Apave est aujourd'hui présent partout en France (130 agences et bureaux, 31 laboratoires, 143 espaces de formation) et dans le monde ; il compte 9 800 collaborateurs, dont 7 000 ingénieurs et techniciens. [...]

www.apave.com

- Recherchez sur l'échelle des bruits, à quel bruit correspond le détecteur avertisseur de fumée.
- En quoi la maintenance du DAAF est-elle importante ?
- Recherchez au moins deux sites Internet ou une publication permettant une information et une sensibilisation des personnes âgées concernant les accidents domestiques.
- Après avoir recherché les conséquences d'une intoxication au monoxyde de carbone ou au plomb, repérez les moyens de prévention de ces deux problèmes.

DOC 6 **La circulation dans l'habitat pour les personnes à mobilité réduite.**

Le passage, d'une pièce à l'autre de l'unité de vie, est adapté pour une personne atteinte d'un handicap moteur et circulant dans un fauteuil roulant dont les dimensions sont :
Largeur : 0,75 m   Longueur : 1,25 m.
L'espace d'usage correspond à l'emplacement occupé par le fauteuil roulant (ou une personne avec deux cannes) pour utiliser un équipement (lavabo par exemple). Cet espace est défini par un rectangle de 0,80 m x 1,30 m.
L'espace de manœuvre du fauteuil avec demi-tour est un cercle de rotation de diamètre 1,50 m.
La largeur minimum des couloirs est de 0,90 m.
Les portes intérieures sont des portes de 0,80 m dont la largeur de passage, vantail ouvert à 90° est au moins de 0,77 m. La porte d'entrée de 0,90 m doit offrir un passage dito de 0,83 m. L'espace de manœuvre des portes est défini par un rectangle de largeur équivalente à celle de la circulation (au moins 0,90 m) et de longueur égale à 1,70 m s'il faut pousser la porte, 2,20 m s'il faut tirer la porte ou s'il s'agit de porte d'entrée.
La cuisine doit offrir un passage d'une largeur minimale de 1,50 m entre les appareils ménagers installés ou prévisibles compte tenu des possibilités de branchement et d'évacuation, les meubles fixes et les parois, et ce hors du débattement de la porte.
La chambre doit offrir, en dehors du débattement de la porte et de l'emprise d'un lit de 1,40 m x 1,90 m :
- un espace libre d'au moins 1,50 m de diamètre
- un passage d'au moins 0,90 m sur les deux grands côtés du lit et un passage d'au moins 1,20 m sur le petit côté libre du lit, ou un passage d'au moins 1,20 m sur les deux grands côtés du lit et un passage d'au moins 0,90 m sur le petit côté libre du lit.

Passages et manœuvre des portes

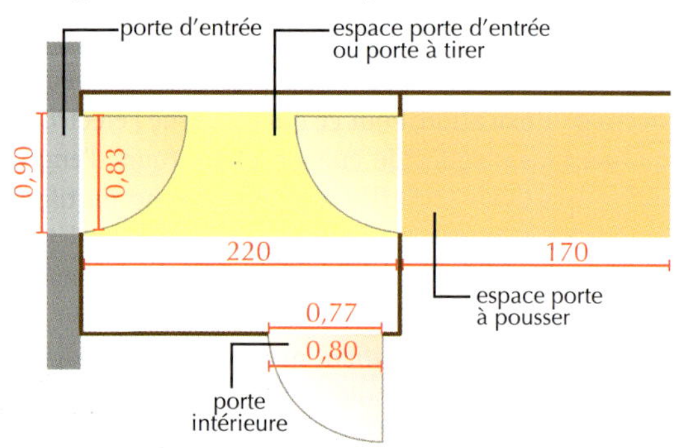

Rotation du fauteuil

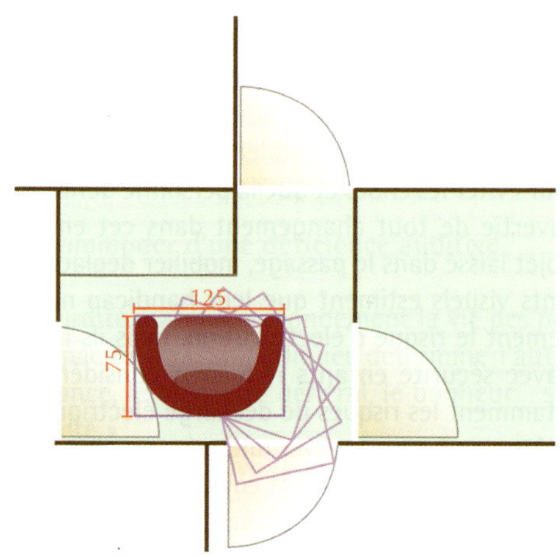

Organisation de la chambre

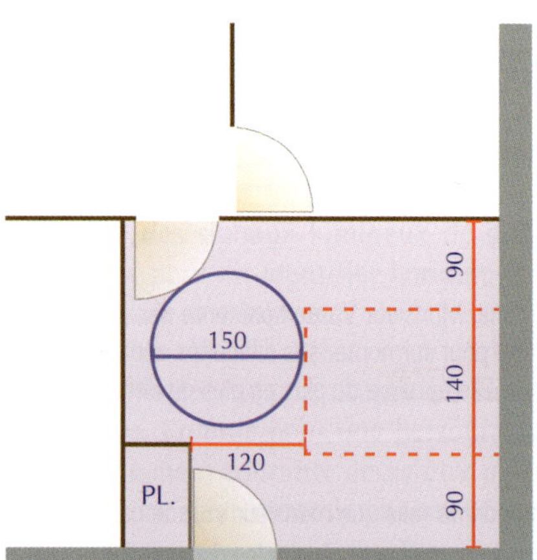

WC/salle d'eau

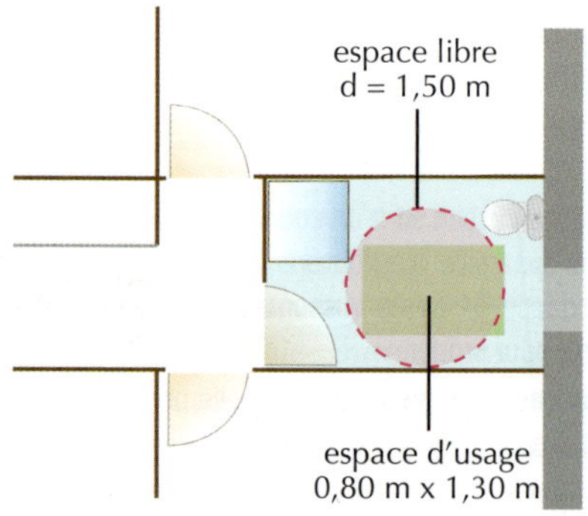

D'après www.plans-maisons.com

DOC 7 Le rangement de l'habitat pour personnes à mobilité réduite

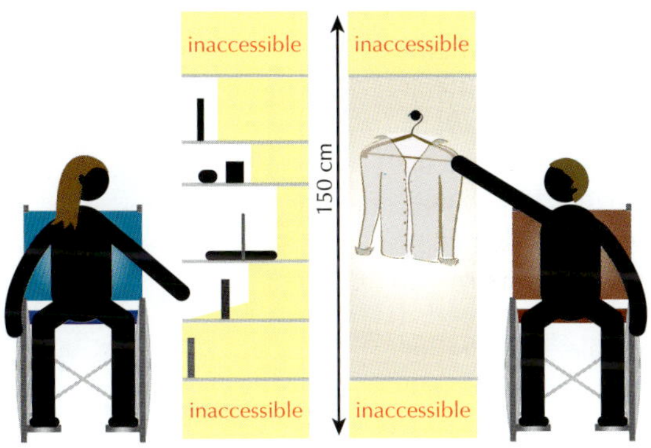

Les rangements avec porte (placards, armoires, réfrigérateur, etc.)
Quand il s'agit d'une porte battante, vérifiez tout d'abord que la porte du placard ou de l'armoire peut être ouverte à 90° ou totalement rabattue. Les portes coulissantes ne posent pas ce type de problème et demandent beaucoup moins d'espace de manipulation.

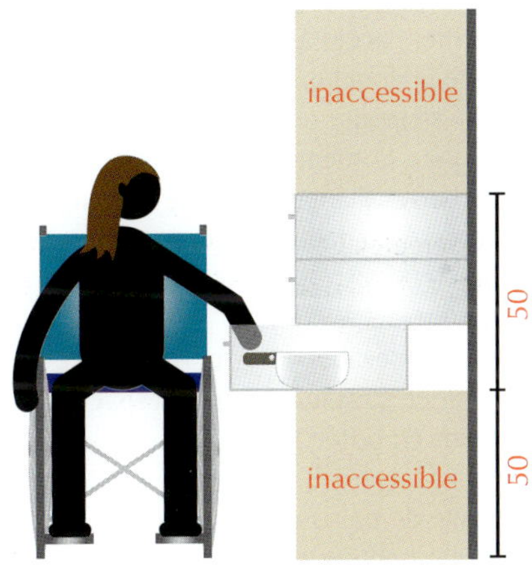

Les rangements avec **tiroirs** sont faciles à ouvrir et très pratiques d'utilisation. Par contre, en hauteur, la zone où ils sont utilisables est relativement réduite.

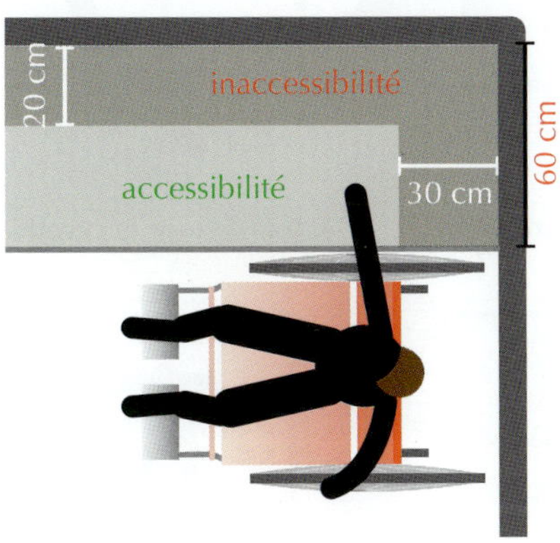

Dans les angles des pièces, certaines zones resteront toujours inaccessibles...

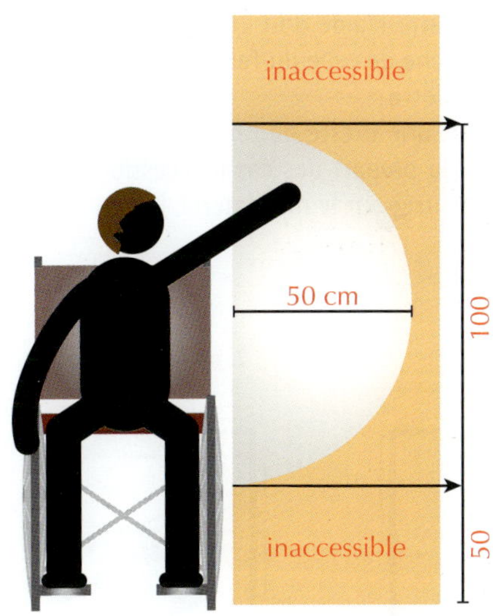

...dans un angle, le long d'un meuble aussi.

DOC 8 Le confort

La douche

Il vous faudra d'abord vérifier l'accès à la douche. Un espace libre de 80 cm de large doit être libre d'un des deux côté de la douche. [...] Pour prendre une douche, la personne en fauteuil roulant se transfère sur un siège qui résiste à l'eau. Ce siège peut être amovible ou fixe. Dans les 2 cas, il devra être réglé à la même hauteur que celle du fauteuil, en général 50 cm de hauteur. N'oubliez pas les barres d'appui et d'aide au transfert. Il faudra enfin que les robinets et la douchette soient accessibles depuis le siège de douche. N'oubliez pas la place du savon, du shampoing et de la serviette.

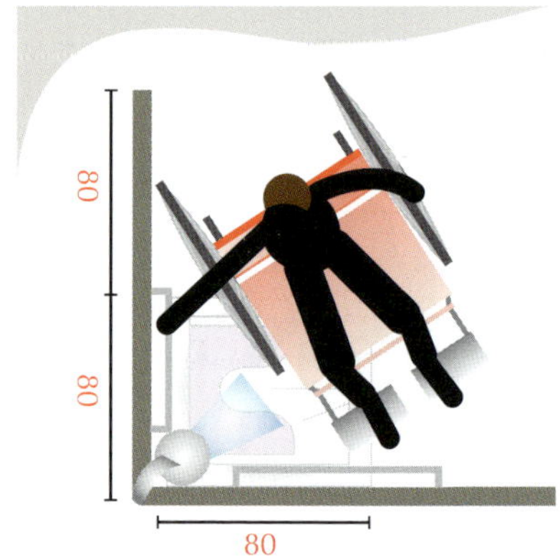

Le lavabo

L'approche frontale est indispensable. Pour permettre cette approche frontale, il faudra un lavabo de faible profondeur et, sous le lavabo, un espace totalement libre pour permettre une avancée maximale, les pieds en butée sur le mur.

Le WC

Que le WC soit dans la salle de bains ou indépendant, il est nécessaire de pouvoir effectuer un certain nombre de gestes :
- s'approcher du siège : un espace de 80 cm doit rester libre à côté de la cuvette ;
- s'y transférer : une barre d'aide doit être fixée au mur et la hauteur du siège doit être très proche de celle du fauteuil roulant (50 cm du sol) ;
- attraper le papier toilette ;
- tirer la chasse d'eau : une tirette ou un bouton poussoir situé au-dessus du réservoir est dans la plupart des cas inaccessible. Prévoyez une commande de chasse décentrée sur le mur latéral. [...]

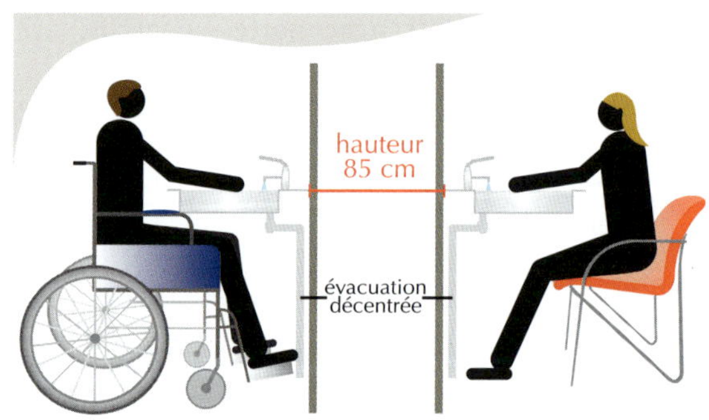

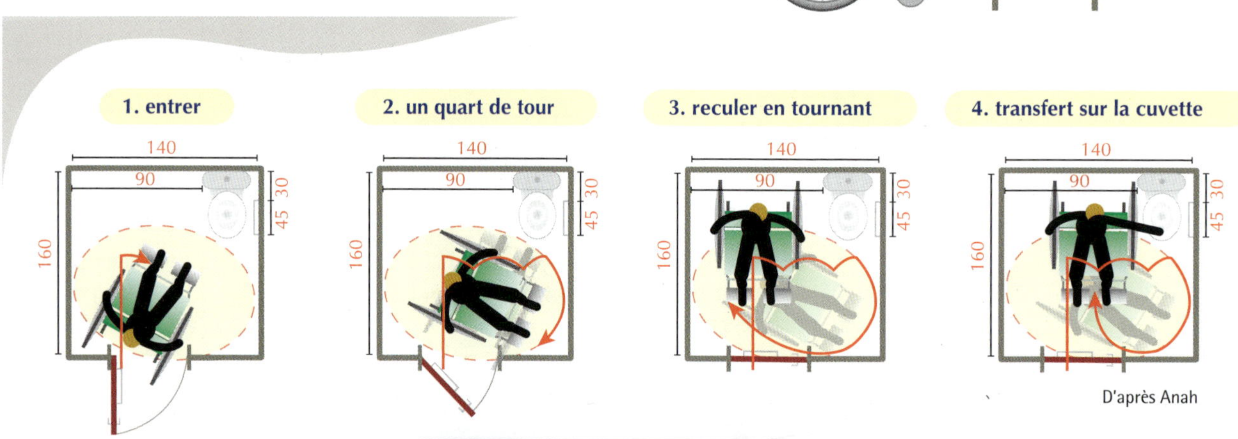

D'après Anah

Exemples d'aménagements dans un hôtel

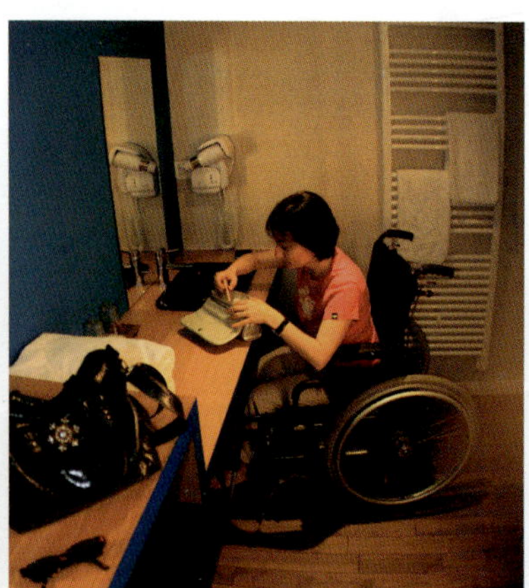

DOC 9 L'adaptation de l'habitat

ACCUEILLIR LES PERSONNES HANDICAPÉES

Un grand nombre d'accidents de la vie courante se produisent à l'intérieur de la maison. Votre maison n'est pas sans danger pour une personne handicapée qui a du mal à se déplacer, dont les gestes sont limités... Ce questionnaire vous permet de dépister ces dangers

	OUI	NON	À FAIRE	FAIT
Les passages extérieurs et intérieurs sont-ils suffisamment larges et accessibles ?	○	○	○	○
Avez-vous disposé des mains courantes dans les lieux de passage	○	○	○ 2	○
Tous vos sols sont-ils antidérapants ?	○	○	○	○
Les lieux de passage sont-ils sans obstacle pour le déplacement en fauteuil, y compris les tapis ?	○	○	○	○
Vos tables ont-elles été réhaussées ?	○	○	○	○
Les dénivelés du plan de travail de la cuisine ont-ils été supprimés ?	○	○	○	○
Avez-vous prévu un dégagement sur le côté du lave-vaisselle ? (chargement latéral) ?	○	○	○	○
Le réfrigérateur est-il surélevé pour permettre l'engagement des pieds ?	○	○	○	○
Les placards sont-ils accessibles ?	○	○	○	○
Vos armoires ont-elles des portes coulissantes ?	○	○	○	○

	OUI	NON	À FAIRE	FAIT
Les plinthes des meubles sont-elles en retrait pour permettre l'engagement des pieds ?	○	○	○	○
Disposez-vous de robinets thermostatiques verouillés à 40 °C pour éviter tout risque de brûlure ?	○	○	○ 3	○
Vos interrupteurs sont-ils à une hauteur accessible ?	○	○	○	○
Votre table de cuisson est-elle munie d'un tableau de commande en façade ?	○	○	○	○
Une douche avec receveur plat est-elle prévue ?	○	○	○	○
Avez-vous installé des barres d'appui dans la salle de bain et les toilettes ?	○	○	○ 2	○
Des autocollants anti-glisse ont-ils été installés dans la douche et la baignoire ?	○	○	○	○
Avez-vous installé une plage de transfert sur l'une des extrémités de la baignoire ?	○	○	○	○
Des veilleuses ont-elles été disposées dans les pièces dans l'éventualité de déplacements nocturnes ?	○	○	○	○
Un lavabo à fond plat ou à hauteur variable a-t-il été mis en place ?	○	○	○	○
Avez-vous installé un miroir inclinable pour faciliter la toilette ?	○	○	○	○
Vos portes ont-elles une largeur de 90 cm (pour le passage d'un fauteuil)	○	○	○	○
Vos meubles ont-ils des protections d'angle ?	○	○	○	○
Les fils électriques et les rallonges sont-ils fixés aux murs ou rangés ?	○	○	○	○
Avez-vous privilégié des poignées de porte en bec de canne plutôt que des rondes ?	○	○	○ 5	○
Avez-vous pensé à utiliser la domotique et les systèmes « médaillons d'appel d'urgence » ?	○	○	○	○
Un téléphone mains libres ou d'usage facile a-t-il été mis à disposition en cas d'appel d'urgence ?	○	○	○	○

DOC 10 La chambre de madame Folin

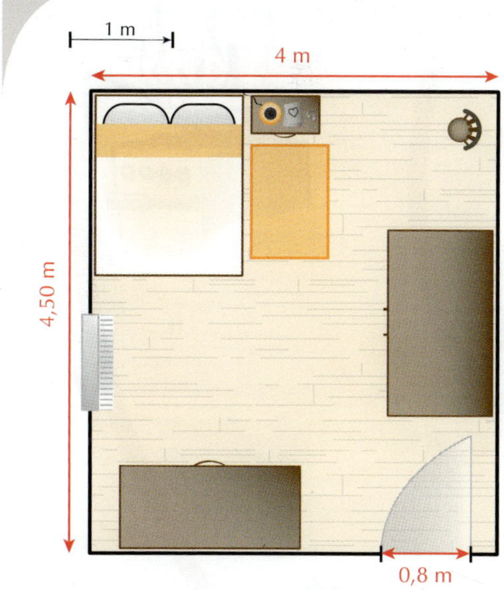

DOC 11 La salle de bain de madame Folin

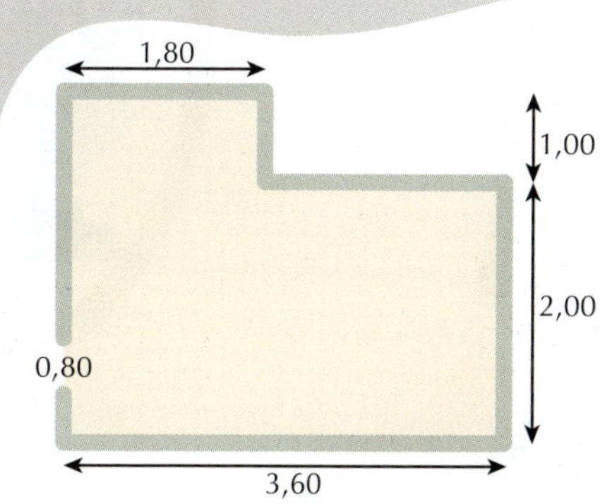

Madame Folin, 32 ans, est paraplégique suite à un accident. Pour son retour du centre de rééducation et de réadaptation fonctionnelle, il lui est nécessaire d'adapter son logement pour maintenir un maximum son autonomie.

Cette semaine, elle décide de revoir l'aménagement et l'équipement de sa chambre (document 10). Elle voudrait retirer les éléments inutiles, prévoir des meubles adaptés, installer une télévision et un petit bureau.

- Organisez l'aménagement et l'équipement de la chambre de madame Folin.

Un agent d'un organisme d'expertise du risque est venu faire un diagnostic dans sa maison. Il lui a remis une fiche (document 9) sur laquelle madame Folin peut constater les améliorations à apporter afin de limiter les risques et favoriser son autonomie.

- Constituez un dossier dans lequel vous proposerez l'équipement manquant (photos, descriptif et prix).
- Reproduisez le plan de la salle de bain du document 11 à l'échelle 1/20e et équipez-le.
- Indiquez à madame Folin l'organisme qui pourra l'aider pour le financement de ces projets d'aménagement.

DOC 12 Les accidents domestiques

DOC 13

Le jeu des sept lieux

Sophie est animatrice dans un club de troisième âge. Elle a appris l'hospitalisation de madame Boin qui a chuté dans sa cuisine. Sensible à cet événement, elle voudrait sensibiliser les personnes âgées pour prévenir davantage les risques de la vie courante.
Elle a contacté Martine, la responsable du programme prévention des accidents domestiques de l'association VQSD (Vie Quotidienne Sans Danger).
Sophie reçoit Martine pour lui présenter son projet et demander de l'aide :

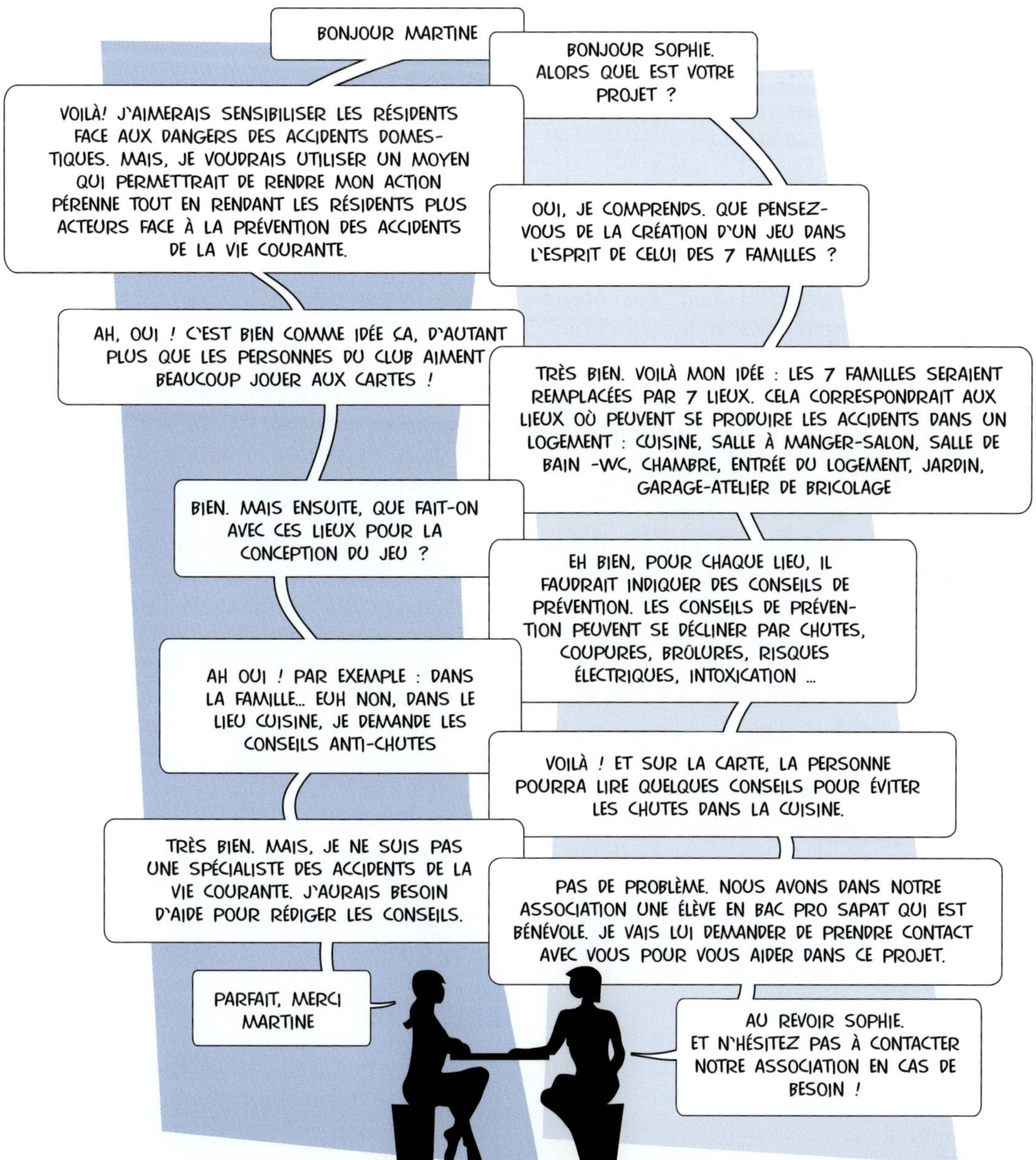

- Vous êtes la personne bénévole de l'association VQSD (Vie Quotidienne Sans Danger) du document 13.
- Rédigez les conseils qui figureront sur chaque carte du jeu.
- Réalisez sur un format A2 (4 formats A4) le tapis de jeu sur lequel les joueurs pourront consulter les lieux (en guise de famille) et les conseils par rubrique.

L'essentiel

La maison idéale, hypothèse sur le futur

L'habitation est un sujet au cœur des sociétés et des cultures. Même si elle peut prendre une grande variété de formes et de dimensions, sa signification et son importance sociale et culturelle restent immuables.
[...]
La loi parle d'habitation décente, mais que signifie ce terme ? Le « tout confort » ou « confort de base », défini de façon normative par l'existence de w-c intérieurs, d'au moins une salle de bain et du chauffage central ou son équivalent, nous semble dépassé aujourd'hui. [...]
La relation entre la superficie du logement et le nombre d'habitants est un des éléments qui sous-tendent cette notion de confort. [...]
Actuellement la superficie moyenne est de 110 m² pour 4,7 pièces.

Différentes enquêtes identifient d'autres éléments importants pour les habitants par rapport à la notion de confort. Les personnes souhaiteraient la multiplication de certains équipements, principalement la salle de bains ; qu'ils voudraient ne pas être gênés par les bruits ni par les odeurs, pouvoir contrôler la vue et la lumière. Ils exigent plus d'intimité et d'autonomie, d'une pièce supplémentaire, de flexibilité ainsi que de la notion d'un confort vécu différemment puisque le confort de base est acquis dans la maison aujourd'hui. [...]

Ce qui est évoqué par les habitants se présente comme une multitude de considérations qui mélangent à la fois des caractéristiques de l'objet construit, des phénomènes physiques et la façon dont ils sont perçus. La notion de confort est employée en des sens différents. Le terme est associé à d'autres termes renvoyant à la fois à des dimensions techniques et sensorielles.

- Confort moderne
- Confort domotique
- Confort expert
- Confort d'ambiance
- Confort physique
- Confort matériel
- Confort psychologique
- Confort intellectuel

[...]
Les considérations de confort permettent de mettre en place des :

- Normes et recommandations
- Technologies domestiques, innovation, émergence de la domotique
- Questions de l'entretien
- Problèmes de la sécurité
- Fonctions fonctionnalisme en architecture
- Besoins « science de l'habitat »
- Économies des moyens Construction et rationalisation.

[...]
Enfin, le confort interroge précisément les sens (perceptions, cinq sens) et le corps en action. Il dépend des usages et des mœurs de la civilisation, du progrès technique et social. Elle prend en considération des notions positives comme « commodité », « aise », « agrément » et les oppose à des notions comme « incommodité », « désagrément », « gêne » et « nuisance ».

Le confort a des notions qui lui sont proches comme le sont l'« hygiène » (santé et morale au XIXe siècle), le « bien-être » (sensation agréable que procure la plaine satisfaction des besoins physiques), le « luxe matériel » ainsi que les « normes » (création du CSTB après guerre en France)

Les innovations architecturales, accompagnées par les évolutions sociales et les nouvelles techniques, tendent à questionner sens cesse nos conceptions du confort et nos capacités à en produire.

Extrait de F. Madoré, *Sociologie de l'habitat en France*,
Séminaire Leroy Merlin, Nantes, 13/01/2005
www.leroymerlinsource.fr

élargissement *Pour aller plus loin*

Monsieur et madame Dufour habitent un pavillon sur deux niveaux construit en 1975. La salle de bain comprend une douche surélevée de 15 cm et un lavabo. Accolé à celle-ci, un WC et en face, séparée par un couloir, une pièce noire.

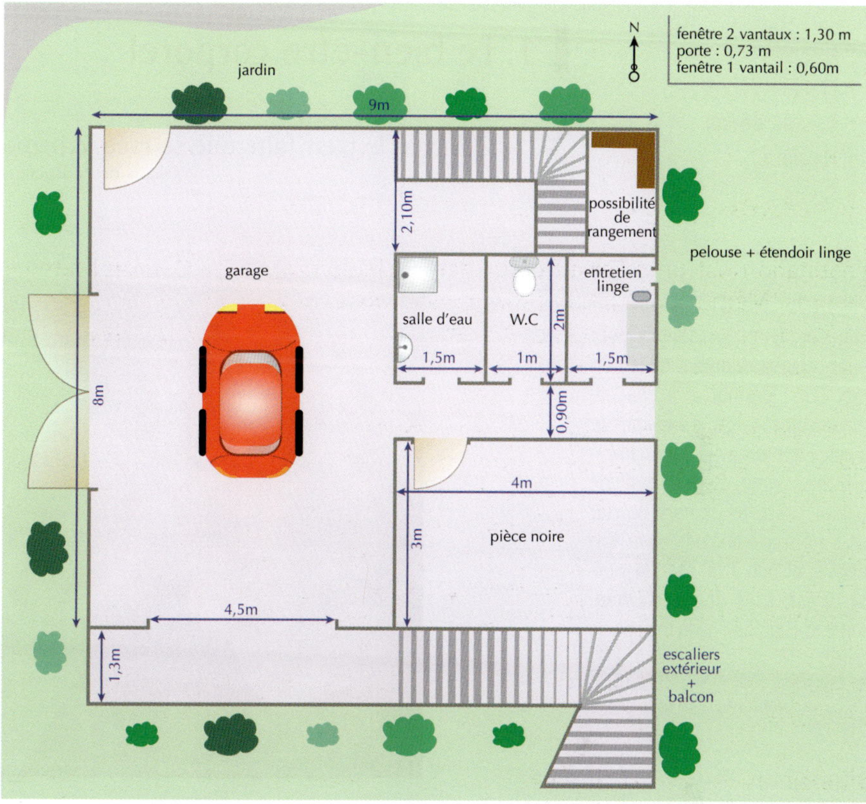

1. Réalisez le plan à l'échelle 1/200e.

2. Prévoyez un aménagement de cette partie de l'habitation afin de pouvoir y faire un logement décent dans l'éventualité d'une dépendance.

3. Prévoyez la cuisine et la salle à manger en insistant sur le côté ergonomie, sécurité, praticité.

4. Prévoyez une modification dans la pièce noire (future chambre) afin d'avoir une lumière naturelle.

5. Prévoyez une modification pour la salle d'eau et les WC permettant de circuler éventuellement en fauteuil roulant.

6. Pour chacune des pièces, prévoyez les revêtements, l'aménagement et l'équipement. Listez ensuite les éléments de domotique qui permettraient de faciliter le quotidien tout en assurant une sécurité supplémentaire.

Monsieur et madame Dufour peuvent-ils avoir recours à des aides ? Argumentez.

bibliographie *À consulter*

- www.anah.fr
- www.capretraite.fr
- www.pact-arim.org
- www.habitat-developpement.tm.fr
- www.juri-logement.org
- www.clcv.org
- www.inrs.fr

CHAPITRE 5

L'INTERVENTION D'AIDE AUPRÈS DE LA PERSONNE

- Confort
- Qualité de vie
- Estime de soi
- Hygiène
- Soins

Humaniser, c'est se donner pour objectif l'épanouissement de la personne. C'est permettre à chacun, quel que soit son âge, d'exprimer ce qu'il est, c'est rendre la communication la plus vraie et la plus fluide possible. C'est ne jamais oublier qu'on s'adresse à une personne, fût-elle âgée, et non à un état, la vieillesse. C'est, sans doute, souvent, changer le « souffle » de la maison de retraite.

S. Goffin,
www.soignants-aides.com

1. Le bien-être corporel

« C'est par le bien faire que se crée le bien-être »
François de La Rochefoucauld

DOC 1

Charte de la personne âgée dépendante

Les 14 principes généraux

1. Toute personne âgée dépendante garde la liberté de choisir son mode de vie.
2. Le lieu de vie de la personne âgée dépendante, domicile personnel ou établissement, doit être choisi par elle et adapté à ses besoins.
3. Toute personne âgée dépendante doit conserver la liberté de communiquer, de se déplacer et de participer à la vie de la société.
4. Le maintien des relations familiales et des réseaux amicaux est indispensable aux personnes âgées dépendantes.
5. Toute personne âgée dépendante doit pouvoir garder la maîtrise de son patrimoine et de ses revenus disponibles.
6. Toute personne âgée dépendante doit être encouragée à conserver des activités.
7. Toute personne âgée dépendante doit pouvoir participer aux activités religieuses ou philosophiques de son choix.
8. La prévention de la dépendance est une nécessité pour l'individu qui vieillit.
9. Toute personne âgée dépendante doit avoir, comme toute autre, accès aux soins qui lui sont utiles.
10. Les soins que requiert une personne âgée dépendante doivent être dispensés par des intervenants formés, en nombre suffisant.
11. Soins et assistance doivent être procurés à la personne âgée en fin de vie et à sa famille.
12. La recherche multidisciplinaire sur le vieillissement et la dépendance est une priorité.
13. Protection juridique de la personne : toute personne en situation de dépendance devrait voir protégés non seulement ses biens mais aussi sa personne.
14. L'ensemble de la population doit être informé des difficultés qu'éprouvent les personnes âgées dépendantes.

Charte établie en 1997 par la fondation nationale de gérontologie

Fondation nationale de gérontologie

DOC 2

La toilette : définition et organisation

Définition

La toilette est un ensemble de soins visant à instaurer le bien-être et l'hygiène corporelle. Elle permet de soigner l'image de soi, de prendre conscience de chaque partie de son corps. La toilette représente, pour la personne âgée, le temps maximum de sa journée passé avec le soignant. La toilette fait appel à différentes formes de communication (tactile, verbale, visuelle...), [...] représente un soin complexe, un soin relationnel, accompagné d'un respect des règles d'hygiène et d'une technique.

Organisation

Choisir le moment de la toilette, en respectant au maximum les souhaits de la personne, ses habitudes de vie, la programmation des soins, des examens ou transferts et l'organisation du service.

S'informer du statut infectieux de la personne (précaution standard ou renforcée).

Faire un inventaire du matériel dans la chambre et de celui à prévoir.

Proposer à la personne les différentes possibilités offertes, selon son état physique et/ou psychique du jour.

Si interruption de soin obligeant le soignant à s'éloigner du résident, assurer sa sécurité en le réinstallant dans une position confortable dans son lit ou dans son fauteuil avec si nécessaire les contentions prescrites (ceinture, barrière).

Arrêter l'acte en cas de douleur. Reporter la toilette au lieu de la réaliser avec violence.

EHPAD – Château du Loup – novembre 2009 – www.cclin-sudest.chu-lyon.fr

DOC 3

Toilette, intimité et proxémie

[...] Une bulle protectrice

La proxémie est la distance physique qui s'établit entre des personnes prises dans une interaction. Ces distances, normées, sont différentes selon les situations et garantissent une sécurité « comme une bulle d'espace qui protège la sphère corporelle ». Il existe quatre proxémies, définissant quatre sphères :

- La sphère intime (de 15 à 45 cm) : pour embrasser, chuchoter...
- La sphère personnelle (de 45 cm à 1.2 m) : pour les amis...
- La sphère sociale (de 1.2 m à 3.6 m) : pour les connaissances
- La sphère publique (plus de 3.6 m) : l'orateur en conférence...

Chacun possède cette sorte de « bulle invisible », protectrice, qui règle les interactions sans que nous en ayons conscience.

Un acte intrusif

L'aide à la toilette est un acte qui impose d'entrer dans la sphère intime de la personne. Pourtant, en aucun cas, le professionnel ne fait partie de l'entourage familial ou amical auquel cette sphère est réservée ! La relation de dépendance à l'autre implique ce bouleversement dans les relations sociales et ses codes d'interaction, avec pour effet de réduire les distances auxquelles la personne âgée a pu s'habituer tout au long de sa vie. Lorsque l'aide n'est pas bien tolérée, cette entrée dans la sphère intime peut être vécue par l'aidé comme une effraction de sa bulle de protection, comme une agression, une mise en danger. Pour éviter ce sentiment d'agression, il est nécessaire de passer par toutes les autres sphères, successivement, pour en arriver à la sphère intime.

De sphère en sphère : l'adhésion de la personne

Le professionnel devra entrer progressivement dans la sphère sociale, personnelle puis dans la sphère intime. Pour cela, il devra d'abord manifester son arrivée auprès de la personne, puis se rapprocher d'elle lentement, vers l'avant. En effet, les personnes peuvent perdre peu à peu la capacité de repérer les indices qui annoncent la venue des gens (troubles visuels, auditifs, désorientation...). Puis, entrer en communication afin de signaler sa présence et éveiller l'attention de la personne : la saluer en la nommant, se nommer, restituer la personne dans le temps et l'espace et évoquer l'objectif de la visite. Enfin, établir un contact visuel en se plaçant à la hauteur de la personne pour rechercher un signal d'éveil.

Il est bénéfique de prévenir de l'acte qui va être réalisé, de demander la permission d'entrer en contact physique, de proposer de l'aide au lieu de faire à la place. Il peut être intéressant de commencer par les mains ou le visage, pour aller progressivement vers les parties les plus intimes, afin que le contact physique s'établisse plus sereinement. Il est également important de respecter la nudité de la personne en couvrant ses parties intimes, mais aussi tout simplement en fermant portes et fenêtres, en tirant les rideaux, en favorisant le calme et la sérénité.

[...]

Toilette et intimité : Choc des cultures et des générations, Maud Philippart, Doc'Domicile n° 21, 2011

?

- Définissez les notions de : bien-être – santé – autonomie - dépendance.
- Justifiez l'intérêt de prendre en compte les habitudes de vie dans la réalisation d'un soin pour le soigné puis pour le soignant.

DOC 4

Dimension relationnelle de la toilette

Préparer le résident en respectant les préalables du soin, en ayant une approche progressive, en évitant les chocs sensoriels (entrée brutale dans la chambre, lumières vives, bruits des barrières...).
Toucher la personne du moins sensible au plus sensible, du moins intime au plus intime avec douceur, pudeur et attention.
Respecter le schéma corporel de chacun sans pince ni griffe, de façon «pacifiante» et professionnelle (toucher vaste et lent) en lui permettant de ressentir le monde extérieur.
Personnaliser la relation avec le résident: ne pas employer le mot «on», toujours employer les mots «je», «vous» ou «nous»; ne pas employer les appellations comme «papi», «mamie»... ; faire participer au maximum la personne, qui fera par conséquent appel à ses capacités; l'aider dans le choix de ses vêtements en lui rappelant la température extérieure ou l'évènement du jour; être attentif à ses demandes concernant son apparence esthétique.

EHPAD – Château du Loup – novembre 2009 – www.cclin-sudest.chu-lyon.fr

DOC 5

Toilette au lit

Les soins corporels quotidiens sont assurés avec l'aide partielle ou totale de l'infirmière en fonction du degré de dépendance de la personne soignée. Ils sont nécessaires à l'entretien du besoin de protection cutanée et à l'élimination d'excrétions telle que la sueur, les poussières... ou de formations épidermiques durillons... Soin d'hygiène quotidienne, facteur de bien-être physique et moral de la personne soignée, ils se révèlent un moment de relation et d'observation. [...]
Notions préliminaires indispensables: **respecter la pudeur et l'intimité de la personne.**
- Dans la chambre:
• Mettre des paravents ou tirer le rideau de séparation.
• Fermer la porte.
• Ne pas interrompre la toilette sans motif grave.
• Proposer la salle de bains toutes les fois que cela est possible.
- Au niveau du soin de la personne:
• Lui proposer d'effectuer seule la toilette des organes génitaux, en l'aidant si besoin dans le rinçage du gant.
• Ne jamais la laisser nue sur son lit.
Déterminer l'horaire et la durée de la toilette avec la personne soignée toutes les fois que cela est possible, en fonction de la planification des soins du groupe de personnes dont l'infirmière a la charge. Moduler la durée de la toilette avec le degré de fatigue et de dépendance de la personne.
Réunir tout le matériel indispensable au soin: matériel personnel complété par le matériel hospitalier si nécessaire.
Linge de toilette: deux gants de toilette et deux serviettes de toilette.
Linge pour le change de la personne: chemise de nuit, pyjama; vêtements de ville si besoin [...].
Le matériel de toilette: savon (normal, spécial dermatologique...); cuvette; glace; rasoir (électrique, mécanique, plus mousse à raser, after-shave); produits de beauté (crème...); eau de Cologne; brosse, peigne; verre à dents, brosse à dents, dentifrice, haricot, produit d'entretien prothèse dentaire; coupe-ongles; coton-tige.
Matériel environnant: poubelle chambre; sac à linge; paravent; plan de travail.
Protocole pour la toilette d'une personne dépendante:
• Déborder le lit de haut en bas sans découvrir la personne. Ôter le couvre-lit, la couverture, les déposer sur une chaise, ôter un oreiller si besoin.
• Prévoir l'eau: cuvette remplie d'eau, à la température voulue par la personne, veiller à ce que l'eau demeure chaude et changer aussi souvent que nécessaire, après chaque région corporelle lavée.
• Effectuer la toilette avec logique, de façon naturelle, d'une main ferme, mais sans brusquerie.
• Savonner, rincer abondamment, sécher: insister au niveau des plis naturels: aisselles, dessous des seins, aines, ombilic; siège de transpiration, d'irritation. Proscrire le talc et pommade favorisant la macération.

www.infirmiers.com

DOC 6 Technique de la toilette au lit : procéder par région corporelle.

La toilette, P.-A. Renoir

Toilette du visage, du cou, des oreilles

- Laver le visage, le cou. Essuyer en tamponnant sans frotter.
- Raser la personne.
- Proposer crème, after-shave.
- Nettoyer yeux, oreilles.
- Changer d'eau.

Toilette du torse, des bras et mains

- Enlever la chemise et recouvrir la personne du drap.
- Laver le bras et la main les plus éloignés, puis le thorax, le bras et la main la plus proche, en insistant sous les aisselles, les seins, le système pileux du thorax.
- Rincer et sécher en tamponnant en insistant au niveau des aisselles et des seins.

Toilette de l'abdomen

- Laver l'abdomen en insistant sur l'ombilic et en s'aidant si besoin d'un coton-tige.
- Recouvrir la personne de la veste de pyjama propre ou de la chemise de nuit.

Toilette des organes génitaux

- Changer de gant afin d'éviter une dissémination de germes anaux au niveau du vagin ou pénis.
- Changer de serviette de toilette.
- Essuyer en insistant au niveau des plis cutanés.
- Changer d'eau.

Toilette du dos

- La personne est confortablement installée en position latérale, en veillant à sa sécurité. Laver de haut en bas.
- Essuyer. Vérifier l'état cutané (épaule, épine dorsale).
- Proposer une friction à l'eau de Cologne.

Toilette du siège

- Changer de gant.
- Laver des organes génitaux vers la région anale.
- Changer de serviette.
- Essuyer par tamponnement.
- Frictionner avec de l'eau de Cologne.
- Vérifier l'état cutané (sacrum…).
- Changer le drap de dessous et l'alèze si besoin.
- La personne est en position dorsale, lui mettre sa chemise.
- Changer d'eau.

Toilette des cuisses, jambes, pieds

- Laver la cuisse, jambe et pieds les plus éloignés puis l'autre. Soutenir la jambe sous la cheville, pour en effectuer le lavage.
- Insister au niveau du genou, des orteils et espaces interdigitaux.
- Procéder au soin des pieds, ne pas hésiter à les faire tremper si besoin (pédiluve), couper les ongles au carré pour éviter qu'ils ne s'incarnent, prévoir pédicure si besoin frictionner les talons, vérifier état cutané.
- Mettre culotte de pyjama.
- Recouvrir la personne.

www.infirmiers.com

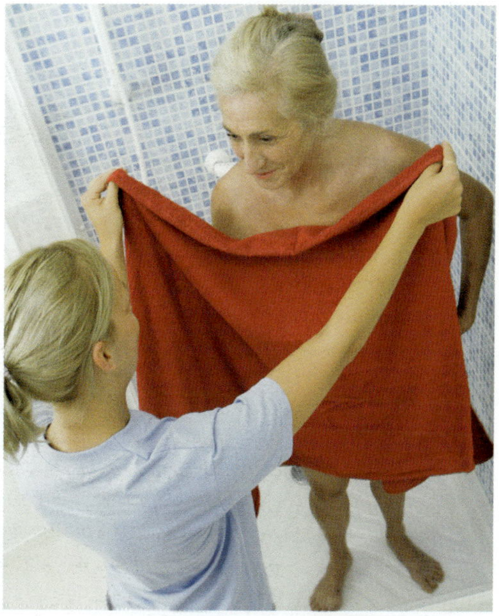

?

- Précisez tous les objectifs de la toilette d'un patient.
- Dites pourquoi il ne faut pas « faire à la place de » mais « aider à… ».

DOC 7

Les secrets d'une toilette réussie : prendre en compte les habitudes de vie

[...] Chaque personne a son degré de pudeur, sa notion d'intimité. Poser la question des habitudes de vie permet de respecter l'intimité prenons un exemple : le plan d'aide réalisé avant l'intervention a prévu une aide à la douche le matin mais l'aide à domicile s'aperçoit que la personne est réticente : elle a toujours pris des douches le soir. Ces situations sont sources de refus d'aide et d'agressivité.

Face au corps

L'appréhension de la nudité d'une personne fragilisée est un sujet d'angoisse, surtout chez les aides à domicile débutantes. Sur le plan relationnel, face à la rencontre du corps de l'autre, deux cas de figure peuvent se rencontrer :

- la personne aidée veut mettre à l'aise l'aide à domicile (« Vous en verrez d'autres ! ») ;
- la personne âgée, sous divers prétextes, refuse l'aide à la toilette (« Je ne veux pas, je suis trop fatiguée... »).

Dans tous les cas, le mieux est de ne pas répondre directement ou d'utiliser l'humour pour contourner la difficulté (« Justement une bonne douche et un bon somme, demain vous serez toute fraîche ! »).

Communiquer

Dans son comportement, l'aide à domicile doit en priorité chercher à accrocher le regard avant le corps nu. Être à l'aise avec une personne qui n'a pas choisi de montrer son corps passe d'abord par ce type de communication non verbale : expression neutre, gestes sûrs...

Une personne expérimentée et attentive qui réalise une aide à la toilette oubliera le corps pour retenir le bien-être apporté à la personne. Profitez de ce temps pour (re) découvrir les goûts de la personne âgée :

- Préfère-t-elle l'odeur de ce gel douche à la vanille ou celui à la noix de coco ?
- Quel effet lui fait telle crème sur son visage ?
- La température de l'eau lui convient-elle ?
- Voudra-t-elle de l'aide pour se maquiller ?
- ...

Le sourire de la personne aidée est le résultat d'une toilette réussie.

René Raguénès, *Doc'domicile* n° 21 janvier/février 2011

DOC 8

Les soins esthétiques chez la personne âgée

Les soins esthétiques permettent de revaloriser l'image corporelle de la personne âgée et participent à la reprise de confiance par une « beauté retrouvée » et par l'éveil des sens. Ils ont une place indispensable dans un contexte général d'hygiène physique, mentale de la personne âgée...

L'observation dans le miroir est importante : La personne âgée y redécouvre son image car elle n'a pas beaucoup l'occasion de se regarder. Les séances de maquillage revalorisent, rassurent et redonnent un peu de vie sociale, améliorant ainsi le moral et l'image de la personne âgée, souvent perturbée à l'automne de la vie. Les soins esthétiques sont enfin l'occasion de donner des conseils d'hygiène, de beauté, de confort à la personne et lui permettent ainsi de conserver le goût et l'envie de s'occuper d'elle.

www.anaisformationcontinue.fr

DOC 9

Qui a dit qu'il y avait un âge pour prendre soin de son corps ?

Il n'y a pas d'âge pour se rendre beau et séduisant. Cette politique est celle adoptée par la maison de retraite Château-Vacquey, qui met en place des soins esthétiques de façon régulière pour le plus grand bonheur des résidents, ou plutôt résidentes. [...] L'idée commune est de se faire plaisir, de prendre du temps pour soi, de soigner sa personne, de répondre à des envies qu'on a toujours eues, mais qu'on a refoulées faute de temps, ou parce qu'on était trop occupées à faire passer tout le reste avant soi. Lorsque le corps est sain, l'esprit peut se remettre à fonctionner comme il faut et redevenir sain et posé à son tour. La maison de retraite Château-Vacquey a mis en place différents ateliers qui ravissent une bonne majorité de pensionnaires, les plus coquets d'entre eux.

Une fois par quinzaine, nos « belles » attendent les coiffeuses, Maryse et Françoise. [...] Ce rendez-vous est attendu pour certaines avec impatience. C'est l'occasion de tenter de nouvelles choses, une permanente, une coupe, une petite couleur pourquoi pas ? Tout est permis. Maryse explique, « Nous venons tantôt l'après-midi, tantôt le matin. Nous coiffons chacune entre 6 à 10 pensionnaires à chaque séance, mais ça reste très variable. Tout dépend aussi de leur budget. » En effet, la coiffure est à la charge du client, à la différence des soins esthétiques qui, eux sont entièrement gratuits pour les résidents. Pour cause, ils ne sont pas réalisés par des intervenants extérieurs, mais par deux membres du personnel soignant. Les personnes âgées se font épiler les sourcils, maquiller à leur goût, masser. Ces deux séances par mois sont très appréciées d'autant plus qu'elles sont accessibles pour tous, sans différenciation de budget, étant donné que le service est entièrement gratuit. [...]

Enfin, une belle enveloppe extérieure ne vaut rien si son contenu est vide. C'est là qu'Hirvinia intervient. Elle est stagiaire psychologue à la maison de retraite et propose des ateliers deux fois par semaine, « J'exerce plusieurs activités à la maison de retraite. Je m'occupe aussi de l'atelier mémoire car je me destine à la psychologie. »

Tout un programme qui aide les personnes âgées à se revaloriser et à redevenir les personnes respectables qu'elles étaient avant. Ces ateliers les aident à retrouver une dignité et se rendre compte qu'elles sont bien plus qu'un simple corps soigné, elles sont une personne qui a encore tellement à offrir. Mais pour arriver à ces résultats, il faut passer beaucoup de temps et d'énergie à changer la vision que la personne a d'elle-même.

www.blog-maison-de-retraite.retraiteplus.fr

DOC 10

En résumé, la toilette, c'est...

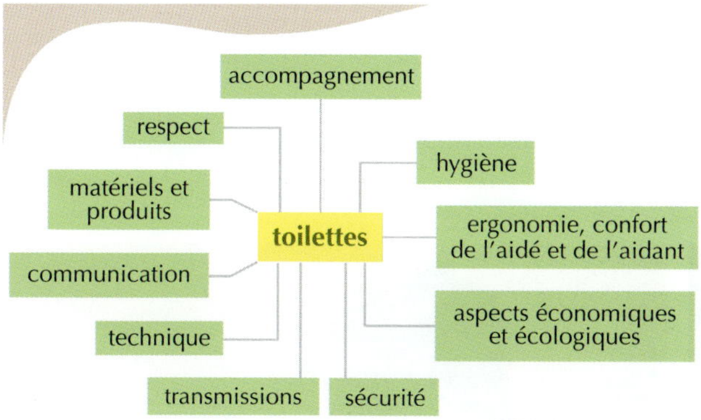

D'après L. Decorde

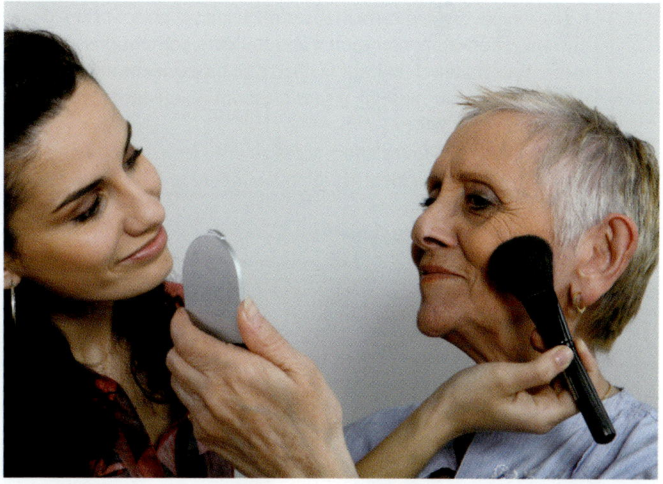

?

- Définissez le terme « socio-esthétique ». Dites en quoi il contribue au bien-être.
- Lors d'un stage dans un service de pédiatrie, on vous confie différentes missions :

– Retrouvez la charte de l'enfant hospitalisé.
– Reprenez et développez les items du schéma du document 10 pour expliquer les éléments à prendre en compte pour réaliser le bain d'un nourrisson.
– Établissez la fiche technique correspondante.

- Bientraitance
- Déontologie
- Éthique
- Secret professionnel

2. L'attitude professionnelle

Dans les faits, comment peut-on adapter une attitude professionnelle ?

DOC 1

La bientraitance pour prévenir la maltraitance

Le mot bientraitance a fait son entrée en 2010 dans le dictionnaire *Le Robert*. Il a été formé récemment pour s'opposer au concept de maltraitance. [...]

Pour le professionnel, la maltraitance est souvent synonyme de mauvais traitements. Pourtant, maltraiter une personne âgée, malade ou handicapée ne se résume pas à la « traiter mal ». Il s'agit parfois de négligence, de défaut de soins, d'ignorance des besoins fondamentaux de la personne, etc.

MALTRAITANCE (La classification internationale de la maltraitance a établi sept groupes)	BIENTRAITANCE (Exemples de bientraitance au quotidien)
• Les violences physiques : coups, blessures, bousculades ou brutalité dans les soins, etc. • Les violences psychologiques : brimades, humiliations, chantage affectif, menaces, insultes, tutoiement abusif, indifférence, infantilisation, etc. • Les violences financières/matérielles : vol, détournement de bien, spoliation d 'héritage, utilisation frauduleuse de signature, etc. • La négligence active : privation de soins nécessaires, ignorance d'un besoin, etc. • La négligence passive : omission de soins nécessaires, défaut d'attention aux besoins de la personne, etc. • Les violences médicamenteuses/médicales : prescription de sédatifs à outrance, non-administration d'antidouleurs, contentions abusives – c'est-à-dire tout matériel limitant la liberté de mouvement du patient (barrières de lit, attaches au fauteuil...) sans prescription médicale motivée et renouvelée toutes les 24h. • Les violences civiques : non-accès au vote (empêché ou non encouragé), retrait des papiers d'identité, impossibilité de se (re)marier, etc.	• Appeler le patient par son nom. [...] • Respecter l'intimité du patient [...] • Préserver l'autonomie de la personne dépendante en essayant le plus possible de lui laisser exercer ses capacités.[...] • Respecter la sexualité des personnes âgées et en situation de handicap est un principe fondamental. [...] • Ne pas oublier les soignants Comment s'occuper de quelqu'un de façon bienveillante quand on est soi-même maltraité ? Le soignant peut en effet se trouver confronté à plusieurs formes de maltraitance : celle qui s'exerce contre la personne soignée et celle le concernant lui-même. [...].

L'aide-soignante n°119, 2010

DOC 2

Bientraitance/maltraitance en établissements de santé : introduction générale

La loi du 4 mars 2002 relative aux droits des malades et à la qualité du système de santé a profondément changé les pratiques des professionnels et les relations avec les usagers. L'Agence Nationale d'Accréditation et d'Évaluation en Santé (ANAES) puis la Haute Autorité de Santé (HAS) ont contribué à la mise en œuvre de ces droits, notamment au travers de la certification des établissements de santé.
Cependant, malgré les progrès accomplis, certaines plaintes d'usagers des établissements de santé laissent transparaître un ressenti d'abandon, un manque d'écoute, de considération ou d'information.
Les travaux conduits dans le secteur médico-social montrent l'intérêt d'une démarche de promotion de la bientraitance pour lutter contre **cette forme de maltraitance, celle que l'on qualifie tantôt de « passive », « institutionnelle » ou « ordinaire »**, c'est-à-dire peu visible, banalisée et issue d'un fonctionnement collectif plutôt que de volontés individuelles.
La recommandation de bonnes pratiques professionnelles de l'ANESM (Agence Nationale de l'évaluation et de la qualité des établissements et services sociaux et médico-sociaux) de juillet 2008, « La bientraitance : définition et repères pour la mise en œuvre », définit la posture professionnelle de bientraitance comme une manière d'être, d'agir et de dire, soucieuse de l'autre, réactive à ses besoins et à ses demandes, respectueuse de ses choix et de ses refus.
La bientraitance s'incarne aussi au niveau institutionnel permettant ainsi de repenser les organisations et leur fonctionnement afin de mieux prendre en compte l'expérience concrète et les besoins des personnes malades et de leurs proches.

Document de la Haute Autorité de Santé, disponible sur le site www.has-sante.fr

DOC 3

Épuisement professionnel ou burn-out

Le burn-out, initialement identifié parmi les personnels soignant et aidant, peut concerner toutes les professions qui demandent un engagement personnel intense. Les mesures de prévention doivent empêcher une aggravation de la santé des personnes déjà menacées d'épuisement et, parallèlement, prévenir l'apparition d'autres cas.
Le syndrome d'épuisement professionnel, ou burn-out, est un ensemble de réactions consécutives à des situations de stress professionnel chronique. Il se caractérise par 3 dimensions :
- l'épuisement émotionnel : sentiment d'être vidé de ses ressources émotionnelles,
- la dépersonnalisation ou le cynisme : insensibilité au monde environnant, déshumanisation de la relation à l'autre (les usagers, clients ou patients deviennent des objets), vision négative des autres et du travail,
- le sentiment de non-accomplissement : sentiment de ne pas parvenir à répondre correctement aux attentes de l'entourage, mise en retrait, dépréciation de ses résultats...

Médecins, infirmières, aides à domicile, enseignants, avocats... de nombreuses professions demandent un investissement personnel et affectif important. Les salariés exerçant ces métiers peuvent être concernés par le risque de burn-out quand ils en arrivent à ressentir un écart trop fort entre leurs attentes, la représentation qu'ils ont de leur métier (portée par des valeurs et des règles) et la réalité du travail. Cette situation, qui les épuise et les vide « émotionnellement », les conduit à remettre en cause leur investissement initial.
Épuisement professionnel : le cas d'une infirmière hospitalière : « Ma profession d'infirmière, je l'ai choisie, je l'ai voulue... Mais aujourd'hui, j'ai l'impression d'être vidée. Je dois aller d'un lit à l'autre. J'ai l'impression de n'avoir jamais le temps de faire correctement mon travail. Je supporte de moins en moins les plaintes, les angoisses des patients. Je me dis qu'être infirmière n'est pas aussi valorisant, gratifiant que cela... [...] »

www.inrs.fr

- Définissez respectivement la bientraitance et la maltraitance.
- Expliquez la phrase en gras dans le document 2.
- La responsable d'un service de soins à domicile désire promouvoir la bientraitance. Elle voudrait qu'un fascicule présentant les bonnes démarches de la bientraitance pour lutter contre la maltraitance soit diffusé auprès des soignants et des usagers. Réalisez ce fascicule.

DOC 4

Éthique médicale : définition

Terme issu du grec *ethos* : coutume.
Synonyme : bioéthique.
Science des mœurs et de la morale considérée comme un ensemble de règles de bonne conduite médicale. Cet ensemble de règles de conduite des professionnels de la santé vis-à-vis de leurs patients et des professionnels entre eux participent à la fois de la déontologie qui est l'ensemble des règles internes à une profession, de la science et de la morale. [...]
Les devoirs moraux et les droits dans l'exercice de la profession médicale constituent la déontologie. [...]

www.vulgaris-medical.com

DOC 6

Le secret médical

Le secret médical est un des fondements de la médecine libérale dont la violation est réprimée par le code de santé publique et le code pénal. Cette violation se caractérise par la révélation d'une information à caractère secret par une personne qui en est dépositaire. L'obligation au secret apparaît au premier abord d'une extrême simplicité puisqu'il s'agit de la traduction professionnelle de l'obligation générale de discrétion et de respect de la personne d'autrui. [...]

Le domaine du secret médical
Le secret couvre l'ensemble des informations concernant la personne venue à la connaissance du professionnel de santé. Le secret concerne toutes les informations confiées, mais aussi tout ce qui a pu être vu, entendu, compris, voir interprété lors de l'exercice médical. Ainsi, sont couverts par le secret : les déclarations d'un malade, les diagnostics, les dossiers, mais aussi les conversations surprises au domicile lors d'une visite, les confidences des familles. Toute divulgation, en dehors des circonstances autorisées ou permises par la loi, est sanctionnable. [...]

La violation du secret médical
La violation du secret médical peut donner lieu à des sanctions pénales, civiles et professionnelles. Sur le plan pénal, la peine peut aller jusqu'à un an d'emprisonnement (art 226-13 du code pénal). Le patient peut également obtenir des dommages et intérêts pour réparer son préjudice. Il lui suffit de prouver la révélation pour que la faute du médecin soit retenue.
[...]

www.linternaute.com

DOC 5

Extrait du code de déontologie médicale

Article 2 (article R.4127-2 du code de la santé publique)
Le médecin, au service de l'individu et de la santé publique, exerce sa mission dans le respect de la vie humaine, de la personne et de sa dignité.
Le respect dû à la personne ne cesse pas de s'imposer après la mort. [...]
Article 4 (article R.4127-4 du code de la santé publique)
Le secret professionnel, institué dans l'intérêt des patients, s'impose à tout médecin dans les conditions établies par la loi.
Le secret couvre tout ce qui est venu à la connaissance du médecin dans l'exercice de sa profession, c'est-à-dire non seulement ce qui lui a été confié, mais aussi ce qu'il a vu, entendu ou compris. [...]
Article 7 (article R.4127-7 du code de la santé publique)
Le médecin doit écouter, examiner, conseiller ou soigner avec la même conscience toutes les personnes quels que soient leur origine, leurs mœurs et leur situation de famille, leur appartenance ou leur non-appartenance à une ethnie, une nation ou une religion déterminée, leur handicap ou leur état de santé, leur réputation ou les sentiments qu'il peut éprouver à leur égard. [...]

Code de la Santé Publique sous les numéros R.4127-1 à R.4127-112

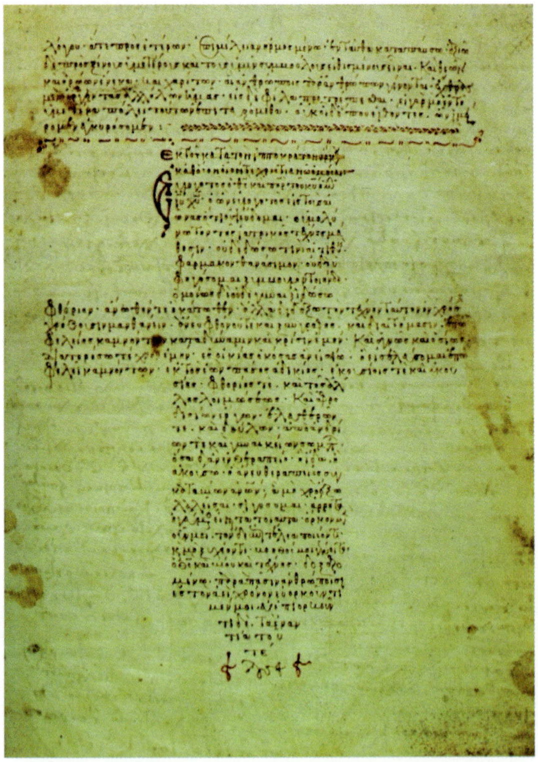

Le serment d'Hippocrate, IVe s. av. J.-C.

DOC 7

Les personnes tenues au secret

Le personnel médical
- Soignant [...]
- Non soignant [...]
• Les médecins-conseils des Caisses de Sécurité Sociale, ou de Mutualité Sociale Agricole [...]
• Les médecins du travail [...]
• Les médecins des Compagnies d'Assurances [...]
• Les médecins experts [...]

Le personnel non médical
La secrétaire du médecin libéral, les personnels hospitaliers n'étaient pas directement visés par l'ancien article 378 du code pénal. Il semble bien que la rédaction de l'article 226-13 les concerne :
- La secrétaire a connaissance des dossiers des patients.
- L'agent hospitalier est souvent présent au moment des soins.
Toutes ces personnes sont donc tenues au respect du secret.

www.infodoc.inserm.fr

DOC 9

Quelle est la différence entre discrétion professionnelle et secret professionnel ?

Ces deux obligations ont un champ d'application différent et un régime juridique différent : le secret professionnel vise la protection des secrets de personnes privées. La discrétion professionnelle porte sur l'activité et les missions du service public. Le champ d'application de la discrétion professionnelle est plus large que celui du secret professionnel. [...]
Le régime juridique de la discrétion professionnelle est d'ordre administratif et statutaire ; quant au secret professionnel, il relève du domaine pénal (article 226-13 du code pénal). [...]
Le non-respect de l'obligation de discrétion professionnelle peut être sanctionné disciplinairement et la responsabilité pénale de l'agent peut être engagée indirectement si les faits constitutifs de la violation de son obligation de discrétion professionnelle constituent une infraction pénale. [...]

www.weka.fr

DOC 10

Qu'est-ce que l'éthique ?

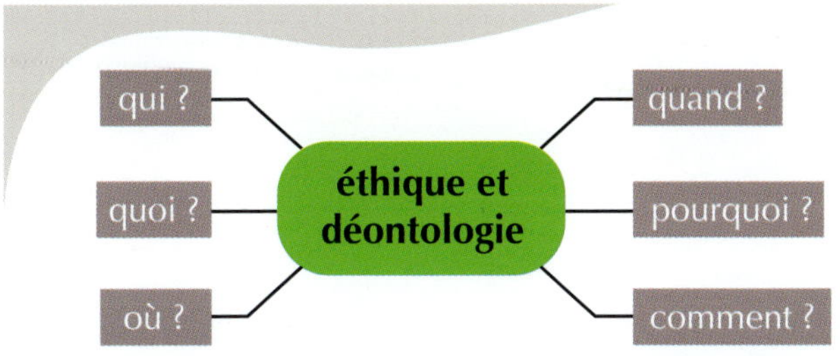

DOC 8

Dans quels cas le secret peut-il être levé ?

En principe, le secret médical est absolu. Mais, il existe de nombreuses dérogations :

1. le droit du malade à connaître son état de santé :
• de manière générale, la jurisprudence tend à considérer que le malade a droit à la vérité mais qu'il faut la lui apprendre avec ménagement et précaution
• si le patient est mineur, le médecin doit s'efforcer de prévenir les parents ou le représentant légal et d'obtenir leur consentement. Il doit également tenter de recueillir l'avis du mineur et en tenir compte dans toute la mesure du possible.

2. Une nouvelle disposition de la loi du 4 mars 2002 prévoit un assouplissement du secret professionnel : « En cas de diagnostic ou de pronostic grave, le secret médical ne s'oppose pas à ce que la famille, les proches de la personne malade ou la personne de confiance définie à l'article L. 1111-6 reçoivent les informations nécessaires destinées à leur permettre d'apporter un soutien direct à celle-ci, sauf opposition de sa part. » [...]
Peut-on déroger au secret médical en cas de risque encouru ? Le médecin peut se trouver confronté à des situations qui lui posent un cas de conscience, notamment lorsque le malade est dangereux pour autrui : par exemple, trouble de la vue ou risque d'épilepsie pour un conducteur de voiture, ou bien maladie contagieuse non soumise à déclaration. [...]

Les droits du patients, Me Durrieu-Diebolt

?

▸ Réalisez, à partir des données du document 10, une fiche récapitulative présentant l'éthique et la déontologie dans le domaine sanitaire.

- Dépenses
- Modes de paiement
- Crédit
- Épargne
- Surendettement

3. La gestion de la vie quotidienne

Vivre au quotidien sous-entend réaliser une multitude d'actions dans tous les domaines et en particulier acheter des biens et des services. Cela suppose que l'on ait des ressources et que l'on soit organisé face à toutes les dépenses de la vie quotidienne. Mais c'est aussi comprendre le fonctionnement des services administratifs et plus particulièrement les documents que nous avons à remplir à divers moments de la vie.

3.1. La gestion du budget familial

DOC 1

La gestion du budget familial

Nos sociétés sont entrées dans une spirale de la consommation, mais la consommation ne peut pas constituer le seul moteur de la vie.
Pour apprendre à gérer un budget, à mieux dépenser, de nombreuses familles demandent des outils pour les aider à faire surface ou tout simplement pour prévenir les aléas de la vie.
Cette prise de conscience relève de l'information et de l'accompagnement. Faire des choix, prioriser, hiérarchiser, ce sont des actes simples et en même temps essentiels de la vie quotidienne. [...]

Faire un budget consiste à :
- recenser ses ressources et ses dépenses ;
- établir des priorités et les hiérarchiser ;
- gérer, contrôler, ajuster et prévoir pour l'avenir.

Pourquoi établir son budget ?
Il est important d'établir son budget car :
1. il permet de connaître sa situation actuelle ;
2. de prévoir sa situation future ;
3. de connaître sa capacité d'épargne ;
4. d'éviter les mauvaises surprises !

Comment je hiérarchise mes dépenses ?
Hiérarchiser ses dépenses c'est avant tout distinguer ce qui est nécessaire de ce qui est superflu.
Prévoir ses dépenses c'est non seulement s'épargner le stress et l'inquiétude mais c'est aussi diminuer le risque de dérapage budgétaire. Organiser ses dépenses permet de ne pas tomber dans des dettes coûteuses voire incontrôlables.
À long terme, cela permet aussi d'avoir la chance de réaliser les projets qui nous tiennent à cœur.
1. Avant tout il est conseillé d'établir un bilan financier de l'année écoulée en listant les dépenses courantes et occasionnelles.
2. Sur la base de ce bilan et à l'aide des tableaux mis à disposition, vous pouvez désormais faire votre budget prévisionnel pour l'année ou le semestre à venir.
3. Au fil des mois, le budget peut subir des modifications, il peut être réajusté et certaines dépenses peuvent ainsi être réduites ou décalées.

www.solidarite.gouv.fr

DOC 2

Les ressources et les dépenses

La première étape dans l'établissement d'un budget consiste à recenser ses revenus et ses dépenses pour les années à venir à partir des années précédentes.

Les ressources

Pour recenser les ressources (ou revenus), il faut naturellement prendre en compte le ou les salaires, mais également les autres sources de revenus telles que :

• les pensions reçues : pension alimentaire, pension d'invalidité, la retraite, les rentes ;

• les prestations sociales : le RSA, les allocations chômage, les allocations familiales etc. ;

• les aides : allocation logement, allocation logement à caractère social, aide personnalisée au logement.

Attention, à ne pas prendre en compte les sources de revenus incertaines. Il faut veiller à être réaliste dans l'établissement de son budget !

Les dépenses

Elles peuvent se classer en trois grandes catégories :

• charges fixes : logement, impôts, assurances, études, formation, crédits (y compris les crédits renouvelables) et autres engagements (épargne...) ;

• dépenses courantes : alimentation, entretien, hygiène personnelle, santé, transports, loisirs ;

• dépenses occasionnelles : équipement de la personne, équipement de la maison, véhicule, activités culturelles et sportives, cadeaux, vacances.

Pour en établir la liste, aidez-vous de vos quittances de loyer, et toutes vos factures (chauffage, gaz, électricité, téléphonie, Internet... achat de mobilier, décoration, entretien du logement et de votre véhicule).

Pensez aussi aux assurances, aux impôts (impôts sur le revenu, impôts locaux) et à vos différents crédits (immobilier, cartes de crédit de magasin, crédit auto...).

Enfin, il est important de distinguer dans ces dépenses, celles qui sont indispensables, celles qui sont utiles et enfin celles qui sont superflues...

www.solidarite.gouv.fr

DOC 3

Les trucs et astuces pour équilibrer son budget

• Réserver les sommes correspondant aux charges fixes en début de mois ;

• Lorsqu'une grosse échéance s'annonce, veiller à mettre de côté mois après mois une partie de la somme afin d'en disposer quand il vous faudra la régler ;

• Régler sans retard toutes vos charges fixes. Sinon prenez les devants pour examiner le problème avec votre créancier ou votre banquier ;

• Planifier autant que possible les dépenses occasionnelles. Constituer des réserves ou ajuster ces dépenses en fonction des imprévus ;

• Noter et contrôler les dépenses. Faites vos comptes régulièrement, au moins une fois par mois en vous aidant des relevés de compte bancaire ;

• Conserver les justificatifs de vos paiements ;

• En cas de recours au crédit, quelle que soit sa forme, ne pas oublier d'inscrire les remboursements comme une nouvelle charge fixe, et adapter, si nécessaire, vos autres dépenses.

www.solidarite.gouv.fr

DOC 4 Payer par chèque

Avantages	Inconvénients
- Obtention en général gratuite - Gratuité d'utilisation - Très large acceptation par les commerçants - Évite de devoir circuler avec beaucoup de liquide	- Bien tenir à jour les paiements effectués - Gravité des conséquences en cas d'incidents de paiement - Utilisation difficile en cas de paiement à l'étranger - Coût économique élevé de l'utilisation et de la sécurisation
À utiliser de préférence	
- Pour des achats aux montants importants - Pour des achats courants lorsque l'on ne dispose pas d'une carte bancaire - Pour effectuer un très gros achat (de préférence sous la forme de chèque certifié ou chèque de banque)	

[...] Avant de délivrer un chéquier, la banque doit vérifier, auprès de la Banque de France, que le titulaire du compte n'est pas interdit bancaire, c'est-à-dire qu'il n'a plus le droit d'émettre de chèque. [...]

Quelques précautions à observer lorsque l'on remplit un chèque :

- la mention chèque doit être indiquée ;
- le nom de la personne qui l'émet, son adresse et le numéro de téléphone de sa banque doivent être inscrits ;
- le nom de la personne qui reçoit l'argent doit être présent ;
- la date et le lieu sont notés ;
- la signature est faite manuellement, elle doit toujours être la même ;
- le document doit être rempli au stylo à bille, de préférence à encre noire ;
- la somme doit figurer en lettres et en chiffres, en cas de différence entre les deux, c'est la somme inscrite en lettres qui est prise en compte ;
- tout l'espace réservé à l'inscription de la somme en lettres doit être rempli, s'il le faut à l'aide d'un trait horizontal ;
- l'écriture doit être claire et lisible.

En cas de perte de chéquier, il faut faire opposition le plus rapidement possible au 08 92 68 32 08, et le confirmer par écrit à la banque. De plus, il faut déclarer la perte ou le vol à la gendarmerie. Ainsi, les chèques présentés après l'opposition ne seront pas encaissés.

Les commerçants ont tout à fait le droit de refuser le paiement en chèque. En outre, lorsqu'ils l'acceptent, ils peuvent exiger une pièce d'identité ainsi qu'un montant minimal. [...]

D'après le site www.lafinancepourtous.com

DOC 5 Payer en espèces

Avantages	Inconvénients
- Plus simple à utiliser - Plus largement accepté (cours légal) - Obtention en général gratuite - Gratuité d'utilisation - Libère immédiatement des obligations de paiement	- Conservation risquée - Pas de recours en cas de perte ou de fraude - limites au montant de la transaction autorisée (on ne peut pas tout payer en espèces) - Coût économique élevé de la fabrication, l'utilisation, la sécurisation (le moyen de paiement collectivement le plus coûteux).
À utiliser de préférence	
- Pour des achats courants et de faibles montants - Pour se fixer un montant maximum de dépenses au cours d'une période ou à une occasion - Pour avoir une capacité d'achat immédiate - Pour ne pas laisser de traces	

D'après le site www.lafinancepourtous.com

DOC 6

Payer par carte bancaire

Avantages	Inconvénients	À utiliser de préférence
- Triple usage possible : retrait d'espèces, paiement d'achats, paiement sur Internet. - Certaines cartes permettent de payer ses achats ou de retirer de l'argent à l'étranger - Facile d'usage - Très large acceptation par les commerçants - Évite de devoir circuler avec beaucoup de liquide - Moyen de paiement sûr - Gratuité de l'utilisation pour régler ses achats	- Cotisation annuelle - Frais possibles sur les retraits d'espèces - Bien tenir à jour les paiements effectués - Frais en cas d'incidents de paiement	- Pour l'obtention d'espèces - Pour régler les achats chez les commerçants et sur Internet (sur sites sécurisés) - En cas de voyage à l'étranger

On distingue différents types de cartes :

- les cartes de retrait qui permettent de retirer de l'argent dans les distributeurs automatiques du réseau bancaire dans lequel est ouvert le compte, de consulter ses comptes, d'effectuer des dépôts, de commander des chéquiers ;
- les cartes de paiement qui permettent, en plus des opérations précitées, de payer en carte directement chez les commerçants et d'effectuer des achats à distance (Internet et téléphone) ;
- les cartes internationales qui permettent les mêmes opérations mais dont l'action s'étend à l'étranger.

Il est à noter que de nombreuses cartes s'accompagnent de prestations telles que l'assurance rapatriement, l'assistance médicale, l'assurance décès... Il est également bon de savoir que les retraits effectués dans des distributeurs automatiques n'appartenant pas au réseau bancaire dans lequel est ouvert le compte sont limités à 300 euros par tranche de 7 jours.

En outre, lorsque le client se trompe trois fois de code lors d'un retrait, sa carte est avalée par l'appareil. Il doit alors se présenter au guichet de la banque à laquelle appartient le distributeur pour se la faire restituer. [...] En cas de perte ou de vol, le titulaire de la carte doit faire opposition le plus rapidement possible en appelant sa banque ou un des centres d'opposition et faire une déclaration à la gendarmerie. Ensuite, il faut confirmer l'opposition à la banque, par lettre recommandée. [...] En cas de perte ou de vol, le porteur de la carte devra prendre en charge les opérations effectuées avant l'opposition. Pour celles qui seront faites après, c'est la banque qui devra prendre les frais en charge.

D'après le site www.lafinancepourtous.com

DOC 7

Payer par virement ou prélèvement automatique

Avantages	Inconvénients	À utiliser de préférence
- Facile à mettre en place - Permet de rester maitre de vos règlements en ayant la possibilité de mettre fin à l'autorisation de prélèvement - Permet d'éviter les retards de paiement et les oublis de paiement - Mise en place gratuite. Pas de frais sur les paiements.	- Risque de faire diminuer la vigilance sur la dépense correspondante - Risque d'oubli dans la gestion de son budget - Gravité des conséquences en cas d'incidents de paiement	- Pour payer « ses dépenses contraintes » (loyer, téléphone, abonnement télé, abonnement Internet, eau, électricité gaz) un organisme une administration (percepteur, cantine scolaire) - Est parfois obligatoire (impôts mensualisés, remboursement de crédit ou certains abonnements)

- le prélèvement, dont on se sert souvent pour payer à date fixe des sommes qui ne varient pas, nécessite que le titulaire du compte remplisse une autorisation et qu'il fournisse un RIB ou RIP.
- le virement est un ordre donné à la banque de transférer une somme sur un autre compte qui n'appartient pas nécessairement à la même banque ou au même réseau bancaire que le titulaire du compte.
- le titre interbancaire est une sorte de coupon qui est adressé par un créancier au titulaire du compte. Celui-ci doit le retourner signé, accompagné d'un RIB (relevé d'identité bancaire), à l'expéditeur. Il est ensuite transmis à la banque qui effectue le prélèvement.

D'après le site www.lafinancepourtous.com

?

- Vous travaillez au centre social d'une petite commune. Vous recevez madame Pinson. Celle-ci, âgée de 75 ans, est veuve depuis deux mois. N'ayant jamais travaillé, ses ressources ont fortement diminué puisqu'elle ne perçoit plus que la pension de réversion de son mari. Par ailleurs, c'était son mari qui tenait « les comptes ». Maintenant qu'elle est seule, elle recherche une solution simple qui l'aiderait dans la gestion de son budget. Elle vous demande de l'aider à mettre au point cette solution.
- Vous lui expliquez comment s'organiser et quels outils. Pour cela, vous allez sur le site www.solidarite.gouv.fr
- Pour le paiement du loyer, M. Pinson envoyait tous les mois un chèque de la Banque Postale au propriétaire. Vous conseillez à Mme Pinson de mettre en place un virement permanent pour payer le loyer. Vous expliquez ce qu'est un virement permanent et vous lui expliquez comment le mettre en place. (voir site lafinancepourtous. com / labanquepostale. fr).
- Madame Pinson utilise peu sa carte bancaire. Elle paie souvent ses courses en espèces. Vous lui expliquez les avantages de l'utilisation de la carte bancaire, mais aussi les points sur lesquels elle devra être vigilante.

DOC 8

Les crédits

Le crédit est un des outils financiers les plus utilisés par les particuliers pour gérer leurs finances personnelles. Il permet de financer un projet, d'acheter un bien immobilier ou une voiture, de faire face à des dépenses à un moment où on ne dispose pas sur son compte des liquidités suffisantes. L'utilisation du crédit est par conséquent très variée et il est important de comprendre les différents types de crédits (crédit immobilier, crédit à la consommation, micro-crédit, prêt professionnel), leurs spécificités, au moment où l'on envisage d'y recourir. [...]

Souscrire un crédit doit être envisagé en toute connaissance de cause : l'emprunteur doit être bien informé de ses droits et des engagements qu'il prend. Votre établissement de crédit est là pour vous donner tous les conseils utiles. N'hésitez pas à poser toutes les questions qui vous préoccupent à votre conseiller.
Il n'y a pas de droit au crédit. Dans le cas d'un refus, vous pouvez naturellement vous adresser à une autre banque et d'une manière générale, vous avez tout intérêt à faire jouer la concurrence entre les banques.

DOC 9

Le crédit immobilier

Le crédit immobilier est un financement par emprunt destiné à couvrir tout ou partie d'un achat immobilier, d'une opération de construction, ou des travaux sur un bien immobilier existant. Il concerne le plus souvent un logement (prêt habitat), utilisé par le propriétaire soit pour sa résidence principale ou secondaire, soit pour le louer à un tiers. Il peut concerner aussi un immeuble de rapport dans sa totalité, ou encore de l'immobilier d'entreprise.
Un crédit immobilier est le plus souvent :
- établi sous forme de prêt d'un montant précis [...] ;
- accordé par une banque ou un organisme financier spécialisé ;
- établi sur une durée longue (plusieurs années ou décennies) sauf en cas de prêt-relais couvrant une période d'attente entre l'achat d'un bien immobilier et la revente d'un autre bien ou une autre rentrée financière attendue) ;
- à taux fixe sur toute la durée du prêt immobilier (c'est du moins le cas le plus courant en France), ou bien taux révisable ;
- lié à un apport personnel. Cependant, un financement de la totalité de l'acquisition (coût d'acquisition du bien + frais de notaire + coût de la garantie) est toujours possible ;
- remboursables par mensualités constantes ;
- avec une garantie de prêt sur le bien financé ;
- accompagnée d'une assurance décès invalidité sur l'emprunteur, de frais de dossier ;
- limité à une partie de la valeur du bien, en général un apport personnel situé entre 10 et 30 % est exigé.

Le Taux Effectif Global (TEG) est le coût total du prêt consenti à l'emprunteur exprimé en pourcentage annuel du montant de ce prêt. Le TEG est calculé à partir du taux nominal. C'est l'indicateur du coût global de votre prêt. [...] Un certain nombre de prêts complémentaires peuvent être octroyés en France suivant le profil de l'emprunteur. Ces prêts arrivent généralement en complément du prêt immobilier, et doivent être incorporés à son étude :
- Prêt à taux zéro plus (PTZ +).
- Prêt employeur (1 % patronal).
- Prêt bonifié.
- Prêt épargne logement.
- Prêt à l'accession sociale (PAS).
- Prêt conventionné (PC).
- Prêt locatif social (PLS).
- Prêt locatif intermédiaire (PLI).
- Prêt relais.
- Prêt aux personnes âgées.
- Prêt aux jeunes cadres.
- Prêt aux futurs retraités.
- Leasing immobilier.

DOC 10

Renégociation et rachat de crédit

Ces deux pratiques sont autant de réponses à des situations financières variées :
- amélioration de la situation financière personnelle ;
- anticipations de changements (nouveau travail, nouvelle situation familiale...).

Il s'agit de réorganiser la structure de votre endettement :
- soit en renégociant le taux d'intérêt ou la durée de votre ou vos crédits (immobilier, consommation...) ;
- soit en recherchant un rachat de crédit afin d'alléger le montant mensuel de vos remboursements. Il s'agit d'une opération proposée par un établissement lorsque vous souhaitez réunir en un seul crédit plusieurs, voire la totalité de vos crédits en cours de remboursement. L'établissement va vous proposer une mensualité plus faible, un taux moins élevé et une durée de remboursement moyenne plus longue.

Tous les types de crédits peuvent entrer dans une opération de rachat.

www.solidarite.gouv.fr

DOC 11

Le crédit à la consommation

Le crédit à la consommation sert à financer l'achat de biens de consommation (votre voiture, votre nouveau téléviseur...). Il obéit à des règles différentes du crédit immobilier, dédié à l'acquisition ou à la construction d'un logement.

Le crédit à la consommation est un contrat par lequel un prêteur (un établissement financier) met à disposition d'un emprunteur une somme d'argent qui devra être remboursée de façon échelonnée dans le temps. Les principaux types de crédits à la consommation sont : les prêts personnels, les crédits affectés et les crédits renouvelables. Pour bénéficier de la protection du code de la consommation, ces prêts doivent être d'un montant maximal de 75 000 euros (contre 21 500 euros précédemment) et de plus de 200 euros.

Où souscrire ?

Vous pouvez souscrire auprès de votre banque ou, pour certains crédits, dans des enseignes de la grande distribution, des grands magasins... Les cartes de fidélité des magasins, qui permettent de bénéficier des offres promotionnelles de l'enseigne, intègrent le plus souvent une fonction de crédit.

Comment ça marche ?

Chaque mois, dans sa mensualité, l'emprunteur rembourse une partie de la somme empruntée (appelée le « capital ») et des intérêts. Ces intérêts, ainsi que différents frais (frais de dossier, assurance,...) représentent le coût du crédit pour l'emprunteur. [...]

Les nouvelles mesures

Le crédit à la consommation a été réformé par la loi Lagarde du 1er juillet 2010. Les nouvelles dispositions protégeant l'emprunteur sont entrées en application progressivement jusqu'au 1er mai 2011.

Combien ça coûte ?

Le coût de votre crédit à la consommation dépend du taux d'intérêt qui vous est octroyé, mais aussi de la durée de remboursement de ce crédit. Le coût total du crédit correspond à la somme en euros de tous les frais payés (y compris les intérêts) durant toute la vie du crédit. Pour comparer le coût de deux crédits, notamment lorsqu'ils sont de durée différente, basez-vous sur le TAEG (Taux Annuel Effectif Global) qui prend en compte tous les frais obligatoires. Pour un même TAEG, le coût total du crédit sera plus élevé si la durée de remboursement est plus longue car vous remboursez moins de capital chaque mois.

Exemple : un crédit de 1 000 euros au taux de 5 %. Remboursé sur cinq ans, il vous coûtera 129 euros, avec des mensualités de 19 euros. Remboursé sur deux ans, il ne vous coûtera que 52 euros, avec des mensualités de 44 euros.

www.lafinancepourtous.com

DOC 12

Le microcrédit personnel

Le microcrédit personnel est accordé aux personnes généralement exclues du système bancaire classique, du fait de leurs revenus trop faibles ou de la fragilité de leur situation professionnelle. Il a généralement pour objet l'acquisition de bien ou service permettant d'améliorer la situation de l'emprunteur à travers un projet personnel. Il est différent du microcrédit professionnel qui est accordé aux personnes exclues du marché du travail pour créer ou développer une activité professionnelle.

Le microcrédit personnel est fréquemment utilisé pour l'achat ou la réparation d'un véhicule servant à l'emprunteur dans l'exercice de son activité professionnelle. Cependant, il peut également être utilisé dans d'autre cas, notamment pour financer :

- une formation professionnelle,
- un permis de conduire,
- des soins de santé mal remboursés.

Montant des prêts accordés : entre 300 € et 3 000 €, avec la possibilité, sous conditions, d'aller jusqu'à 12 000 €.

Durée des prêts accordés : entre 6 mois et 4 ans, parfois jusqu'à 5 ans. Il est possible de rembourser le crédit par anticipation.

Taux appliqués : le taux du crédit est généralement situé entre 2,5 et 8 %.

À noter : il n'y a pas de frais de dossier

Le demandeur d'un microcrédit ne doit pas s'adresser à une banque mais à un réseau d'accompagnement social. Celui-ci est chargé d'accueillir la personne de façon individualisée, d'étudier son projet et de l'aider à monter son dossier avant de le présenter à une banque agréée.

Il s'agit notamment des organismes suivants :

- une association nationale ou régionale à vocation sociale,
- ou une association d'insertion ou de lutte contre l'exclusion,
- ou une régie de quartier,
- ou un Centre Communal d'Action Sociale (CCAS), placé auprès d'une mairie,
- ou une maison pour l'emploi.

Le site france-microcredit. org propose un outil de recherche géographique des réseaux partenaires. En cas d'accord de la banque agréée, le microcrédit est accordé au demandeur qui devra le rembourser suivant les termes prévus au contrat. Le réseau assure le suivi du projet, pendant toute la durée du remboursement du prêt par le demandeur.

http://vosdroits.service-public.fr

DOC 13

L'endettement

Comment calculer mon taux d'endettement?

Votre taux d'endettement, c'est la part de vos revenus mensuels actuellement consacrée au remboursement de vos dettes et au paiement de votre loyer si vous êtes locataire. C'est donc le rapport en pourcentage de vos charges de crédit et de loyer sur vos revenus pendant la même durée.

$$\text{Taux d'endettement} = \frac{(\text{remboursement mensuel de crédit + loyer}) \times 100}{\text{revenus}}$$

C'est un indicateur souvent utilisé par les banques lors de l'étude d'une demande de crédit. Si ce taux est trop important, vous risquez de ne plus pouvoir faire face aux autres dépenses indispensables comme l'alimentation et l'énergie ou encore occasionnelles comme les loisirs. [...]

Quelle est la limite que mon taux d'endettement ne doit pas dépasser?

Votre taux d'endettement doit rester raisonnable afin de pouvoir faire face aux autres dépenses de la vie courante comme l'alimentation, l'énergie, les transports, les loisirs... Le taux le plus communément admis se situe à 33 %: consacrer plus du tiers de ses revenus réguliers au remboursement de ses crédits et au paiement de son loyer laisse généralement peu de marge financière pour faire face aux autres dépenses courantes et encore moins aux imprévus.

Exemple :

Revenu mensuel	2000
Loyer mensuel	600
Mensualité de crédit à la consommation	200

Calcul du taux d'endettement :

$$\text{Taux d'endettement} = \frac{(200 + 600) \times 100}{2000} = 40\,\%$$

➡ Dans cet exemple, le taux est supérieur à 33 % et ne permet donc pas d'avoir un budget sécurisé.

Comment calculer le reste pour vivre?

Une autre approche, qui vient compléter le calcul du taux d'endettement, consiste à évaluer ce qui vous reste chaque mois pour les dépenses de la vie courante, lorsque vous avez déduit de vos revenus les remboursements de vos crédits et votre loyer.

Exemples :

	Famille 1	Famille 2
Revenu mensuel	3000	1300
Mensualité de crédit immobilier	900	430
Mensualité de crédit à la consommation	100	0
Taux d'endettement	33 %	33 %
Reste pour vivre	2000	870

➡ Dans ces deux exemples, le taux d'endettement est le même. Mais alors que dans le premier cas la famille dispose de 2000 € pour vivre, dans le second cas, elle ne dispose que de 870 €. On voit alors qu'un même taux d'endettement de 33 % représente une **charge importante si vous avez de faibles revenus**, une **charge supportable si vos revenus sont plus élevés.**

Mini-guide sur le surendettement (n°22) disponible gratuitement sur www.lesclesdelabanque.com

DOC 14

Le surendettement

Une personne est en situation de surendettement si elle ne peut pas faire face à l'ensemble de ses dettes autres que professionnelles. Elle peut alors déposer un dossier auprès de la commission de surendettement des particuliers pour bénéficier de son intervention auprès de ses créanciers. [...]

Dettes concernées

Les dettes prises en compte doivent avoir été contractées pour des besoins personnels et familiaux et ne pas avoir une origine professionnelle. [...] L'importance de l'endettement doit être telle qu'il n'est pas possible d'y faire face. Les dettes peuvent résulter d'impayés de prêt immobilier ou de crédit à la consommation. Elles peuvent aussi consister en charges non réglées (arriérés d'impôts, de loyers, etc.). Une seule dette importante peut suffire à caractériser le surendettement. [...]

Constitution du dossier

- le formulaire cerfa n° 13594*01, accompagné des pièces justificatives prévues ;
- une lettre signée demandant à bénéficier de la procédure de traitement des situations de surendettement et expliquant rapidement les raisons de votre surendettement et de la situation actuelle du demandeur ;
- les procédures d'exécution en cours sur les biens du demandeur et les saisies sur rémunération consenties aux créanciers ;
- le signalement du demandeur s'il fait l'objet d'une procédure d'expulsion.

Transmission du dossier à la commission

Le formulaire et les pièces justificatives sont à remettre à la commission de surendettement du département de résidence du demandeur, par courrier ou en le déposant personnellement. Une attestation de dépôt est envoyée dans un délai bref, généralement de 2 jours.

La commission va vérifier si les conditions d'un surendettement sont remplies. Le dépôt du dossier et la procédure devant la commission de surendettement sont gratuits.

La saisie de la commission de surendettement entraîne l'inscription du débiteur au Fichier national des Incidents de remboursement des Crédits aux Particuliers (FICP).

http://vosdroits.service-public.fr

DOC 15 L'épargne

À qui s'adresser?

Les produits financiers sont en général distribués par les réseaux de commercialisation des établissements qui les mettent au point (les agences des banques vendent les produits de leur maison, par exemple), ou par des courtiers indépendants qui diffusent les placements de sociétés différentes, avec lesquelles ils n'ont pas de lien direct. C'est le cas pour les produits collectifs ou l'assurance vie.

Ceux qui sont négociés en bourse, comme les actions ou les obligations, nécessitent de recourir à des intermédiaires agréés pour exécuter les ordres sur les marchés, c'est-à-dire ayant le statut de négociateur. Si vous vous adressez à un intermédiaire qui n'a pas ce statut, il confiera la négociation de vos ordres à un établissement qui en dispose. Si vos connaissances du monde financier sont limitées, mieux vaut vous adresser à des établissements qui mettent à votre disposition des conseillers pouvant vous guider dans vos choix. Toutes les banques, les sociétés d'assurance et certaines sociétés de gestion de portefeuilles disposent de tels conseillers.

L'épargne disponible réglementée

- Le Livret A était jusque fin 2008 distribué en exclusivité par la Banque Postale et les Caisses d'épargne. Depuis le 1er janvier 2009, toutes les banques le distribuent suite à une décision de la Commission européenne.
- Le livret jeune est réservé aux 12-25 ans. Si vous avez moins de 16 ans, il faut une autorisation parentale pour ouvrir le compte. Les versements et retraits sont libres. Les banques fixent librement le taux d'intérêt du livret, mais l'État fixe la rémunération minimale (alignée sur le livret A). Les intérêts sont calculés par quinzaine. Le détenteur de ce livret est obligé de le fermer au plus tard le 31 décembre de l'année de son 25e anniversaire.
- Le Livret d'Épargne Populaire (LEP) a été créé en 1982 dans le but d'offrir aux personnes les plus modestes une protection de leurs économies contre la hausse des prix. Les versements et retraits sont libres, le solde ne pouvant jamais être négatif. Le LEP est un placement garanti par l'État. Il est réservé aux personnes ne payant pas ou très peu d'impôt sur le revenu (en 2011, votre impôt sur les revenus doit être inférieur ou égal à 769 €).
- Livret de Développement Durable : le versement minimal est en général de 15 euros. Ce montant dépend de chaque établissement, aucun minimum n'étant imposé par la loi. Les versements et les retraits sont libres. Le montant maximum des dépôts est plafonné à 6 000 € (hors intérêts) depuis le 1er janvier 2007. Il ne peut être ouvert qu'un livret par contribuable ou un livret pour chacun des époux ou partenaires liés par un PACS, soumis à une imposition commune. Les fonds affectés au livret de développement durable financent principalement des projets en faveur de la protection de l'environnement et des économies d'énergie. Ce livret est distribué par tous les établissements bancaires.
- Avec l'épargne non réglementée, la fiscalité est plus lourde, les taux d'intérêt nets d'impôts moins élevés. Mais les comptes rémunérés, comptes à terme, super livrets et livrets bancaires, vous permettent de disposer d'un rendement minimum, en ne bloquant jamais votre argent trop longtemps. ces placements sont utilisés en cas de dépassement des plafonds de ceux-ci. Souvent, ce sont des comptes de transition.
- Comptes rémunérés : depuis le 16 mars 2005, la législation française autorise la rémunération des comptes courants. Il ne s'agit pas d'un produit d'épargne à proprement parler. L'établissement financier rémunère les liquidités que vous déposez sur ce compte. Ces comptes rémunérés permettent également de disposer de moyens de paiements (chéquier, carte bancaire).
- Comptes à terme : ces comptes permettent de placer son argent en l'immobilisant pendant une période allant de un mois à un an. Il s'agit d'un prêt fait à un organisme financier qui rémunère le client pour ce prêt. Vous placez alors votre argent pour une durée qui peut être courte (1 mois minimum) et que vous définissez avec l'établissement financier. Celui-ci vous propose un taux négociable.

www.solidarite.gouv.fr

- Recherchez les taux d'intérêts actuels des différents produits de l'épargne réglementée.
- Sur le site www.lesclesdelabanque.com recherchez la procédure de la commission de surendettement et traduisez les différentes étapes sous forme schématique.
- Jean-Luc Etchebberry et Christine Martain sont mariés depuis le 18 août 2012. Lui est malentendant et travaille comme cuisinier dans un restaurant scolaire ; elle est malvoyante et travaille au standard d'une petite entreprise. Leurs revenus mensuels sont de 2 100 € au total. Ils payent 525 € de loyer par mois, charges comprises. Ils veulent mettre de l'argent de côté car ils envisagent d'acheter un appartement dans quelques années.
- Quel produit d'épargne serait le plus adapté à leur projet ? Justifiez votre choix.
- Ils envisagent l'achat d'un canapé convertible pour leur salon mais ne veulent pas toucher à leur épargne. Ils vont donc recourir à un crédit à la consommation. Vous leur expliquez les principales différences entre les prêts personnels, les crédits affectés et les crédits renouvelables.
- Vous leur conseillez le type de crédit le plus intéressant pour eux et vous insistez sur les précautions à prendre.
- Vous leur expliquez les principaux éléments de la loi « Lagarde » du 1er juillet 2010 qui réforme le crédit à la consommation.
- Évaluez avec eux, le montant de l'échéance à ne pas dépasser, sachant qu'ils mettent de l'argent de côté tous les mois.

- Assurance
- Allocations
- Prestations
- Impôts

3.2. La gestion des documents de la vie quotidienne

DOC 1 Le service public au service des usagers

Pour gérer vos démarches en ligne avec l'administration, vous avez à votre disposition « mon.service-public.fr ».
Une fois créé votre compte personnel électronique, « mon.service-public.fr » présente un certain nombre de fonctionnalités, ce compte unique assurant par exemple un accès au réseau des administrations partenaires en utilisant un seul mot de passe. Vous disposez par ailleurs gratuitement d'un espace confidentiel de stockage pour enregistrer vos données usuelles (nom, prénom, adresse) mais aussi pour garder en toute sécurité les pièces justificatives dématérialisées échangées avec les administrations. Votre compte unique vous permet également l'accès à plusieurs démarches en ligne et le suivi de leur déroulement par courriel ou par SMS. Avec « mon. service-public.fr », vous pouvez encore retrouver une gamme croissante de démarches sur Internet (déclarations de changement de coordonnées, de changement de nom mais aussi, dans les communes ayant adhéré à ces services, demande d'inscription sur les listes électorales ou recensement citoyen obligatoire des jeunes). Enfin, « mon. service-public.fr » vous propose des informations sur mesure (mémorisation des fiches pratiques de votre choix et sélection de contacts administratifs).
Ouvert depuis le début de l'année 2009, « mon. service-public.fr » enregistre 1,5 million d'abonnés. Développé par la Direction générale de la Modernisation de l'État (DGME), ce service est conçu pour simplifier l'accès aux services publics en ligne

www.service-public.fr

DOC 2 Le contrat d'assurance

Le contrat d'assurance est un contrat aléatoire par lequel un organisme dit « l'assureur », qui pour pratiquer l'assurance doit être autorisé par le ministère des Finances à exercer ce type d'activité, s'engage envers une ou plusieurs personnes déterminées ou un groupe de personnes dites les « assurées », à couvrir, moyennant le paiement d'une somme d'argent dite « prime d'assurance », une catégorie de risques déterminés par le contrat que dans la pratique on appelle « police d'assurance ». Les conventions additionnelles qui sont destinées à modifier le contrat initial prennent le nom d'« avenants ». Cette activité s'exerce dans de très nombreux secteurs (assurance de dommages, assurance de responsabilité, assurance vie, assurance-crédit notamment).

www.juritravail.com

DOC 3 La garantie responsabilité civile

La responsabilité civile correspond à l'obligation de réparer les dommages causés à autrui. Ce dommage peut résulter par exemple d'une imprudence. La responsabilité civile peut s'assurer. C'est alors l'assurance qui se substitue au responsable, c'est-à-dire à l'auteur du dommage pour indemniser la victime.
Que couvre la garantie responsabilité civile ?
La garantie responsabilité civile souscrite couvre les dommages aux tiers :
- causés par votre faute, par imprudence ou par négligence,
- commis par vos enfants, s'ils vivent sous votre toit (les enfants majeurs vivant sous votre toit sont en principe également couverts),
- causés par vos ascendants vivant sous votre toit,
- causés par vos préposés (femme de ménage, jardinier, baby-sitter...),
- causés par vos animaux, ou ceux que vous gardez,
- causés par les objets que vous possédez, ou avez emprunté ou loué,
- du fait du logement dont vous êtes propriétaire, (par exemple du fait d'un défaut d'entretien ou d'un vice de construction, même si le logement est inoccupé ou loué).

Comment obtenir la garantie responsabilité civile ?
Vous pouvez souscrire une assurance spécifique, dite « responsabilité civile vie privée ». Cependant, si vous avez souscrit une assurance « multirisque habitation », cette garantie est incluse dans votre contrat.
Où souscrire un contrat ?
Vous pouvez souscrire un contrat d'assurance « responsabilité civile vie privée » auprès d'un assureur.

www.service-public.fr

DOC 4 L'Assurance « multirisques habitation »

Vous pouvez ainsi assurer contre l'incendie, l'explosion, les dégâts des eaux, les catastrophes naturelles (inondation, tremblement de terre, tempêtes...), les catastrophes technologiques, les attentats, émeutes et actes de terrorisme :

- vos meubles, vêtements et appareils électroménagers,
- vos objets de valeur,
- les embellissements que vous avez effectués (peinture, papiers peints, aménagement de la cuisine ou de la salle d'eau...).

Les formules de contrat multirisques habitation sont nombreuses et dépendent des besoins de l'assuré. Des garanties sont parfois inclues dans les contrats ou proposées en option. Il s'agit notamment de garanties :

- contre le vol,
- pour les dommages sur vos appareils électriques,
- pour la protection juridique (par exemple, prise en charge des frais de justice pour un conflit de voisinage ou un litige avec un plombier),
- responsabilité civile scolaire,
- responsabilité civile,
- assistance à domicile (en cas de dommage corporel, l'assureur vous propose des services d'aide comme un aide-ménagère ou une garde d'enfant).

www.service-public.fr

DOC 5 La franchise d'assurance

Présente dans la majorité des contrats d'assurance, la franchise est la somme qui reste à la charge de l'assuré à la suite d'un sinistre et ne sera donc pas remboursée par l'assureur

www.service-public.fr

DOC 6 Exemple de contrat d'assurance automobile

SPECIMEN

VOTRE CONTRAT AUTO

Synthèse au 17/01/2011

■ **CONDITIONS PARTICULIERES**

Assurance Auto N° **03/55.014.672** — **à partir du :** 17/01/2011

Marque et type : CITROEN C3 — **Cabriolet :** Non
Immatriculation : 1ABC789 — **kW : 55**
Catégorie : Voiture
Preneur : Monsieur Tartampion, Pierre, Rue du Pont Neuf, 17, 1000 Bruxelles — **Degré Bonus-Malus :** 00 — **Date de naissance :** 01/01/1960

Primes annuelles en EUR (taxes et frais compris)	
Responsabilité civile	275,15
Protection juridique	46,36
Multirisques	260,20
Dégâts matériels	400,75
Globale Accidents	Non couvert
Top conducteur	Non couvert
Assurance Circulation	Non couvert
Top assistance	Non couvert
Total	**982,46**

Action Top Véhicule : grâce à votre intermédiaire, vous bénéficiez de conditions tarifaires avantageuses.

Avantages supplémentaires

Concours Auto 2011 : 1.000 assurances auto gratuites

Votre assurance gratuite durant 1 an ?
Infos et participation sur www.aginsurance.be/assurancegratuite !

Données complémentaires

Date d'échéance annuelle : 17/01

Le présent contrat d'assurance est conclu pour une durée d'un an. Sauf si l'une des parties s'y oppose au moins trois mois avant la date d'échéance du contrat, celui-ci est reconduit tacitement pour des périodes consécutives d'un an. La renonciation à la reconduction se fait par lettre recommandée à la poste, par exploit d'huissier ou par remise de la lettre de résiliation contre récépissé.

1/6

EXPL-Q000

?

- Recherchez les définitions de « risque », « sinistre », « contrat aléatoire ».
- À partir d'un contrat d'assurance automobile, repérez les risques couverts. Recherchez ce que signifie être assuré au tiers. Recherchez un exemple de franchise.
- Monsieur Durand, 83 ans, n'utilise plus son véhicule stationné dans son garage. Il vous demande s'il doit ou non résilier son assurance automobile. Recherchez une réponse argumentée.
- À partir de votre contrat d'assurance scolaire, repérez la compagnie d'assurance, la durée de ce contrat et les risques couverts.

DOC 12

Un trajet en voiture qui brise la solitude

Le Point Rencontre Information Seniors propose un véhicule aux personnes âgées. Rosa est une habituée du « Transport à la demande ». Régulièrement, Nathalie la conduit jusqu'au supermarché, la ramène à son domicile et l'aide à porter ses sacs de course. Un véritable accompagnement.
Le transport à la demande facilite les déplacements des personnes âgées sur la commune et leur permet aussi de rompre l'isolement. « Je me demande bien ce que je ferai si le « Transport à la Demande » n'existait pas ! » retraitée, Rosa vit seule dans son appartement quartier des Toulaits. Coquette et dynamique septuagénaire, elle fait partie de ces fidèles séniors qui utilisent régulièrement les services du transport à la demande proposé par le Point Rencontre Information Seniors (Pris). « Au moins une fois par semaine », se réjouit Rosa. « Pour les courses ou pour aller voir des amis malades ». En plus de faciliter ses déplacements sur la commune, le transport à la demande permet à Rosa de ne pas « rester cloîtrée à la maison », de rompre sa solitude, briser son isolement. [...]

La Montagne, 24 février 2012

DOC 13

L'animation à domicile

Claudine Le Breton propose des animations personnalisées au domicile des personnes vieillissantes ainsi qu'en structure.
Au travers de son expérience, elle a pris conscience que l'importance des besoins intellectuels, des loisirs et des joies de la vie doit être prise en compte au même titre qu'un suivi médical et une hygiène de vie respectueuse de la personne.
Animations proposées
L'animation à domicile est destinée à toute personne vieillissante et ressentant le désir d'avoir recours à ce service. Ses objectifs sont d'aider les personnes à se réapproprier son plaisir, sa faculté de décision et à revaloriser son estime d'elle-même. C'est aussi la possibilité d'entretenir ses potentiels ou de découvrir des nouveautés. Cela peut aussi présenter l'opportunité d'un repos pour les aidants naturels.
Lecture, échange d'idées : avec pour support, roman, journal ou autre bouquin cher à la personne âgée, elle pourra par le biais de la lecture partager et échanger. Perte de concentration, déficience visuelle ou auditive, la lecture permet de sortir du champ de la mémoire dans lequel elle peut être enfermée. Lui donner la possibilité de faire des escapades dans le passé, retrouver des moments de rêve.
Mise en couleurs : peinture, dessins (matériel fourni). En premier lieu, il ne s'agit pas de tendre vers une création artistique, mais d'utiliser principalement le dessin ou la peinture comme véritable outil de communication.
Mémoire, écriture : jeux de mots, de chiffres, écriture,

> Écrire est une des premières activités apprises à l'école,
> Comme cet exercice n'est pas facile
> Revenir sur ce travail n'est pas aisé,
> Il faut être à la fois envieux et joueur
> Redécouvrir le jeu, pourquoi pas ?
> Et si on se mettait au calcul ?

Chansons et accordéon : « la musique adoucit les mœurs », proclame le dicton populaire. la musique permet aussi, de contribuer au bien-être de nos aînés. Quand la voix devient parole : le plaisir de retrouver les paroles de chansons endormies quelque part dans un coin de la tête.
Jeux de sociétés : memory, petits chevaux, domino, cartes, loto...
Aide à la mise en beauté, exercices de détente, promenade
Travaux manuels, cuisine plaisir, fabrication d'objets selon thème (Noël, Pâques).

www.claudinelebreton.wordpresse.com

DOC 14 Des actions qui créent du lien

Les journées du bien vieillir d'Annemasse

En Haute-Savoie, l'association de retraités IRSEA est répartie sur 3 lieux (Annecy, Annemasse et Faverges). De fin 2007 à fin 2008, le service d'Action Sociale et l'antenne d'Annemasse ont travaillé avec différents partenaires (conseil général, services d'aide à domicile, associations culturelles...) et des caisses de retraite complémentaire afin de mettre en place « Les journées du bien vieillir », pour : « Oser sortir de chez soi ». Ces journées des 11 et 12 octobre 2008 ont accueilli plus de 900 personnes.

1 toit 2 générations

D'un côté, une personne âgée isolée disposant de place à son domicile ; de l'autre, un étudiant ayant du mal à trouver un logement. Le sénior accueille chez lui, à titre gracieux, l'étudiant et celui-ci offre sa compagnie et rend quelques services au quotidien. Hébergeurs et hébergés s'acquittent d'une cotisation annuelle de 100 €. Cette expérience innovante, nommée « 1 toit 2 générations », a démarré en 2006 sur Chambéry et se développe désormais sur Annecy et d'autres villes de France.

Le minibus de la Ville de Clermont-Ferrand

La Ville de Clermont-Ferrand vient d'acquérir un minibus pour aller chercher à domicile et accompagner à des activités des retraités clermontois. Prémalliance a subventionné cette acquisition.

Prémédia, journal des retraités IRSEA et CAPICAF n° 16, été-automne 2009

?

- Dans l'EHPAD où vous avez fait votre stage, repérez les magazines à destination des personnes âgées. Titre, périodicité de parution. Justifiez les choix.
- Repérez ceux à destination des personnes ayant des problèmes visuels.
- Imaginez un jeu de sensibilisation pour un risque à destination des personnes âgées.
- Repérez des animations permettant, en structure, de maintenir le lien social.
- Recherchez sur votre territoire, les activités ou les services proposés pour les personnes âgées à domicile en vue de maintenir le lien social.

L'essentiel

Vivre en milieu rural nécessite, comme ailleurs, de faire face à des situations liées à la famille, au logement, l'emploi, la maladie, l'âge, le handicap. Parfois, ces situations constituent un risque social que les instances (du niveau national au niveau local) tentent de prévenir ou réduire grâce à l'accompagnement par diverses politiques. Cela se traduit par des aides (financières, humaines, matérielles), des actions (de prévention, d'éducation, de suivi...), des lois.
« L'accompagnement » se mesure particulièrement par l'adaptation du cadre de vie et l'intervention d'aides auprès des personnes.
Le cadre de vie assure le bien-être, la sécurité, l'hygiène. Qu'il soit individuel ou collectif, sa conception doit de plus en plus prendre en compte la préservation de l'environnement et l'équipement par les nouvelles technologies. Pour les publics, dits fragiles, un cadre de vie bien pensé favorise l'autonomie et prévient les accidents domestiques. « L'accompagnement » de la personne dans ses besoins d'aides aux actes de la vie quotidienne demande l'intervention de professionnels du domaine sanitaire et social, sensibilisé à la notion de bientraitance et aux problèmes d'éloignement.
L'accompagnement des personnes est un besoin qui grandit avec l'espérance de vie et la dispersion de l'habitat en milieu rural.

Les réponses aux besoins des personnes

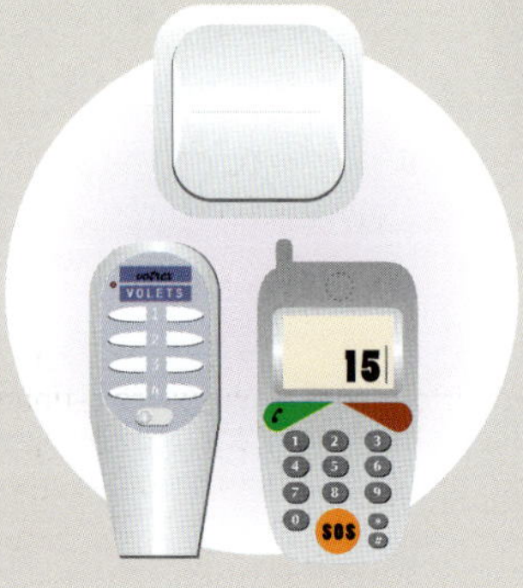

élargissement Pour aller plus loin

Madame Paris, 72 ans, est veuve depuis peu. Elle se déplace dans la maison de plain-pied avec un déambulateur. Elle fait appel de temps en temps à un service de TAD (Transport À la Demande) quand c'est nécessaire pour aller à l'association du 3e âge, en courses, pour des soins médicaux… Ses deux enfants et petits-enfants habitent loin de chez elle. Ils lui ont acheté un ordinateur équipé d'une webcam pour communiquer mais l'outil lui fait peur et elle préfère le téléphone. Elle a quelques difficultés pour gérer ses factures et a peur d'oublier des dates de paiements. Des professionnels venant au quotidien pour des soins, madame Paris leur fait part de toutes ses inquiétudes.

Vous vous rendez au domicile de madame Paris. Aujourd'hui, elle reçoit la visite de ses deux petites-filles, c'est un moment très attendu. Elle vous demande de lui faire une mise en plis. Pendant le séchage de ses cheveux, vous changez les draps de son lit. Enfin, vous lui proposez de la coiffer et la maquiller.

Aider madame Paris pour un shampoing et une mise en plis nécessite une attitude professionnelle permettant de favoriser son bien-être corporel. Commencez par reproduire le tableau ci-dessous :

Scénario	Les actes de la bientraitance					
L'aide au shampoing et à la mise en plis	Être	Dire	Agir	Soucieux de l'autre	Réactif aux besoins et demandes	Respectueux des choix et refus

1. Écrivez le scénario de la situation professionnelle en commentant les faits et gestes liés à la bientraitance.
2. Cochez, pour chaque étape, la ou les colonnes correspondant aux actes de la bientraitance.
3. Listez les objectifs de la réfection d'un lit.
4. Réalisez la fiche technique correspondante.
5. Expliquez l'importance des soins apportés à l'apparence pour la personne aidée, pour son entourage, puis pour l'aidant.
6. Réalisez un document attractif en mentionnant mois par mois les factures importantes à payer :

- EDF
- Eau
- Téléphone
- Impôts
- Taxe foncière
- Taxe d'habitation
- Assurances

7. Expliquez à madame Paris les dernières modalités en matière de franchises médicales.

Elle a reçu un dépliant concernant l'ouverture du service « seniornet » au sein de l'association. Celle-ci a pour objectif d'initier et d'accompagner les personnes âgées à l'utilisation de nouvelles technologies et notamment l'outil informatique. Cette initiation a lieu le jeudi de 15 à 17 heures durant 4 semaines.

8. Trouvez tous les arguments permettant de convaincre madame Paris à participer assiduement.

bibliographie À consulter

- *Connaître, soigner, aimer. Le serment et autres textes*, Hippocrate, Points, 1995.
- *L'informatique au service des personnes handicapées*, Patrick Colignon, Eyrolles, 2003
- *L'animation des personnes âgées en institution*, Philippe Crone, Masson éditions, 2010

www.aide-soignante.com
www.infirmiers.com
www.sante.gouv
www.habeo.org
www.legifrance.gouv.fr
www.solidarite.gouv.fr
www.linternaute.com
www.lafinancepourtous.com
www.lesclesdelabanque.com.
www.juritravail.com
www.ash.tm.fr
www.cleiss.fr
www.impots.gouv.fr
www.droit-finances.net
www.bienecrire.org
www.agevillege.com
www.notretemps.com

PARTIE 3

L'organisation des interventions d'aides auprès des personnes

PLAN

Chapitre 6

ORGANISATION D'INTERVENTION D'AIDES DANS UNE STRUCTURE COLLECTIVE

- Accueil petite enfance
- Éducatrice de jeunes enfants
- Auxiliaire de puériculture
- Agent petite enfance

L'évolution progressive des besoins des parents, d'une part, et celle des pratiques et préconisations des professionnels, d'autre part, a généré au cours des cinquante dernières années une forte diversification des modes d'accueil collectif du jeune enfant. La diversification des modes d'accueil collectif du jeune enfant s'est accompagnée d'un effort constant visant à garantir la sécurité et la qualité de l'accueil comme à promouvoir le développement de la capacité d'accueil des jeunes enfants.

[...] Mais, quels moyens la structure met-elle en place pour s'adapter aux besoins, à la situation particulière de tel enfant, de telle famille, de telle problématique du lien parents/enfant ? Des complémentarités sont-elles organisées pour proposer des réponses globales aux familles (par exemple l'accueil par une assistante maternelle ou une garde à domicile en complément de l'accueil collectif) ?

Extrait du guide pratique « Accueil de la petite enfance », ministère de la Santé

1. Le contexte et la réponse apportée

L'observation d'une structure comme la crèche itinérante du Pays Basque est un exemple de réponse apportée aux besoins des parents.

DOC 1 **Situation géographique du territoire**

La crèche itinérante Ttipientzat rayonne sur le canton d'Iholdy, territoire du Pays Basque. Le Pays Basque appartient au département des Pyrénées Atlantiques tout à fait au Sud-ouest de la France et à la frontière de l'Espagne. Une partie du département est située au bord de l'océan Atlantique.

Place d'Iholdy

DOC 2 **Situation du canton d'Iholdy dans les Pyrénées-Atlantiques**

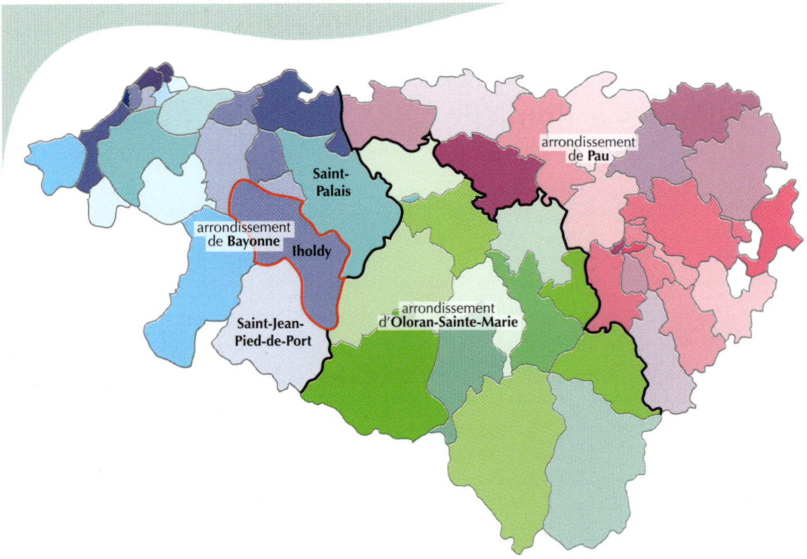

DOC 3 Situation des communes dans le canton

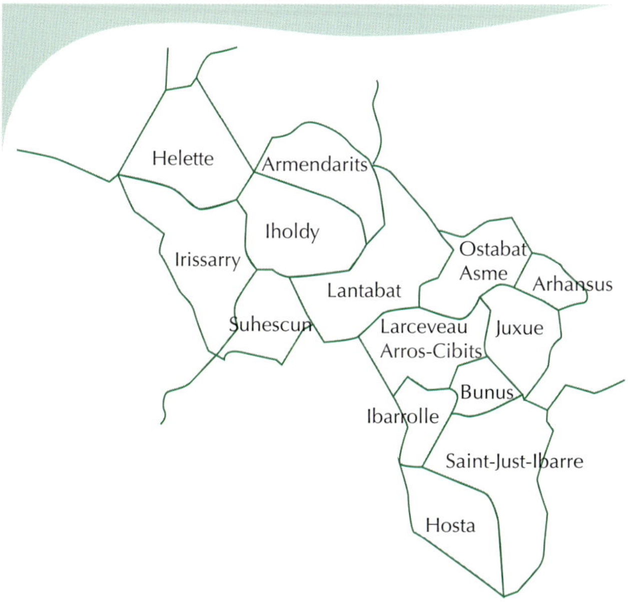

DOC 4 La population du canton de Iholdy

	1968	1975	1982	1990	1999	2008
Population	4853	4639	4392	4317	4067	4356
Densité moyenne hab/km2	19,7	18,9	17,9	17,6	18,5	17,7

Insee

DOC 5 La répartition de la population par âge

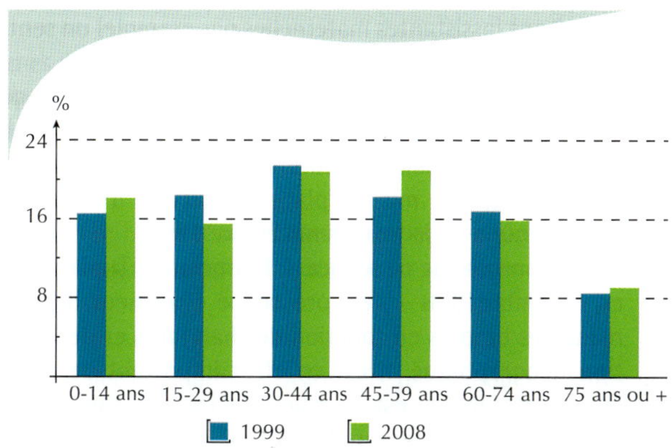

Insee, RP 1999 et RP 2008

DOC 6 La démographie enfantine de la communauté de communes (CDC)

Une population enfantine en légère augmentation : en 2006, 250 enfants ont moins de 6 ans sur la CDC dont 127 ont moins de 3 ans (+11 %), et 123 enfants de 3-5 ans (+ 1 %).
Une population de jeunes enfants qui pourrait augmenter assez significativement à l'horizon 2017 (197 enfants de moins de 3 ans si hypothèse de croissance forte et 158 si hypothèse de croissance « au fil de l'eau »)

Extrait de l'« enquête des besoins des enfants de moins de 6 ans dans le cadre du projet social » CDC Iholdy

DOC 7 Répartition de la population selon la catégorie socio-professionnelle sur le canton d'Iholdy

	2008	%	1999	%
Ensemble	3590	100	3369	100
Agriculteurs exploitants	534	14,9	591	17,5
Artisans, commerçants, chefs d'entreprise	165	4,6	142	4,2
Cadres et professions intellectuelles supérieures	101	2,8	60	1,8
Professions intermédiaires	351	9,8	228	6,8
Employés	440	12,3	424	12,6
Ouvriers	532	14,8	473	14
Retraités	1033	28,8	884	26,2
Autres personnes sans activité professionnelle	435	12,1	567	16,8

Insee, RP1999 et RP2008 exploitations complémentaires

Avec près de 500 exploitations agricoles, et une moyenne de 37 ha de Surface Agricole Utile (SAU), l'agriculture en Iholdy Oztibarre est un des pôles principaux de l'économie locale. Premier maillon de la chaîne agroalimentaire, les exploitants cultivent leur terre avec respect, et font naître des produits locaux de caractère et riches en saveur.

>> Organisation d'intervention d'aides dans une structure collective

DOC 12

Le personnel

Il est composé :
- de deux éducatrices de jeunes enfants, dont une qui assure la fonction de directrice,
- d'une auxiliaire de puériculture en formation éducateur jeune enfant,
- d'une animatrice titulaire du CAP petite enfance.

Les compétences de chacune sont précisément définies dans le règlement intérieur.
Il accueille chaque enfant de la façon la plus individualisée possible afin de favoriser pendant cette séparation d'avec la famille, son bien-être et un bon développement affectif, sensoriel, intellectuel et moteur. Il s'engage à travailler dans le respect de chaque famille (culture, traditions, langue maternelle...) ainsi que celui du projet de l'établissement et est tenu au secret professionnel.
Le personnel prépare et organise avec dynamisme des activités, des jeux individuels ou collectifs, des sorties, des animations culturelles.
Afin de garantir un travail cohérent et de qualité le personnel utilise un cahier de liaison sur lequel il note ses observations, les points particuliers du déroulement de la journée. Il réfléchit sur sa pratique au cours de réunions d'équipe mensuelles, avec le soutien si besoin d'un médecin attaché à la structure pour aborder des thèmes de la vie de l'enfant (santé, développement, éducation).
Afin d'évoluer sur sa pratique chaque membre de l'équipe peut prétendre à une formation qualifiante ou des stages de perfectionnement proposés régulièrement par le service culturel du conseil général sur des thèmes aussi variés que possible (éveil musical, chants, contes, travail corporel...).

Crèche itinérante Ttipientzat

DOC 13

Exemple du planning du mois de mars 2012

		PASCALE	BÉNÉDICTE	THÉRÈSE	ARANTXA
jeudi	1	CA*	8 h 30 - 13 h 30	10 h - 18 h	8 h 15 - 18 h 15
vendredi	2	CA	8 h 30 - 14 h	10 h - 18 h + 0,5 h	8 h 15 - 18 h 15
lundi	5	8 h 30 - 17 h 15	12 h 30 - 18 h	8 h 15 - 18 h 15	FORMATION
mardi	6	8 h 30 - 17 h 15	12 h 30 - 18 h	8 h - 18 h 30	FORMATION
jeudi	8	8 h 30 - 17 h 15	8 h 15 - 18 h 15	10 h - 18 h	FORMATION
vendredi	9	9 h 15 - 18 h	8 h 15 - 18 h 15	10 h - 18 h + 5,5 h	FORMATION
lundi	12	9 h 15 - 18 h	8 h 30 - 17 h	8 h 15 - 18 h 15	FORMATION
MARDI	13	9 h 15 - 18 h	8 h 30 - 14 h	8 h - 18 h 30	11 h - 17 h
jeudi	15	9 h 15 - 18 h	8 h 30 - 17 h	8 h 30 - 17 h	8 h 15 - 18 h 15
vendredi	16	9 h 15 - 18 h	8 h 30 - 17 h	Récup. – 2 h	8 h 15 - 18 h 15
lundi	19	8 h 30 - 17 h 15	10 h - 17 h	8 h 15 - 18 h 15	10 h - 18 h
MARDI	20	8 h 30 - 17 h 15	10 h - 18 h	8 h - 18 h 30	--------------- - 7 h
jeudi	22	8 h 30 - 17 h 15	10 h - 18 h	10 h 30 - 17 h	8 h 15 - 18 h 15
vendredi	23	8 h 30 - 17 h 15	10 h 15 - 18 h	Récup. – 4 h	8 h 15 - 18 h 15
lundi	26	8 h 30 - 17 h 15	10 h 15 - 18 h	8 h 15 - 18 h 15	CA
MARDI	27	8 h 30 - 17 h 15	10 h 15 - 18 h	8 h - 18 h 30	CA
jeudi	29	8 h 30 - 17 h 15	10 h 15 - 18 h	8 h 30 - 17 h	CA
vendredi	30	8 h 30 - 17 h 15	10 h 15 - 18 h	8 h 30 - 17 h + 2 h	CA
Total				+ 28 H 15 en tout	– 7 h ce mois
					3 j. formation à récup.

*CA : congés annuels

Crèche itinérante Ttipientzat

DOC 14 Rencontre d'assistantes maternelles

Que ce soit pour les enfants, ou les assistantes maternelles de ce milieu rural le besoin ressenti est de rompre l'isolement.
Ttipientzat propose donc des moments d'animation communs gratuits pour permettre à chacun de nouvelles rencontres, de nouvelles possibilités à la manière d'un jardin d'enfants.
Les objectifs éducatifs sont divers: participer aux activités et aux animations, partager un moment agréable avec l'enfant, lui permettre une socialisation en douceur, parler facilement des soucis du quotidien et profiter pleinement de Ttipientzat comme lieu d'échanges. Ces moments informels se créent suivant les souhaits et les disponibilités de chacun, il n'y a donc pas de planning de fonctionnement. Les assistantes maternelles viennent, c'est indispensable, avec l'accord des parents ce qui permet de les sensibiliser d'une autre manière à l'éveil de leur enfant et de faire connaissance avec la structure.
Par contre Ttipientzat n'a pas la mission d'un Relais Assistante Maternelle (RAM) pour ce qui concerne les questions administratives. Depuis 2010 un RAM a été créé sur le canton d'Iholdy : les rencontres d'assistantes maternelles sont davantage sa mission. Néanmoins, le partenariat existe toujours avec Ttipientzat

Crèche itinérante Ttipientzat

DOC 15 Inoubliable sortie pour les petits

C'est la rentrée à la crèche itinérante et tout le monde, enfants et personnel, garde encore en tête la sortie de fin d'année. Le 26 novembre 2010, dix enfants accueillis sur Iholdy, Irissarry et Hélette puis huit à Bunus le 14 décembre, ont savouré un moment de détente dans l'intrigant décor du musée de la Mer de Biarritz.
Entre curiosité et émerveillement, certains avec timidité d'autres, avec enthousiasme, les enfants de Ttipientzat se sont faufilés dans les labyrinthes du musée, sous les yeux des 150 espèces exposées. « Les poichons, les poichons ! », se sont exclamés les commandants Cousteau en herbe, en voyant de gros poissons, à l'image des surprenants requins dans le tunnel et d'autres plus drôles comme les phoques tout aussi à l'aise dans l'eau qu'au contact de l'air.
Après une heure de sensations fortes, les bambins ont goûté en bord de mer sous l'œil du soleil, présent pour l'occasion. Une expérience couronnée de succès que Bénédicte Dagorret, responsable de la crèche, projette de renouveler à l'approche des beaux jours.

Sud-Ouest, vendredi 14 janvier 2011

Les enfants de Ttipientzat médusés devant les aquariums du musée de la Mer.

- Recherchez les distances qui séparent les différents lieux d'accueil de cette crèche itinérante et analysez les résultats.
- Recherchez les missions de ce type de structure.
- Recherchez les organisations institutionnelles qui sont nécessaires au fonctionnement de ce type de structure. Donnez leurs rôles.
- Repérez sur le planning du mois de mars les moments de la journée où le personnel est à son maximum. Justifiez.
- La formation continue ou qualifiante est un facteur d'efficacité dans une entreprise. Argumentez.
- Énoncez la réglementation en matière de sécurité applicable dans ce type de structure.
- Énoncez les mesures à prendre pour palier une absence imprévue d'un personnel au sein de cette structure.
- À la lecture des documents, repérez les différentes contraintes qui peuvent constituer un frein au bon fonctionnement de la structure.
- À partir du document 15, répertoriez les moyens humains et matériels nécessaires à cette sortie. Justifiez vos choix.

- Fiche de poste
- Fiche métier
- Outils de transmission
- Démarche de qualité

2. L'évaluation

Aider les enfants à « bien grandir » en participant à leur éveil et à leur développement, leur apporter tous les soins nécessaires pour qu'ils évoluent dans les meilleures conditions : un rôle essentiel et passionnant, mais aussi un VRAI MÉTIER qui exige des qualités particulières et des compétences spécifiques !

www.cap-petite-enfance.com

DOC 1

La fiche de poste

Définition

La fiche de poste est un descriptif de la fonction exercée par un agent dans une structure donnée, en prenant en compte son environnement de travail notamment le service et l'encadrement éventuel. Une fiche de poste n'est ni une fiche d'emploi ni un profil de poste. Le poste est décrit tel qu'il est tenu en fonction de la mission confiée. La rédaction doit donner une photographie du poste actuel et non une vision prospective ou idéale.

Ses atouts

1. La fiche de poste est un outil de communication.
Outil de gestion collective, la fiche de poste est un outil de communication : elle est l'occasion pour chaque agent d'un dialogue avec son supérieur hiérarchique direct et réciproquement. Le renseignement de la fiche fait l'objet d'une réflexion conjointe de l'agent et de son supérieur hiérarchique direct. En effet, ils détiennent ensemble les informations permettant d'appréhender réellement toutes les dimensions du poste. L'un des enjeux est de donner des repères partagés sur la fonction attendue par l'établissement.
2. La fiche de poste est un outil de clarification.
Elle permet non seulement la clarification des responsabilités de chacun sur des missions explicites mais aussi la clarification du mode d'organisation nécessaire pour une meilleure déclinaison des missions du service.
3. La fiche de poste est un outil facilitant le bilan de l'activité et la définition d'objectifs.
Parler ensemble du travail, à partir du cadre qu'est la fiche de poste, permet de faire un bilan de l'activité, de voir apparaître des difficultés et de définir des objectifs.

Ses finalités

• Pour l'agent
Elle permet de :
- communiquer avec son supérieur hiérarchique sur son poste et faire connaître l'ensemble des activités qu'il effectue et ses contraintes,
- avoir avec lui une discussion sur les évolutions souhaitables de son poste,
- améliorer la connaissance du service et l'appartenance à un service,
- prendre en compte le besoin de chaque personnel d'être partie prenante et responsabilisé dans son activité professionnelle.

• Pour le service
Elle favorise :
- la formalisation des situations de travail de chaque agent,
- une meilleure connaissance des contributions de chacun,
- l'amélioration de l'organisation du travail,
- la reconnaissance de l'importance du rôle de l'encadrement,
- l'émergence des projets de service.

Académie Caen – éducation nationale – enseignement supérieur recherche

DOC 2

La fiche métier « Éducateur de Jeunes Enfants »

Les missions de l'éducateur de jeunes enfants sont centrées sur l'éveil et la socialisation des enfants. Il met en place des activités qui favorisent le développement de leurs capacités et l'apprentissage de la vie en collectivité. Par ailleurs, il met tout en œuvre pour éviter ou limiter l'installation de troubles ou de carences. Pour cela il repère les difficultés, les problèmes de santé ou de comportement. Si nécessaire il oriente l'enfant vers des professionnels compétents (psychomotricien, médecin spécialiste, orthophoniste...).

Il joue également un rôle au niveau des relations avec les parents. Par exemple, il favorise le maintien du lien parents-enfants en cas de séparation. De manière générale il accompagne les parents pour tout ce qui concerne l'éducation de leurs enfants.

Les publics

L'éducateur s'occupe d'enfants dans des crèches ou des haltes garderies. Il intervient également auprès d'enfants en foyer séparés de leurs parents, d'enfants malades hospitalisés, d'enfants handicapés placés dans des structures. Il adapte son projet en fonction des enfants dont il s'occupe. Il veille par exemple au bien-être du jeune malade et participe à sa guérison grâce aux activités qu'il lui propose.

Les actions

Pour favoriser l'émergence des capacités des enfants, leur épanouissement, leurs apprentissages, leur socialisation, l'éducateur doit avant tout leur assurer un milieu sécurisant et stimulant. Il aménage un espace de vie à leur dimension qui soit le plus proche possible de leur univers familial. Il met à leur disposition différents objets (livres, jeux, poupées, camions, vélos, cerceaux...) ou espaces d'activités (lecture, dînette, garage, motricité...). Il leur propose des activités ludiques favorisant l'expression sous toutes ses formes : motrice (danse, jeux de course, exercices d'équilibre, d'adresse...), manuelle (peinture, collage, découpage, poterie, pâte à sel...), sensorielle (musique, cuisine...), verbale et non verbale. Il veille au respect du rythme de chacun. Sa bonne connaissance du développement de l'enfant permet à l'éducateur d'adapter les activités en fonction de l'âge de chacun. Il prévoit toujours des espaces de repos, de lecture.

Il se soucie de la bonne intégration de chacun, tient compte du milieu social et culturel des enfants.

Des lieux de travail variés

L'EJE peut exercer son activité dans des haltes garderies, des crèches, des centres d'action médico-sociale, les services sociaux de la protection maternelle infantile. Il intervient auprès d'enfants malades : hôpitaux, services psychiatriques, maisons de cure ou de convalescence, pouponnières spécialisées. Les éducateurs sont également présents dans les établissements spécialisés : instituts médico-éducatifs, les centres médico-psychologiques, les centres d'action médico-sociale précoce, les centres de déficients sensoriels.

Ils peuvent aussi travailler dans des centres culturels et de loisirs, des maisons familiales de vacances, des ludothèques.

Un travail d'équipe

L'EJE travaille au sein d'une équipe pluridisciplinaire comprenant différents professionnels : directrice de crèche, auxiliaire de puériculture, éducateur spécialisé, psychologue, assistante sociale.

www.sbssa.ac-amiens.fr

DOC 3

La formation d'éducateur de jeunes enfants

Pour suivre la formation préparant au DEEJE, le candidat doit être titulaire au choix :

- du baccalauréat ;
- de l'un des examens spéciaux d'entrée dans les universités ou d'un titre admis en dispense du baccalauréat pour la poursuite des études dans les universités ;
- d'un diplôme de travail social ou du secteur paramédical au moins de niveau IV ;
- du diplôme professionnel d'auxiliaire de puériculture, du certificat d'aptitude professionnelle « petite enfance », du certificat d'aptitude aux fonctions d'aide médico-psychologique, ou du diplôme d'État d'auxiliaire de vie sociale et avoir exercé pendant 3 ans dans le champ de la petite enfance.

Dans tous les cas, les candidats devront se présenter aux épreuves d'admission organisées par chaque établissement de formation.

La formation se déroule sur 3 ans en alternance et comprend :

- 1 500 h de formation théorique réparties en quatre domaines de formation :
  - accueil et accompagnement du jeune enfant et de sa famille (400 h),
  - action éducative en direction du jeune enfant (600 h),
  - communication professionnelle (250 h),
  - dynamiques institutionnelles, inter institutionnelles et partenariales (250 h) ;
- 60 semaines de stage pratique.

Outre le contrôle en cours de formation pour chacun des domaines de formation, l'examen final comprend 4 épreuves :

- présentation et soutenance d'un mémoire professionnel ;
- un oral à partir de 3 travaux sur la démarche éducative ;
- une épreuve écrite de communication professionnelle ;
- une épreuve écrite de note de synthèse.

La formation est sanctionnée par le DEEJE (Diplôme d'État d'Éducateur de Jeunes Enfants) délivré par le ministère chargé des affaires sociales.

www.solidarite.gouv.fr

>> Organisation d'intervention d'aides dans une structure collective

DOC 4 Les outils de transmission au sein de la crèche

Chaque site possède un cahier de transmission où sont consignés tous les éléments concernant la journée de l'enfant: comportement, attitude, heures de sommeil, repas, changes, activités réalisées... De la même manière peuvent être notées des informations que les parents donnent lors de l'arrivée de l'enfant à la crèche.

DOC 5 La réunion

Réservée au personnel ou ouverte aux parents, une réunion rassemble plusieurs personnes autour d'objectifs communs. Le parent viendra se rassurer ou chercher des informations sur ce que vivra son tout-petit au quotidien. Le professionnel s'appuiera sur ces temps de réunion pour comprendre et analyser ses pratiques, se concerter sur les enfants. [...]

Il existe plusieurs types de réunions:

- la réunion d'information permet de transmettre toutes les données sur les divers fonctionnements de l'institution;
- la réunion pédagogique accompagne la réflexion de l'équipe sur les aménagements des espaces et l'organisation de la journée autour de l'enfant;
- la réunion par unité de vie pose plus précisément le quotidien de ces enfants-là, dans un contexte bien défini;
- la réunion du suivi des enfants permet aux professionnels de poser un bilan sur chaque enfant;
- les groupes d'analyse des pratiques professionnelles sont des réunions mensuelles où un psychologue ou un conseiller pédagogique accompagne la réflexion des professionnels pour donner sens à cette prise en charge si complexe du jeune enfant. [...]

Du côté du professionnel...

Une réunion permet de stopper le rythme qu'exige l'accueil d'enfants tout-petits. Cet espace «hors temps» invite le professionnel à prendre du recul, à poser sa pratique pour mieux en mesurer les enjeux. Beaucoup de choses peuvent se dire, se penser et s'élaborer à condition que cet espace «hors temps» se vive également comme «hors menace».

Enfin une réunion porte ses fruits si elle est conduite par un membre reconnu par l'équipe ou le groupe. Bien plus, dans l'annonce d'une réunion, l'ordre du jour et le compte rendu permettront de garder un fil rouge de la pensée collective. Une réunion témoigne du souci de pouvoir accompagner chaque acteur dans cette coopération autour de l'enfant. Cet enjeu parfois oublié peut vite transformer une réunion en une obligation contraignante. [...]

Métiers de la petite enfance n° 183, mars 2012

DOC 6 Les outils de communication au sein de la crèche

Petits tracts et affichettes sont utilisés par la crèche pour communiquer avec les parents sur la tenue de telle ou telle animation.

Du fait de l'itinérance, les contraintes en matière de communication sont importantes. Tout d'abord, la crèche n'a pas de téléphone fixe ce qui rend l'usage du téléphone portable obligatoire. De plus, il n'y a pas de connexion Internet possible, donc les liaisons avec la CAF doivent se faire depuis le domicile de la directrice qui déplore l'absence d'adresse électronique pour la crèche. Malgré 14 ans de vie et le relais de tous les événements, aussi minimes soient-ils, dans la presse, la crèche peine à se faire connaître.

DOC 7 Réflexion autour de la démarche qualité

Assimiler une Charte Qualité ou un Code d'éthique à une «boîte à outils comportementale» est simplificateur, donc faux: «l'éthique dépasse un simple code de bonne conduite pour devenir un principe de morale professionnelle, un lien commun entre toutes les professions concernées par le problème qu'elles ont à gérer ensemble» (Strauss, 1993).

«L'assurance qualité instaure une démarche participative»

« Cela impose une nouvelle approche de notre pratique professionnelle »

« La démarche qualité permet de concrétiser le passage du déclaratif à l'effectif »

Les Cahiers de l'Actif - N°256/257

DOC 8

Une charte des établissements d'accueil de la petite enfance à Audincourt

Fin 2007, Audincourt a mis en place une charte dans tous ses établissements d'accueil de la petite enfance, garantissant une « démarche qualité » commune à toutes les structures de la petite enfance et favorisant ainsi l'épanouissement et le bien-être des enfants. Pour répondre au plus près des besoins des parents et mettre en cohérence le travail des professionnels de l'enfance du pays de Montbéliard, Audincourt a mis en place une charte dans tous ses établissements d'accueil de petite enfance. Les principes de la charte : l'intérêt supérieur de l'enfant, l'accompagnement des parents et une sensibilisation des personnels au regard des actions de prévention sont au cœur du dispositif.

Des valeurs partagées par chaque partenaire

Déclinée en 10 articles, la charte pose les bases qui vont régir les relations entre les parents, les enfants et les professionnels de la petite enfance et où chacun va jouer son rôle dans un climat d'écoute et de confiance pour le confort et le bien-être des enfants.

Une attention toute particulière est accordée au moment de l'entrée d'un enfant dans une structure d'accueil avec un temps d'adaptation et d'écoute, avec les parents. L'enfant est au cœur des priorités et le personnel veille à ses besoins fondamentaux et affectifs dans le respect de son rythme et de son épanouissement. Les parents, considérés comme les premiers éducateurs de leurs enfants, sont associés au projet éducatif, développé par l'équipe de professionnels. Ils sont d'ailleurs régulièrement invités aux différentes activités et aux campagnes de prévention, organisées au sein de chaque structure.

L'équipe de professionnels de la petite enfance est également à l'écoute des besoins des familles et se rapproche, si nécessaire, de ses partenaires pour gérer les situations les plus difficiles.

Des outils pour son application

Pour la mise en œuvre et une meilleure application possible de la charte, différents outils ont été développés :

- une commission spécifique, composée des responsables des différentes structures d'accueil, permet de réajuster les projets en cours et ceux à venir en fonction des problèmes ou des réussites rencontrés ;
- des protocoles ont également été mis en place en fonction d'une problématique particulière touchant à la santé, le handicap ou les urgences, pour apporter la réponse adéquate face à telle ou telle situation et rassurer les équipes de professionnels ;
- une analyse de la pratique, avec des psychologues, permet de soutenir les équipes de professionnels dans leur travail au quotidien et les accompagner dans leurs relations avec les parents, les enfants et entre collègues ;
- des évaluations du projet d'établissement sont faites chaque année. Il en ressort des orientations et des propositions pour l'année suivante.

Des avancées au bénéfice des enfants

Depuis sa mise en place, la charte a permis de soulager les équipes de professionnels de la petite enfance lorsqu'ils sont confrontés à des difficultés. Elles travaillent plus en cohérence et leurs compétences sont reconnues et valorisées. Les parents, de fait, se sentent en confiance et adhèrent plus facilement aux campagnes de prévention ou aux conseils donnés par les équipes de professionnels, et ce, pour un meilleur épanouissement des enfants.

www.villesamiesdesenfants.com

DOC 9

L'évaluation

L'évaluation est un outil qui procède de la dynamique de l'équipe. Elle permet, chaque fois de redonner un sens à l'action.

Évaluations permanentes : elles sont conduites régulièrement par les équipes et permettent un réajustement des projets en cours et ceux à venir.

Évaluation annuelle : les équipes procèdent, chaque année, à l'évaluation de leur projet d'établissement. Il en ressortira des orientations et propositions pour l'année suivante. Chaque équipe définit les méthodes utilisées pour connaître l'évaluation du projet par les familles. Elle précisera les moyens mis en place pour impliquer les responsables institutionnels à cette réflexion et à ses conclusions.

Ces deux types d'évaluation font l'objet de comptes rendus écrits, références communes pour tous les partenaires.

Évaluation personnelle : c'est un acte individuel permettant à chaque membre de l'équipe de mesurer son implication dans le projet d'établissement, et de redéfinir régulièrement ses objectifs professionnels.

Plateforme charte Audincourt.

?

- Recherchez la fiche de poste d'un responsable technique d'un multi accueil.
- Quelles différences peut-on mettre en évidence entre une fiche métier et une fiche de poste ?
- Expliquez l'intérêt de l'activité « transmissions » au sein du personnel.
- À partir du document 15 page 180, organisez la réunion pour la mise en place de la sortie au musée de la Mer.
- Listez les critères qui permettent d'évaluer la qualité de l'intervention.
- Recherchez une charte des établissements d'accueil de la petite enfance.
- Sur une structure de stage, vous prenez connaissance d'un compte rendu de réunion de personnel : quel était l'ordre du jour de la réunion ? Quels ont été les sujets abordés ? Concernaient-ils les usagers ? Les personnels ?

L'essentiel

Ttipientzat va se sédentariser

La halte-garderie itinérante Ttipientzat est une association créée en 1998. Elle répond à des besoins de garde occasionnelle d'enfants (1 à 3 ans) avec pour objectif d'offrir de bonnes conditions d'accueil, créer un lieu d'éveil pour les petits et d'écoute pour les parents. L'équipe, composée de deux éducatrices jeunes enfants, une auxiliaire de puériculture et un CAP petite enfance, sillonne le canton d'Iholdy avec son très célèbre camion.

Pour l'heure, on peut les trouver à Irissarry les lundi et jeudi, Bunus le mardi et Hélette le vendredi (9 h/17 h 30). Dans quelques temps, deux structures multi-accueil similaires verront le jour dans les villages d'Iholdy et Ostabat. Depuis 1998, les besoins ont évolué, la demande est plus forte et la Communauté de communes Iholdi-Oztibarre avait à cœur de se doter de structures adaptées.

Une nouvelle aventure

« Il est vrai que le système actuel n'est pas toujours évident, il faut s'adapter aux conditions des salles et charger/décharger le matériel en permanence », explique Pascale Bidart, directrice de Ttipientzat. L'association, en lien avec la Communauté de communes, a donc réfléchi à ce projet dont l'aboutissement est prévu au second semestre 2012.

Concrètement, le personnel de Ttipientzat sera divisé dans les deux futures crèches avec une direction commune pour celles-ci et un référent dans chacune d'entre elles. Même si les conditions de travail seront améliorées, l'équipe tient à garder la même philosophie.

« Bien sûr nous bénéficierons de plus de confort pour les enfants et nous-mêmes, mais nous tenons à préserver un esprit familial », exprime Mme Bidart. Car ce changement marque la fin d'une aventure pour Ttipientzat. « Cela reste une sacrée expérience, c'est un fonctionnement atypique dans lequel nous avions réussi à mettre en place une certaine proximité avec les parents. Le genre itinérant nous manquera un peu même si nous sommes ravies d'intégrer les futures crèches », explique Bénédicte Dagorret, éducatrice à la halte-garderie.

Pour marquer le coup, l'équipe a réalisé un DVD souvenir immortalisant les années Ttipientzat. Pour la suite, les deux crèches disposeront d'un agrément d'accueil de dix enfants chacune et les besoins pratiques n'ont pas encore été définis. Afin d'y répondre au plus près, une enquête à destination des parents et futurs parents est lancée dans chaque commune du canton.

Anissa Ciroldi, *Sud-Ouest*, 16 décembre 2011

Structures multi-accueil en Pays Basque intérieur

Deux structures multi-accueil de dix places chacune ouvriront leurs portes au printemps prochain, l'une à Iholdy, l'autre à Ostabat.

Pascale Bidart, directrice de la halte-garderie itinérante Ttipientzat, explique que ces deux nouvelles ouvertures répondent à des besoins observés, notamment en matière d'amplitude horaire : la halte-garderie itinérante Ttipientzat ouvre de 9 heures à 17 h 30, les deux nouvelles structures devraient ouvrir, elles, de 7 h 30 à 18 h 30 du lundi au vendredi.

Les parents pourront ainsi confier leurs enfants de manière plus adaptée à leur emploi du temps et leurs besoins. « Un multi-accueil n'est ni une crèche ni une halte-garderie et permet un accueil régulier ou occasionnel », précise Pascale Bidart.
Les enfants pourront être accueillis à partir de l'âge de trois mois et jusqu'à environ quatre ans.
Euskara prioritaire.
À Iholdy comme à Ostabat, le personnel sera bilingue : « Priorité sera donnée au personnel bascophone, car il y a une forte demande. On s'adaptera ensuite à l'enfant », avance la directrice de Ttipientzat. Trois personnes à temps plein devraient être embauchées par structure, une éducatrice, une auxiliaire de puériculture et une détentrice du CAP petite enfance

L.B., *Le journal du Pays Basque*, 10 décembre 2011

élargissement *Pour aller plus loin*

Expliquez les raisons qui ont amené Ttipientzat à se sédentariser.
Repérez sur la carte l'emplacement des deux futures structures et justifiez cet emplacement.
Recherchez les avantages de cette sédentarisation de la structure pour le personnel.
Les parents utilisateurs de la crèche itinérante vont devoir se réorganiser. À partir des jours et heures d'ouverture, expliquez comment des parents habitant la commune de Suhescun vont s'organiser pour faire garder leur enfant âgé de 20 mois. Ils sont tous les deux professeurs en collège l'un à Saint-Palais et l'autre à Saint-Jean-Pied-de-Port.
Pour connaître les besoins pratiques des parents et futurs parents, une enquête est réalisée dans chaque commune du canton. Imaginez le contenu possible de cette enquête.
La crèche envisage de recruter une auxiliaire de puériculture. Établissez la fiche métier de l'auxiliaire de puériculture.

Données express :

À la campagne, les assistantes maternelles assurent 87 % de l'offre de garde et les établissements collectifs 13 %.
Sur l'hexagone, les trois grands modes de garde sont les assistantes maternelles (63 %), les établissements collectifs (32 %) et la garde à domicile (5 %).
Il manque en France 400 000 places d'accueil de jeunes enfants.

Alim'agri, octobre/novembre/décembre/2011

bibliographie *À consulter*

- *Les métiers de la petite enfance, Des professions en quête d'identité*, Didier-Luc Chaplain, Marie-France Custos-Lucidi, La Découverte, 2005
- *Guide de l'éducateur de jeunes enfants, Statuts et formation, institutions, pratiques professionnelles*, Bruno Le Capitaine, Annick Karpowicz, Dunod, 2011
- *Les enjeux du métier d'éducateur de jeunes enfants*, Dominique Auzou-Riandey, Bernadette Moussy, ESF, 2012
- Revue *Les métiers de la petite enfance*
- www.villesamiesdesenfants.com
- www.sbssa.ac-amiens.fr
- http://documentation.reseau-enfance.com
- www.Afaq.org/profils/activite/services
- www.caf.fr
- Guide des bonnes pratiques dans les crèches : www.santé. public. lu

CHAPITRE 7

ORGANISATION D'INTERVENTION D'AIDES À DOMICILE

- Services
- Assistance
- Proximité
- Intervention

Les services à la personne, dont la liste figure dans le code du travail, portent sur des activités de garde d'enfants, d'assistance aux personnes âgées ou handicapées ou sur des tâches ménagères ou familiales. Ils visent à répondre au besoin croissant des familles d'être épaulées dans leur vie quotidienne. Les particuliers qui ont recours à ces services peuvent être directement employeurs ou faire appel à un organisme agréé. Les services à la personne ouvrent droit à un certain nombre d'avantages fiscaux et sociaux, et peuvent être rémunérés au moyen du Chèque Emploi Service Universel (CESU).

www.solidarite.gouv.fr

1. Le contexte et la réponse apportée

Aumale, commune de Seine-Maritime

L'observation d'une structure comme l'association d'Aide à Domicile en Milieu Rural (ADMR) est un exemple de réponse apportée aux besoins des personnes.

DOC 1

Aumale et son canton

La commune d'Aumale se trouve au nord de la France. Elle est située dans la région Haute-Normandie, dans le département de Seine-Maritime et plus précisément dans la vallée de la Bresle. Elle compte 2 405 habitants avec une densité de 265,5 habitants par km². Aumale est un chef-lieu de canton qui regroupe 15 communes pour une population totale de 7 041 habitants.
L'association locale ADMR (Aide à Domicile en Milieu Rural) « Plateau et Vallée » a son siège à Aumale et propose ses services aux habitants du canton et à la population de deux communes rurales à proximité.

Lydie Decorde

DOC 2

Population par sexe et par âge du canton d'Aumale

	Hommes	Femmes	Ensemble
Moins de 3 ans	126	129	255
3 à 5 ans	128	146	274
6 à 10 ans	220	211	431
11 à 17 ans	271	296	567
18 à 24 ans	254	219	473
25 à 39 ans	609	638	1 246
40 à 54 ans	783	722	1 505
55 à 64 ans	418	427	845
65 à 79 ans	471	540	1 011
80 ans ou plus	154	280	433
Ensemble	3 434	3 607	7 041

Insee, RP2008 exploitation principale.

DOC 3

L'ADMR en Seine-Maritime

11 222 foyers aidés,
51 associations,
1 000 bénévoles,
3 971 professionnels,
2 337 839 heures d'intervention,
73 021 journées de soins.

Réseau ADMR de Seine-Maritime

DOC 4

L'ADMR « Plateau et Vallée »

L'association ADMR a été déclarée en préfecture le 19 juin 1972, selon les dispositions de la loi 1901. Elle bénéficie d'un agrément qualité N° R230207A076Q006 délivré par le Préfet en date du 1er janvier 2007.
L'association est adhérente à la Fédération Départementale des associations ADMR de Seine-Maritime et à l'Union Nationale des associations ADMR.
L'association locale ADMR propose ses services à l'ensemble des personnes habitant habituellement ou temporairement sur son secteur d'intervention. [...]

Le secrétariat de l'association locale, situé 3 rue Sœur Badiou à Aumale, est ouvert :
Les lundis et vendredis de 9 h à 12 h 30 et de 13 h 30 à 17 h
Les mercredis de 9 h à 12 h 30
Les jeudis de 13 h 30 à 17 h [...]

La présidente est Mme Colette Delabouglise. [...]
La Fédération Départementale à laquelle adhère l'association gestionnaire du service peut être contactée par courrier, téléphone télécopie ou courriel :
Fédération ADMR de Seine-Maritime
1 rue Ernest Delaporte
76710 Montville [...]
Elle se chargera d'orienter les personnes vers les responsables du service ou de demander à ceux-ci de les recontacter. [...]

Livret d'accueil du bénéficiaire- ADMR « Plateau et Vallée »

DOC 5

L'action de l'association ADMR

L'association ADMR, conformément à ses statuts, met en place des prestations pour répondre aux besoins des familles et des personnes sur son territoire. Elle a pour but :

- D'aider à tous les moments de leur existence toute famille ou personne habitant dans les communes ou les quartiers où elle exerce son action. Pour ce faire, elle assure la responsabilité matérielle et morale de la marche d'une ou plusieurs branches d'activités pouvant concourir à la réalisation de cet objectif. Elle est ou peut devenir employeur de toutes les personnes utiles à cette action notamment dans le domaine de la vie quotidienne, du socio-éducatif, de la santé et du développement local.
- De développer un climat familial et d'intensifier les courants de solidarité, la vie sociale et l'animation dans les communes qu'elle dessert en faisant participer les familles, notamment celles ayant bénéficié de l'action de l'association.

Le fonctionnement du service d'aide à domicile repose sur l'investissement de l'équipe des personnels responsables bénévoles ou salariés de l'association. L'association, représentée par son président, emploie ou propose des personnels pour réaliser les interventions à domicile. Dans un souci de complémentarité des interventions, elle orientera les personnes vers les partenaires qui sont susceptibles de répondre à leurs besoins (pédicure, SSIAD, CLIC,...). [...]

Livret d'accueil du bénéficiaire- ADMR « Plateau et Vallée »

DOC 6

Les services « tout public » de l'ADMR

Services	Employeur
Ménage – Repassage – Courses – Préparation des repas... (1)	L'ADMR (prestataire) ou le bénéficiaire (mandataire)
Petit bricolage – Petit jardinage	
Garde d'enfants au domicile des parents (2)	

(1) Vous avez droit à des réductions fiscales pour ce type de tâches. En effet, 50 % des sommes que vous versez à ce titre sont directement déductibles de vos impôts ou ouvrent droit au crédit d'impôt. Le crédit d'impôt concernent les ménages non imposables ou ceux dont le montant de l'impôt sur le revenu est inférieur au crédit d'impôt auquel ils ont droit. Il s'applique, pour les contribuables, célibataires, veufs ou divorcés qui exercent une activité professionnelle ou qui sont inscrits sur la liste des demandeurs d'emplois durant trois mois au cours de l'année du paiement des dépenses, ainsi que pour les personnes mariées ou ayant conclu un PACS, soumises à une imposition commune, qui toutes deux satisfont à l'une ou l'autre condition visée ci-dessus.
Vous pouvez également obtenir une prise en charge partielle de ces prestations par le CESU (chèque emploi service universel) délivré par les entreprises et comités d'entreprise.

(2) Dans le cadre de la PAJE (prestation d'accueil du jeune enfant), vous pouvez bénéficier d'un complément de libre choix de mode de garde, qui vous sera versé, pour un minimum de 16 heures par mois si vous faites appel à une association agréée comme l'ADMR. De plus, 50 % des sommes que vous payez sont déductibles de vos impôts.

Livret d'accueil du bénéficiaire - ADMR « Plateau et Vallée »

DOC 7 Les services à destination de « publics fragilisés » de l'ADMR

... par des difficultés passagères ou durables (grossesse, naissance, maladie des enfants ou des parents, décès, situations précaires...)

Services	Employeur
Aide à la vie quotidienne action socio-éducative (TISF – technicien de l'intervention sociale et familiale) (1)	ADMR

(1) Ce type d'intervention peut être pris en charge par les caisses d'allocations familiales ou le département. L'ADMR saura vous conseiller pour trouver ensemble la meilleure solution pour votre famille.

... par le handicap ou l'âge

Services	Employeur
Aide aux actes essentiels de la vie : lever, coucher, aide à la toilette ; préparation et prise des repas ; courses ; gardes de jour et de nuit.	L'ADMR (prestataire) ou le bénéficiaire (mandataire)
Assistance à la personne (entretien du cadre de vie, aide à la personne) : ménage ; repassage ; préparation des repas ; livraison de repas à domicile	

- Pour les personnes âgées de plus de 60 ans et plus :

Ces prestations peuvent être financées par l'APA (Allocation Personnalisée d'Autonomie) dans le cadre d'un « plan d'aide ». Son montant dépend à la fois du niveau d'autonomie et des ressources de la personne. Si l'APA ne peut être obtenue, d'autres financements sont possibles par les caisses de retraite. Quoi qu'il en soit, 50 % des sommes payées par les personnes sont directement déductibles des impôts.

- Pour les personnes handicapées :

Différentes allocations peuvent être versées aux personnes handicapées : la Prestation Compensatrice du Handicap (PCH), l'Allocation Compensatrice Tierce Personne (ACTP), la Majoration pour Tierce Personne (MTP) ou le complément de l'Allocation d'Éducation Spéciale (AES). La personne reconnue handicapée peut également être exonérée des charges patronales et bénéficier de réductions d'impôts.

... par des problèmes de santé

Services	Employeur
SSIAD (Services de Soins Infirmiers à Domicile)	ADMR

Les dépenses relatives au fonctionnement des SSIAD sont prises en charge à 100 % par l'organisme de sécurité sociale. Sont comprises également les interventions des infirmiers libéraux et des pédicures conventionnés avec le service.

Livret d'accueil du bénéficiaire- ADMR « Plateau et Vallée »

- Expliquez quels sont les objectifs de l'association ADMR ?
- Justifiez l'importance de cette association dans une commune telle que Aumale.
- Recherchez l'historique national de cette association.
- Recherchez les partenaires d'une association locale ADMR.
- Listez les services proposés par l'ADMR.
- L'ADMR propose 2 modes de gestion : prestataire et mandataire. Recherchez puis expliquez ces 2 modes de gestion afin de les distinguer.
- Listez les aides qui peuvent être attribuées aux publics pris en charge par l'ADMR, les conditions d'attribution, les organismes concernés.

- Assistance
- Intervention
- Qualité

2. Les professionnels de l'aide à domicile

Les personnes qui exercent ces fonctions interviennent auprès de familles, de personnes âgées ou de personnes handicapées, leur apportant une aide dans l'accomplissement des tâches et activités de la vie quotidienne. Elles leur permettent ainsi de se maintenir dans leur milieu de vie habituel, de préserver leur autonomie et d'éviter la rupture de liens sociaux.

www.service-personnes.fr

DOC 1

Les métiers de l'aide à domicile

Agent à domicile

Mission : réalise et aide à l'accomplissement des activités domestiques et administratives simples essentiellement auprès des personnes en capacité d'exercer un contrôle des tâches quotidiennes.
Principales activités : réalise des travaux courants d'entretien de la maison et assiste la personne dans les démarches administratives simples.
Profil et motivation :
- aptitude pour exercer les tâches de la vie quotidienne ;
- disponibilité ;
- goût du travail en équipe.

Conditions particulières d'exercice de la fonction : exerce sous la responsabilité d'un supérieur hiérarchique.

Agent polyvalent

Mission : réalise diverses activités liées à l'entretien et à l'amélioration du cadre de vie essentiellement auprès de personnes en capacité d'exercer un contrôle et un suivi de celles-ci.
Principales activités : effectue des travaux occasionnels d'entretien de la maison. Et assure des petits travaux de bricolage et de jardinage.
Conditions particulières d'exercice de la fonction : exerce sous la responsabilité d'un supérieur hiérarchique. [...]

Auxiliaire de vie sociale

Mission : effectue un accompagnement social et un soutien auprès des publics fragiles, dans leur vie quotidienne. Aide à faire (stimule, accompagne, soulage, apprend à faire) et/ou faire à la place d'une personne qui est dans l'incapacité de faire seule les actes ordinaires et essentiels de la vie courante.
Principales activités :
- accompagne et aide les personnes dans les actes ordinaires essentiels de la vie courante,
- accompagne et aide les personnes dans les activités de la vie quotidienne,
- accompagne et aide les personnes dans les activités de la vie sociale et relationnelle,
- participe à l'évaluation de la situation et adapte son intervention en conséquence,
- coordonne son action avec l'ensemble des autres acteurs.

Profil et motivation :
- disponibilité,
- aptitudes pour exercer les tâches de la vie quotidienne,
- discrétion et respect des personnes aidées,
- capacité à s'adapter à des situations diverses, complexes (pathologie, isolement, désorientation, fin de vie),
- goût du travail en équipe.

Conditions particulières d'exercice de la fonction : exerce sous la responsabilité d'un supérieur hiérarchique.

Technicien(ne) de l'Intervention Sociale et Familiale

Mission : favorise l'équilibre des personnes et du groupe familial ainsi que l'éducation des enfants, intervient auprès des publics fragilisés, mène une action sociale préventive et réparatrice le plus souvent réalisée au domicile ou dans le cadre d'actions collectives.
Principales activités :
- assure des actions d'accompagnement social et de soutien des personnes,
- intervient dans le domaine éducatif et des activités d'éveil de la petite enfance,
- accompagne la famille pour qu'elle retrouve son autonomie afin d'éviter des interventions lourdes, voire des placements en institution,
- apporte un soutien éducatif technique et psychologique dans les actes de la vie quotidienne,
- mène la famille à l'autonomie grâce à l'apprentissage de certains actes de la vie courante.

Conditions particulières d'exercice de la fonction : collabore avec d'autres travailleurs sociaux, anime des groupes.
Les intervenants exercent leurs activités dans le respect du système qualité du réseau ADMR de la norme NF311 – NFX 50-056 et/ou dans le respect du cahier des charges relatif à l'agrément « qualité » - Arrêté du 24 novembre 2005.

Livret d'accueil du bénéficiaire- ADMR « Plateau et Vallée »

DOC 2

Notice d'utilisation du cahier de liaison

Rappels importants

Ce document reste à domicile.

C'est un document de travail exclusivement. Il est à respecter en tant qu'outil de l'intervention à domicile. Aucun jugement sur le travail des autres ne doit y être mentionné.

Qui va le compléter?

Pour veiller à la continuité du service et à la bonne coordination avec d'autres services éventuels (SSIAD, portage des repas,...), le cahier de liaison est à la disposition de tous les intervenants, professionnels ou non qui participent à l'intervention à domicile et/ou au maintien à domicile (médecin, aide à domicile, aide-soignante, infirmière libérale, famille prenant le relais le week-end, etc....). Ces informations sont destinées à une autre aide à domicile, le personnel soignant ou un membre de la famille qui prendra le relais.

La personne et son entourage s'ils souhaitent transmettre des informations aux intervenants feront également usage du cahier de liaison.

Qu'est-ce qu'il y figure?

Toutes les interventions effectuées sont à consigner sur le cahier de liaison en vue de garantir une bonne transmission des informations entre les intervenants ou entre l'intervenant et le bénéficiaire :

- nom et prénom du rédacteur,
- fonction et qualité du rédacteur par rapport au bénéficiaire,
- date et horaires d'intervention,
- remarques ou observations concernant l'intervention,
- suites à donner.

Pour les publics fragilisés :

- événements particuliers susceptibles de modifier le maintien à domicile du bénéficiaire (décès d'un proche, etc.),
- état de santé (douleur particulière, etc.),
- soins particuliers donnés à la personne âgée par un médecin, un kinésithérapeute, une infirmière libérale, une aide-soignante, etc.

Où le ranger?

Au cas par cas, il sera nécessaire d'établir une place connue de tous les intervenants pour le cahier de liaison (bien vu ou bien caché en fonction des bénéficiaires).

Une fois terminée et/ou à la fin des interventions chez le bénéficiaire le cahier de liaison doit être remis à l'association.

Les problèmes rencontrés avec d'autres intervenants au domicile de la personne doivent être signalés à l'association locale ADMR.

Livret d'accueil du bénéficiaire- ADMR « Plateau et Vallée »

DOC 3

Les incidents lors de l'intervention et les contestations

• L'intervenant doit pouvoir faire face aux incidents qui surviendraient au domicile de la personne prise en charge (accident, problème de santé...). Pour cela, il est informé par l'association des mesures à prendre et des personnes ou organismes à appeler en cas d'urgence. Une fiche d'information est mise à disposition dans le cahier de liaison ; elle contient notamment les informations suivantes : coordonnées du médecin traitant, du SAMU - 15, des pompiers - 18, etc.

• Par ailleurs, l'intervenant peut contacter ou laisser un message (répondeur, télécopieur, courriel) auprès d'une personne désignée par l'association (responsable référent de l'intervention, président de l'association, etc.)

• Lorsqu'il y a risque d'accident du fait de l'état du logement où intervient le salarié, l'association peut demander au bénéficiaire de prendre ou d'autoriser les mesures de sécurité nécessaires.

• Toute personne prise en charge peut faire appel, en vue de l'aider à faire valoir ses droits, à une personne qualifiée qu'elle choisit sur une liste établie conjointement par le représentant de l'État dans le département et le président du conseil général.

Livret d'accueil du bénéficiaire- ADMR « Plateau et Vallée »

DOC 4

Portage de repas à domicile

Destiné aux personnes de plus de 60 ans et en place depuis fin 2000, ce service peut également être mis à la disposition des Aumalois en difficulté passagère (hospitalisation, maladie...).

Il s'agit d'un service public prévu au Plan Départemental Gérontologique élaboré par le conseil général.

Les repas sont préparés et conditionnés à la maison de retraite et sont livrés à domicile entre 9 h 00 et 11 h 00, du lundi au vendredi. Ils sont portés froids sous conditionnement alimentaire pour être consommés après remise à température par les bénéficiaires.

Un seul repas est servi par jour ; il est prévu copieux en conséquence. Il comprend une entrée, un potage, un plat de résistance, un fromage, un dessert et du pain.

Rien n'oblige à se faire livrer de façon continue. Chaque bénéficiaire choisit, à son rythme, la fréquence des livraisons. Cependant, la commande doit être passée au minimum 2 jours avant la date choisie.

Le prix du repas est de 7,20 €. La facturation est établie et envoyée à la fin de chaque mois par le Trésor Public.

Les bénéficiaires de l'APA peuvent demander à inclure ces frais dans le plan d'aide auprès du professionnel qui a élaboré le dossier. [...]

www.mairieaumale.free.fr

DOC 5

Enquête de satisfaction

26 personnes ont répondu à ce questionnaire pour les prestations en prestataire et mandataire.
Les données ci-dessous sont exprimées en pourcentage.

1. Quel est votre avis sur l'accueil dans notre association sur les points suivants :

	Très satisfaisant	Satisfaisant	Insatisfaisant	Très insatisfaisant	Sans avis
Les horaires d'accueil	23.08	65.38	0	0	11.54
L'amabilité, la disponibilité et la courtoisie des personnes qui accueillent	34.62	57.69	3.85	0	3.85
La mise en contact avec le bon interlocuteur	23.08	61.54	3.85	0	11.54

2. Que pensez-vous du service apporté sur les points suivants :

	Très satisfaisant	Satisfaisant	Insatisfaisant	Très insatisfaisant	Sans avis
Son adaptation en fonction de vos besoins	38.46	61.54	0	0	0
La continuité de l'intervention en cas de maladie de l'intervenant (aide à domicile,...)	23.08	61.54	0	0	15.38
La continuité de l'aide en période de congès de l'intervenant (aide à domicile,...)	26.92	61.54	0	0	11.54

3. Que diriez-vous de vos relations avec notre association sur :

	Très satisfaisant	Satisfaisant	Insatisfaisant	Très insatisfaisant	Sans avis
La fréquence des contacts	7.69	61.54	11.54	3.85	15.38
La transmission des messages	7.69	76.92	0	3.85	11.54
La disponibilité de votre référent (votre interlocuteur à l'association)	15.38	61.54	3.85	7.69	11.54

4. Quel est votre avis sur le travail qui est fait ou a été fait chez vous ?

Très satisfaisant	Satisfaisant	Insatisfaisant	Très insatisfaisant	Sans avis
57.69	38.46	3.85	0	0

5. L'intervenant(e) qui vient régulièrement chez vous est :

	Très satisfaisant	Satisfaisant	Insatisfaisant	Très insatisfaisant	Sans avis
Aimable	92.31	7.69	0	0	0
Disponible	88.46	7.69	0	0	3.85
De confiance	96.15	0	0	0	3.85
Ponctuel	88.46	3.85	0	3.85	3.85

6. Concernant l'intervenant(e), que diriez-vous de :

	Très satisfaisant	Satisfaisant	Insatisfaisant	Très insatisfaisant	Sans avis
Prise d'initiatives/autonomie	57.69	38.46	0	0	3.85
Le travail réalisé correspond-il au travail demandé ?	61.54	38.46	0	0	0
Qualité des contacts	62.38	34.62	0	0	0

7. Si plusieurs intervenants viennent à votre domicile, diriez-vous qu'il y a une bonne coordination entre eux ?

Oui : 69.23 % 100% (en excluant les réponses « sans avis »)
Non : 0 %
Sans avis : 30.77 %

Association locale ADMR Plateau et Vallée, assemblée générale annuelle, juin 2010

DOC 6

La politique qualité – Norme NF X 50-056

Le conseil d'administration de la fédération des associations ADMR de Seine-Maritime a décidé en sa séance du 23 octobre 2008 de faire progresser la démarche qualité au sein du réseau départementales des associations locales ADMR, conformément aux exigences de la norme NF services aux personnes, aux exigences réglementaires (loi du 2 janvier 2002 et agréments services à la personne) et aux règles de déontologie et de respect du réseau ADMR.
Cette démarche qualité vise à garantir aux personnes des principes et des valeurs déontologiques propres au secteur du service à la personne et conformes à la charte qualité ADMR.
Les valeurs essentielles sont :

- Le respect de la personne
- L'intervention individualisée
- La relation triangulaire appelée à l'ADMR le « triangle d'or »

[...]
Toutes les personnes impliquées dans les services ADMR, qu'il s'agisse des bénévoles et des salariés, doivent être sensibilisées à la démarche car chacune d'entre elles doit contribuer à sa réussite. La fédération nationale demande à chaque personne de bien vouloir s'impliquer et de respecter les mesures préconisées pour accroître la qualité des services. [...]

Réseau ADMR de Seine Maritime

Services aux personnes à domicile (NF 311)
Cette marque prouve la conformité à la norme NF X 50-056 et garantit que le respect de la déontologie, l'accueil, l'analyse de la demande, l'élaboration de l'offre de service, le devis, le contrat, les dispositions pour l'intervention, les compétences des personnes, le suivi, le traitement des réclamations et l'analyse de la satisfaction du client sont contrôlés régulièrement par
AFNOR Certification
11, rue Francis de Pressensé
93571 LA PLAINE SAINT DENIS CEDEX

- Notez les qualités requises pour exercer les métiers de l'aide à domicile.
- Présentez les intérêts d'un document de liaison pour l'aidé, ses proches, les professionnels qui interviennent et le service d'aide à domicile.
- L'ADMR utilise actuellement un cahier de liaison. Elle souhaite le faire évoluer sous forme de classeur. Listez les éléments que l'on doit retrouver dans un tel document pour une utilité optimale et présentez les sous fiche(s) format A4.
- Les intervenants de l'ADMR sont informés des mesures à prendre et des personnes ou organismes à appeler en cas d'urgence. Présentez-en les avantages.
- Justifiez l'intérêt pour une telle commune de proposer un service de portage de repas à domicile.
- Démontrez le choix judicieux du partenariat avec la maison de retraite pour le service de portage de repas à domicile à Aumale.
- L'ADMR souhaiterait un retour plus important des enquêtes de satisfaction. Proposez des solutions pour y parvenir.
- À partir de l'enquête de satisfaction en document 5, présentez des actions et/ou moyens qui pourraient encore améliorer la qualité de services de l'ADMR.
- La loi du 2 janvier 2002 s'articule autour de plusieurs orientations. Relevez celles qui concernent le service à domicile.
- Retrouvez le principe et les exigences de la Norme NF X 50-056
- Justifiez l'intérêt de la démarche qualité pour le bénéficiaire, ses proches et le prestataire de services.
- Recherchez la charte qualité de l'ADMR.

Chapitre 7

>> Organisation d'intervention d'aides à domicile

L'essentiel

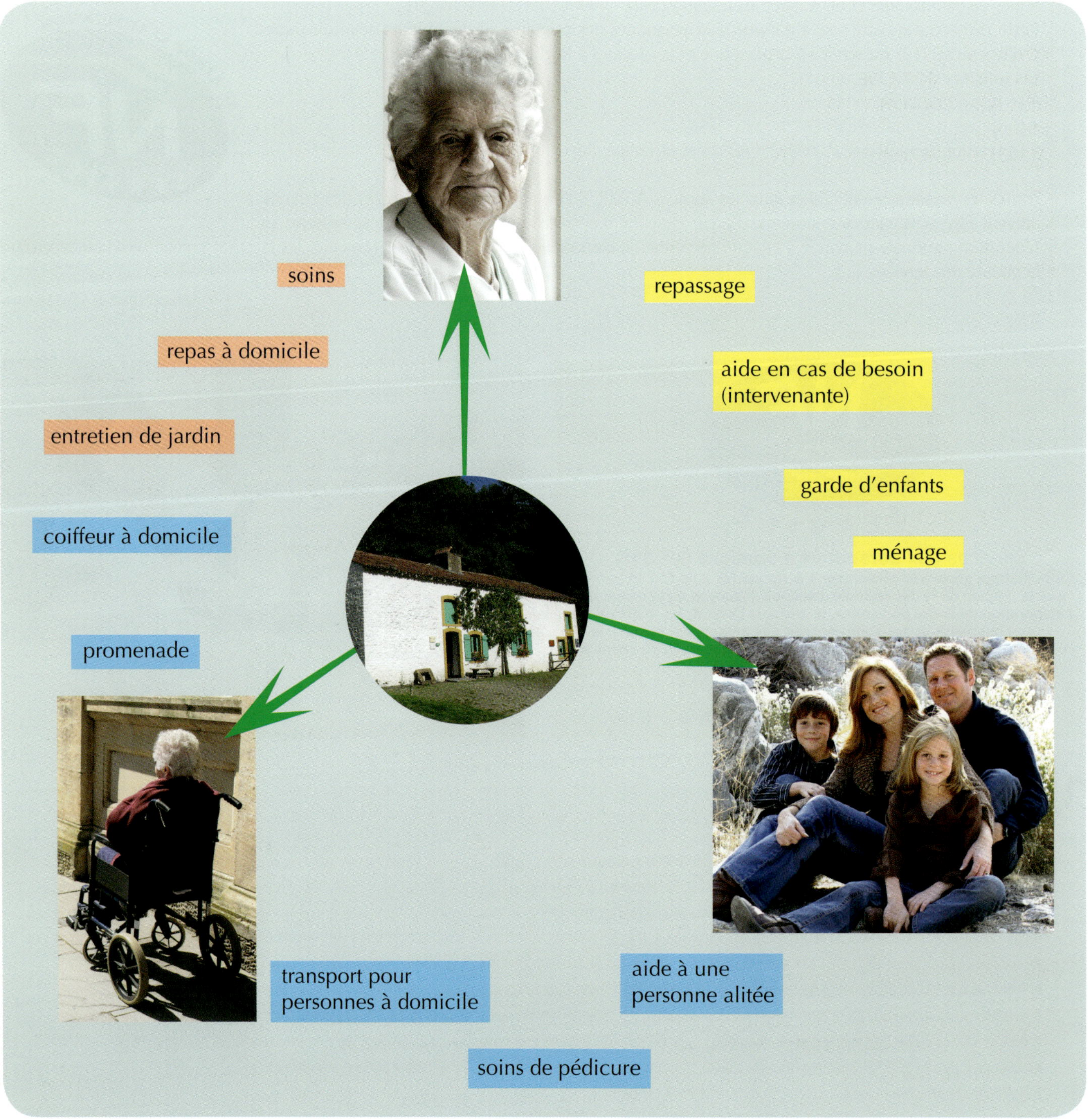

élargissement *Pour aller plus loin*

Madame Desmet habite dans votre commune. Elle a 81 ans et sort d'une hospitalisation suite à une fracture du col du fémur. Très perturbée, elle a perdu ses repères et sa période de convalescence nécessite de l'aide à domicile. Sa fille fait appel aux services de l'ADMR où vous êtes bénévole.

Les besoins de Mme Desmet sont les suivants pour la semaine 1 du mois de mai :

Intervention ADMR

PORTAGE DE REPAS À DOMICILE		Chaque jour
TOILETTE + PETIT DÉJEUNER		Chaque jour
AIDE AU COUCHER		1 heure chaque jour
MÉNAGE		2 h/2 fois par semaine
ACCOMPAGNEMENT	Bénévole	2 fois 1 h par semaine
	Sortie médecin	Le mardi à 10 h
	Sortie coiffeur	Le vendredi à 9 h 30
BRICOLAGE/JARDIN	Tonte pelouse	Le jeudi à 15 h

Interventions supplémentaires (hors ADMR) :

- Séance de kiné à domicile deux fois 1 h dans la semaine.
- Visite de sa petite fille le mercredi après midi.

Mme Desmet n'a pas l'habitude de tels services à domicile. Elle craint les confusions et l'organisation.

1. Établissez le planning des interventions chez Mme Desmet pour la semaine 1 du mois de mai. Commentez votre organisation.
2. Conseillez madame Desmet pour le choix de la gestion des services de l'ADMR (prestataire ou mandataire).
3. Relevez les intervenants de l'ADMR qui vont se rendre chez madame Desmet, justifiez votre choix.
4. L'ADMR veille à ce que la prise en charge d'une personne âgée soit réalisée par 2 à 3 aides à domicile selon le cas et à ce que ce soit, si possible, les mêmes. Déduisez les raisons de cette organisation.

Le service de portage de repas à domicile dont bénéficiera madame Desmet désire, avant de faire évoluer ses prestations, réaliser une enquête de satisfaction auprès de ses bénéficiaires.

5. Réalisez cette enquête de satisfaction pour le portage de repas à domicile.

Vous vous rendez chez madame Desmet lors du week-end qui a suivi les interventions.

À votre arrivée, vous ne la trouvez pas bien, elle se plaint qu'elle est essoufflée depuis une heure. Vous constatez qu'elle a de plus en plus de difficultés à respirer. Vous décidez d'alerter les secours.

6. Indiquez le contenu de votre message.
7. Expliquez, en attendant les secours, comment vous sécurisez la personne et l'environnement puis listez ce que vous pouvez préparer pour faciliter l'intervention des spécialistes.

L'ADMR va recruter sur votre secteur une technicienne de l'intervention sociale et familiale.

8. Établissez la fiche métier qui sera consultable sur le site de l'ADMR et celui de pôle emploi.

Une personne s'adresse à vous, elle voudrait être diplômée en tant qu'Auxiliaire de Vie Sociale (AVS).

9. Présentez les différentes modalités pour parvenir à ce diplôme.

bibliographie *À consulter*

- www.admr.org
- www.servicesalapersonne.gouv.fr
- www.solidarite.gouv.fr
- www.agevillage.com
- wwww.agevillagepro.com
- www.Mobiqual.fr
- Revue *Doc' Domicile*